メイキング

人類学・考古学・芸術・建築

ティム・インゴルド
金子遊＋水野友美子＋小林耕二 訳

左右社

メイキング　人類学・考古学・芸術・建築

メイキング　人類学・考古学・芸術・建築　目次

序文、および謝辞 006

第一章 内側から知ること 013
学ぶことを学ぶ／人類学と民族誌／参与観察／探求の技術／
自分の手でおこなう／四つのA／課程／そして、本書の読み方

第二章 生命の素材 047
物体を触り、素材を感じる／つくることと育てること／砂のなかの籠／
物質と形状について／物質性のふたつの側面／錬金術へ立ち返る／物質の謎

第三章 握斧をつくること 078
アシュール文化の両面石器／本能か知性か／完成品という謬見／
鋳型と幾何学／流動する石

第四章 家を建てること 106
建築の概念／建築家と大工／実用的な幾何学／石に書かれた図面／大聖堂と実験室

第五章 明視の時計職人 132
デザインとわな／考案と欠陥／時計とハサミムシ／デザイン論／
日常のデザイン／道を切り開き、夢をつかむ

第六章　円形のマウンドと大地・空　161
土になること／マウンドとモニュメント／ものの古さ／土地のかたち／屋外に出る／風の眼

第七章　流れる身体　190
生きていること／エージェンシーをめぐる騒動／走る、凧を揚げる、考える／生のダンス／変換と延続／相互作用と文通

第八章　手は語る　225
個人的な知識／手の人間性／身ぶりの知性／握ることと触ること／紐をつくる／手の退化

第九章　線を描く　260
描くことと語ること／ドローイングはイメージではない／ドローイングと手書きの文字／メッシュワーク／抽象線／線と獣たち／AからBへ、その向こうへ

訳者あとがき　301

索引／文献一覧／図版提供一覧　i

序文、および謝辞

この書物は長らく、「四つのA」となるはずだった。わたしはずっとそのつもりだったし、みなわたしからそう聞かされていたはずだ。四つのAとは人類学〔Anthropology〕、考古学〔Archaeology〕、芸術〔Art〕、建築〔Architecture〕である。学部上級生と大学院生が混じったグループを相手にこの名を付けた講義を何年間かしていたとき、一冊の書物にしてしまえば、これ以上つづけなくてもいいはずだと思いついたのだ。二〇〇七年の時点では簡単なことだと思っていた。講義用のノートが揃っているし、資料も十分に読み込んでいる。あとは書き上げるだけのことだ。翌二〇〇八年の夏の終わりから、研究休暇の残りの二、三ヶ月をあてて本格的に執筆を始めたものの、本書の三章と四章の下書きで時間切れとなった。つづく三年間は学校の首脳部としての仕事を背負い込むはめになった。「いまや君は経営側なんだよ、ティム」と副学長に他ならない上司は嫌みな笑みを浮かべながらいった。「我々の仲間ってことさ」。思わずぞっとして、「四つのA」のことが頭に浮かんだ。再び取り掛かるチャンスはいつ来るのだろうか、もしかしてわたしは引き返せない一線を越えてしまったのだろうか。この書物を先に仕上げ、それからエッセイ集『*Being Alive*』に取り掛かるつもりでいたが、ほとんどの文章がすでに書き上げられているか、ほぼ完成に近い状態にあったことを考えれば、ともかく後者を先に終わらせる方がより現実的だった。「四つのA」は再び棚上げされ、自分に猶予された時間を使って、なかでも二〇一〇年の長くて暑い夏のあいだは『*Being Alive*』に集中した。ここでひとつ問題があった。エッセイ集を急いで仕上げる過程で、「四つのA」に入っているべきアイデアの多くを使ってしまったのだ。古いノートに頼るべきでなく、さらに先へ進むべきだった。

とはいえ振り返ってみれば、こうなってしまった状況にこそ感謝するべきだろう。書きあがるまで長くかかってしまったが、わたしにはこれより早く書いてしまうことはできなかった。この本のもとになるアイデアが根付くための時間が必要だった。またそのアイデアはさまざまな会話を通じて徐々に成長したし、この一、二年で接することができた書物から得たものでもあるからだ。たとえば、この著作で重要な位置を占めているコレスポンダンス〔本書では文脈に応じて、応答、対応、調和などの訳語をあてている〕というアイデアは、『*Being Alive*』の校訂の最終段階になってはじめて思いついたものである。結果として、この作品は当初予定していた講義に基づいた教材とはほど遠い、まったく異なるものとなった。思うにこの本はわたし個人の哲学の表明のようなものになっており、同時に近頃の学会に蔓延《はびこ》っている凝りすぎて思い上がった、自分の都合だけを考えた売名行為へのある種の抵抗ともいえるだろう。言葉とは敬意を払うべき重要なものだ。この本のためのひらめきをもたらしたのは、わたしの講義のなかでもっとも価値のあるものだった「四つのA」の授業である。はじめてそれに触れた二〇〇三―二〇〇四年度以来、参加してくれた学生全員に直接の感謝を表明したい。あらゆる教えるという行為がそうであるべきように、この授業は楽しかった。そしてわたしは実に多くのことを学んだ。ともあれ実際にこの本を書くのが可能になったのは、学校経営陣としての三年間を終え休暇ができてからだった。二〇一一年十月からの休暇に、リーバーヒューム信託が二年間助成してくれた。その支援にとても感謝している。支援がなければこの本はついに書かれることはなかっただろう。さてこの本が完成したいまこそ、さる書類に宣言した次の本に取り掛からなければならない……。

休暇はかなりの量の残務処理をかかえてはじまったので、二〇一二年四月の終わり、二週間のウィーン大学への訪問中になってようやく、この本の作業を本格的に再開することができた。いまや正式なタイトルとして「メイキング（つくること）」が採用されていた。「四つのA」というタイトルにも愛着があったが、宇宙で階段を上ることを除けばあらゆることが起こりうるSFの世界さながら、最新式の電子本流通システムでは数字が含まれるタイトルに対処することができないといわれてしまったのだ。そのうえ「四つのA」では、背景を知らなければなんのことだか不可解だろう。ひるがえって「メイキング」というタイトルは中身を端的にいい当てている。人類学、考古学、芸術、建築、これら四つはつくることを通じて思考する方法である。少なくとも、そうありうる。このことは思考を通してつくることとはまったく異なる。高等教育を担う研究機関では、理論家と実践家を学術的な囲いを隔てた正反対に位置づける傾向があるけれど。ものをつくることは成長のプロセスとも一致するものだ、とわたしはいいたい。本を書くこともそうだ。雨は成長に欠かせないが、思い出せる限りこの上なく湿ったスコットランドの夏のあいだ、草稿も次第に膨張していった。そして熟成させるためには日光も必要だった。二〇一〇年夏に『*Being Alive*』を準備していたときのように、東フィンランドのピエリネン湖の海岸の小さなコテージが救ってくれた。七月の日光に照らされた牧歌的な三週間が最後の二章を乗り越える助けになった。この段階まで来ると、何を書くべきか本自体が教えてくれるようになった。書物が魂を持ちはじめるさまは実に面白い。こうなると著者ができることはせいぜい、その本がどの方向に進みたがっているかを知り、それに従うことでしかない。一般的につくるという行為にもこのことは当てはまるだろう。それを具体的に示すことが本書の主要なテーマのひとつである。要するに本書のいわんとしているのは、つくることとは作者と素材のあいだの相互作用《コレスポンダンス》であり、芸術と建築同様、人類学と考古学の分野でもこのことはあてはまるということだ。

いつものように、この本を書くにあたり、ひらめきを与え、支援するというかたちで、数えきれない方々にお世話になった。とりわけ次の方々に多大な恩恵を受けた。マイク・アメサス、ステファニー・バン、ジェン・クラーク、アン・ダグラス、キャロライン・ガット、セザール・ジェラルド・ヘレラ、ウェンディ・ガン、レイチェル・ハークネス、エリザベス・ハドソン、レイモンド・ルーカス、クリステル・マテュース、エリザベス・オジルビー、アマンダ・ラヴェッツ、クリスティアン・シモネッティ、そして、ジョー・フェアグンスト。ラウトレッジの委託編集者、レスリー・リドルにもお世話になった。絶えず約束をしてはその締切に遅れる著者への彼女の尽きることのない助力と寛容に対して。キャサリン・オングには、執筆過程におけるわたしへの忍耐に対して恩義がある。すでに発表されたり、出版されたものを利用した章もあるが、本質的な改訂は行なっていない。たとえば、第一章の一部は、『知ることの方法：知識と学習の人類学における新しいアプローチ』（M・ハリス編、オックスフォード、ベルグハーン出版、二八七―三〇五頁、二〇〇七年）所収の「四つのA（人類学、考古学、芸術、建築）：教える経験と学ぶ経験に関する考察」に由来している。第二章の何節かは、より予備的な形式で「物質のエコロジーにむけて」（人類学年次報告書四一：四二七―四四二頁、二〇一二年）に発表され、第五章にはふたつの異なるイントロダクションで触れた部分がある（「イントロダクション：使用者―制作者の知覚：デザインと人類学」W・ガン、J・ドノヴァン編、ファーンハム、アシュゲート出版、一九―三三頁、二〇一二年、および「イントロダクション」『風景を想像する：過去、現在、そして未来』M・ヤノウスキー、T・インゴルド編、ファーンハム、アシュゲート出版、一―一八頁、二〇一二年）。第六章はある程度、わたし自身の論文「円形のマウンドはモニュメントではない」（『円形のマウンドとモニュメント性　英国の新石器時代とあの世』J・リアリー、T・ダーヴィル、D・フィールド編、オックスボウ書店、二五三―二六〇頁、二〇一〇年）によっている。第七章には件の年次報告書からのいくつかの段落が組み込まれており、第九章のいくつかの段落は「人類学を描き直す：物質、運動、ラインズ」（T・インゴルド編、ファーンハム、アシュゲート出版、一―二〇頁、二〇一二年）への「イントロダクション」から生れたことを記しておきたい。残りは書き下ろしだ。

わたしのなすあらゆる事に対する、もっとも誠実な支援者にしてもっとも辛辣な批評家でもある人物に本書を捧げよう。彼女は、その思考があるべきところからつねにずれている手に負えない学者である夫に、この本が出版されるころには四十年以上にわたって耐えてきたことになる。

ティム・インゴルド

二〇一二年八月　アバディーンにて

凡例

◉本文中の、（　）は原文中の補足、〔　〕は訳者による補足を示す。

◉また、級数を下げて示した（　）は原文の文献参照指示である。

◉傍点は原文中のイタリック部分である。ただし煩雑を避けて省略した箇所もある。

第一章

内側から知ること

学ぶことを学ぶ

「覚えるのは君自身なんだよ」。四十年ほど前、フィンランドの北東部に住むサーミ人のなかに入った新米フィールドワーカーだったわたしが、どうやって実践的な作業を前へ進めたらいいか行きづまっていたとき、それがサーミ人の連れがいつも口にする唯一のアドバイスだった。最初のうちは、ただ単にわたしを助けないようにしているか、自分たちの知恵を他人に教えたがっていないのだと思っていた。ところが、しばらくすると、それとは正反対に、人が本当の意味で物事を知る唯一の方法——つまり、その人の存在の内側から自己発見のプロセスを通じて知ること——をわたしに理解させようとしているのだとわかってきた。物事を知るためには、それが自分自身の一部になるように自己がそれに向かって成長しなくてはならない。それから、自分のなかでそれを育てあげなくてはならない。サーミ人の連れが、いまここで何をすべきかを説明して、型どおりの指示だけをだしていたら、わたしはいわれたとおりにすべきときだけを心得て、知ることの表面だけをなぞっていたことだろう。単に情報を提供するだけでは、知識を得ることはおろか物事を理解することすらできない。含蓄の深いことわざにもあるように「言うは易く行うは難し」なのだ。端的にいって、わたしたちは見ること、聴くこと、感じることを通して学ぶ。それは世界が語りかけてくるものに注意を払うことだ。サーミ人の連れは、そこに何があるのかを教えてくれなかった。わたしが自問自答に陥らないためだった。むしろ「どのようにしたら気がつくか」を語り、何を探すべきか、物事をどのようにたどっていくべきかを教えてくれた。そして、知ることが、いま起きているできごとについて、能動的に後を追うことなのだと示してくれた。サーミ人たちは、いつも漁労や狩猟やトナカイの世話をすることで生活していた。だから、彼らにとって前に進みながら知識を得るという考え方は、第二の天性だった。動くことによって知るのではなく、動くことこそが知ることなのだ。しかし、わたしはちがった。その時点では意識さえしていなかったけれども、どうにかしてそれを身につけなくてはならなかった。振り返れば、前に進みながら知るという態度が、いかに自分の考えや好みを、他者の哲学へと導いてきたかがわかる。キャリアの最初期にフィールドワークにおいて、この自分を形づくる経験をしていなかったら、わたしは同じような考え方をするようになっていただろうか。確たることはいえない。四十年前の世界にもどり、あの場所での経験がなかった場合、同じ結果になるかどうかを見なくてはならない。自分自身に関するかぎり、他にちょうどいい説明が見つからない。

わたしたちの課題は、わたしがいつの間にか陥っていたような状況において、学ぶことを学ぶことである。人類学者でサイバネティックの専門家であり、型にはまらない雑多な知識の持ち主だったグレゴリー・ベイトソンは、それを「二次学習」と呼んだ（Bateson 1973: 141）。二次学習では、世界についての事実を暗記することを目的にはしない。自然から学べるようになることを重視する。むしろ世界自体が学習の場となる。それは、学問的な専攻に押しこめられた専任教員や履修者の学生が所属する場ではなく、あらゆる場所から集まった人や他の生き物たちが集う大学である。彼らとともに、わたしたちはこの生と大地をわかち合って暮らしている。地質学者は大学教員たちとばかり研究するのでなく、多様な岩とともに研究する。彼は岩から学び、岩は彼に語りかける。植物学者と苗木の関係や、鳥類学者と鳥の関係も同様である。それでは人類学者はどうか。人類学でも同じように、短期間とはいえ、滞在先の他者のなかで研究をする。人類学者にとって学ぶことの学習は、他の学問分野を実践するときと同じく異なるルールに従う人たちを自分の予想に当てはめるのではなく、逆に予想を振り払うことを意味する。さもなければ、他者を観察しながら早計な判断を下してしまうかもしれない。すべての確実に見えることに疑問符をつけるのだ。その答えは、眼前にある世界に注意を向けることで見いだされる。本のなかを調べても見つかるものではない。後ろを見るよりも前方を探ることの方に、過去を振り返るよりも物事を予期することの方に、何かを発見する道は開かれている。

本書は人類学の領域に留めてある。もし学問や研究施設や奨学金制度がなかったら、学問分野のなかでもっとも反アカデミックな人類学は、確実に存続できなかったことだろう。こうした諸制度のなかで、ほとんどの研究者は仕事と人生の一番充実した部分を費やす。その一方で同時に、大半の研究者が、そうした研究制度に正当性を与え、保護している認識論的なメインストリームに挑戦することになる。これこそが、世界がどのように成り立っているのか権威的な判断を下すために、あるいは見せかけの幻影の背後にある現実性《リアリティ》を明らかにするために、〔人類学という〕学問が要求することである。学問の殿堂のなかで、論理は直感に勝るものだとされる。専門知識は常識をしのぎ、事実に裏づけられた結論は、人びとが日常の経験や慎み深い知恵から得る知識をしのぐとされる。長いあいだ、人類学の任務はこのような学問の殿堂をくつがえすことにあった。それは次のように仮定するところからはじまる。もしこの世界がどうなっているのか何か知っている人がいるとしたら、それは祖先がしてきたように自分の生を次の世代のために捧げてきた人たちであろう、と。「それゆえに」と人類学者はいう。人類学は、彼らの生活様式を理解するための探求によって成り立つ。その探求を実践するために必要となる知識や技術を、自身のために獲得することで人類学は可能となる。そこに学ぶべきことが多くある。この学びを身につけて批評的な視野が開ければ、学問にちがった光をあてられる。学問に固有の、知の慣行が抱える限界を明らかにすることで、身のほどを思い知らせることができる。

人類学と民族誌

ところで、人類学では人びととともに研究をする。そして、彼らから何か学ぶことを期待する。「研究」や「フィールドワーク」と呼ばれるものは、実際には、だらだらとつづく修士過程の授業のようなものだ。そのなかで、初心者は指導者がおこなっている方法にならって、徐々に物事の見方、聞き方や感じ方などを身につけていく。要するに、それは生態心理学者のジェームズ・ギブソンが「注意の教育」と呼んだものを経験することだ（Gibson 1979: 254; cf. Ingold 2001）。それに加えて、この種の教育を受けながら、多くのフィールドワーカーは、受け入れてくれた共同体における人生や時代を記録することに身をささげる。この記録作業が「民族誌」である。たいてい人類学者と民族誌学者は、同じ人物のなかでひとつに合わさっている。そして、人類学と民族誌の仕事を両輪にして進める。しかし、両者はまったく同じものではない。つねに両者は混同され、終わりのない議論を引き起こしている。この問題を整理しておく必要があるだろう。

実例をあげて考えれば、わかりやすくなる。そこで、意図的にひとつの例を捏造してみよう。無論、かなり非現実的な話ではあるが、一介のアマチュアのチェロ奏者ながらわたしは、いつの日か偉大なロシアの演奏家であるムスティスラフ・ロストロポーヴィチのもとで学びたいと夢みていた。彼の足もとに座り、耳をすませて観察し、自分も練習して指導してもらうのだ。その一年後か二年後には、この楽器の可能性や潜在能力について、その音楽の奥行きと繊細さについて、それに人間としての自分自身について、豊富な理解を得てもどってくる。これらのことが次々と音楽的な発見の道を開き、その先何年ものあいだ、旅を続けられるようになる。さて次に、わたしが音楽学の学位を取るために勉強し、ロシアの優れたチェリストを研究することに決めたとしよう。そのテーマは、何がきっかけで彼らが音楽の道に進んだのか、将来どのようなキャリアが開かれているのか、その人生と奏法にもっとも大きな影響を与えたものは何か、そして、現代社会において彼自身と音楽の仕事をどのように考えていたのか、というものになる。わたしはある種の入場券のようにチェロのレッスンを使い、ロストロポーヴィチと一緒に過ごす時間の計画を立てる。ロストロポーヴィチや彼の取り巻きのコネクションを得るために、何気ない会話や正式なインタビューをして、研究と関連のある情報を集めようとする。それから、彼ほど有名ではなくてもリストアップした複数のチェロ奏者に対して同様のことを試みる。そして「弦への圧力――現代ロシアにおけるチェリストとその演奏」という論文プロジェクトに取りかかるべく、多くの材料を持ち帰ることだろう。

このような研究が、音楽学の論文として価値があることを否定するわけではない。それは、まだ研究しつくされていないテーマについて知識を増やしてくれる。それで博士号をとれるかもしれない。前者のプロジェクト〔ロストロポーヴィチにチェロを学ぶこと〕が後者の研究よりも優れていると指摘しているのではない。単に両者が根本的に異なるものだといいたいのだ。そこにある三つのちがいに注目しよう。このたとえ話は、わたしが人類学と民族誌とに関していいたいことを明確にしてくれるはずだ。まず一つ目に、プロジェクト①では、ロストロポーヴィチとともに研究し、彼の演奏の仕方から学ぶのに対して、プロジェクト②では、ロストロポーヴィチに関する研究において、彼について学ぶことになる。二つ目に、プロジェクト①では、わたしは学んだことを身につけ、それまでに自分が経験したことを深く考えながら前へ進む。それとは対照的に、プロジェクト②では、傾向とパターンを説明するために収集した情報を吟味する。そして三つ目に、プロジェクト①を推進する力が主に「生成変化」にあるのに対し、プロジェクト②の原則は本質的に資料の「記録《ドキュメンタリー》」にあるということだ。大ざっぱにいえば、そこには人類学と民族誌のあいだに横たわるさまざまな差異がある。人類学は誰かとともに研究し、そこから学ぶことだ。人生の道を前に進み、その過程で生成変化をもたらす。民族誌は何かに関する研究であり、何かについて学ぶことだ。長期にわたって保存されることになる成果物は、記録するための記述である。それは資料収集の目的に従事する。

ところで、この区別を導入することで民族誌を軽視しようというのではない。民族誌を単なる記録資料と見なそうとすれば、多くの学者仲間が、それはあまりにも偏狭な見方だと抵抗することは承知している。民族誌はわたしの理解よりもずっと広範で、豊かな試みだと彼らは主張するかもしれない。そして、いまわたしが人類学の説明であるとしたことのすべてが、民族誌のなかにも含まれると考えるべきだと主張することだろう。人類学だけでなく民族誌もまた変化をもたらすものだ、と。民族誌家は経験によって生成変化し、この変化は、彼または彼女が書くものに導入されていく。したがって、学者仲間の見方によれば、人類学と民族誌はほとんど区別がつかないものになる。だが、これに対してわたしは、記述的な記録が「単なる記録にすぎない」ということはないのだと答えよう。民族誌の仕事は複雑であり、骨の折れるものだ。その仕事が民族誌家に影響をおよぼし、その身に変化も起きるかもしれない。しかし、それは一種の副作用にすぎない。記録的な資料づくりを目標にしていても、必ずや偶発的な事柄が入りこむのだ。たしかに民族誌を矮小化したり、実際よりも価値のないものと見なすのなら、人類学の名のもとに民族誌を冒瀆することになる。突きつめて考えれば、「人びとに関する記述」が、民族誌（ethnos＝人、graphia＝記述）が語源的に意味するものだ。民族誌を実践するときに、それが正確な記述以外の何かに変化していったら、わたしたちはその仕事を何と呼べばいいのか。民族誌の仕事がうまいこと命名されず、広く認知されないでいるのは、これ以上ないほど無益なことである。また、それだけにとどまらず、この後に示す理由からも、記録資料と生成変化の目的を混同することは、人類学に課せられた批判的な役割を果たせなくなることを意味するのだ。

さしあたり客観性という観点から、記録資料と生成変化のあいだの区別が、経験に基づく仕事と理論上の仕事とのあいだの区別に合致することはない、と主張しているだけだ。まったく理論の影響を受けていない記述、もしくは記録資料というものは存在しない。それはほとんど自明の理である。それと同様に、身近なものを注意深く観察することに基づかなければ、考え方や感じ分けにおける純粋な生成変化は起こらない。この本がその好例である。本書は民族誌の研究ではなく、実際に民族誌について言及することもほとんどない。しかしながら、そのことで本書が理論的な仕事になるわけではない。むしろ本書の論旨としては、わたしたちを取り巻く世界のなかで何が起きているのかという問いから離れて、物事を「理論化」できるとする自惚れに反対している。そして、理論化による結論を、みずからの仮説の辻褄合わせに使えると考えるような自惚れに対して反発する。社会学者のC・W・ミルズは、知的な技芸に関する有名な論考のなかで、知ることの方法と知ることの意味のあいだのまちがった線引きを批判している。それは、この類いの自惚れによって起きることだ。鍛錬の方法と鍛錬の理論のあいだに区別などつけようがない、とミルズは考えた。むしろ、両者は「ひとつの仕事の実践の一部」である（Mills 1959: 216）。わたしにとって、人類学とはそのような実践である。人類学の方法が、いま素材と格闘している者のそれだとすれば、その鍛錬とは、観察によって素材に関わり、知覚を研ぎすませることのなかにある。実践する者はいま生じていることに従って、順々に反応していく。これが「参与観察」のやり取りとして知られる方法であり、訓練であるのだ。それはまさしく人類学者が誇りに思うもののひとつだ。ところが、参与観察は人類学の実践なのであって、民族誌の実践ではない（Hockey and Forsey 2012）。次に見ていくように、人類学者は両者を混同することで自身に害をおよぼしている。

参与観察

物事がどのようになっているのか、その特異性を記述するのが人類学の目的ではない。わたしが論じたように、それは民族誌の仕事である。また、民族誌の記述から物事を一般化することも人類学の目的ではない。人類学の目的はダン・スペルベルがいうように「民族誌のデータ」を用いることで「人類文化の変わりやすさを説明すること」であり、寛容で限度のない、相対的で批評的な、人間生活の条件や潜在性についての調査の場を切り開くことである。それは、特定の時代や場所において人の生がどのようなものであったのか、深遠な理解に基づく方法で、人生に何の未来や可能性があるのかと人びとが思索をめぐらせる場に参加することだ。人類学の思弁的な野心は、学問的なモデルという知的な産物に屈服することでずっと妥協をつづけてきた。そのモデルによれば、観察や実践的な参加を通じて得られるレッスンは、それを解釈するべく、実験によって立証できる素材へとつくり直されてしまう。この宿命的な働きにおいて、人類学は民族誌のなかへ崩れ落ちるだけでなく、知ることと存在することのあいだの関係の全体が裏返しになる。人生におけるレッスンは、その外部に発生した理論体系の観点から分析されるための「性質上のデータ」にすぎなくなるのだ。

楽観的な社会学者たちが「質的で量的な方法」について話すとき、あるいは、もっと鼻持ちならないことに「質と量」について話すときにはいつも、両者を混合することが有益なことであるかのように、それらが本質的には相補的であると指摘する。さらに悪いことに、彼らは参与観察が、そのデータセットの質的な要素を集めるために適したツールだと推奨する。これでは踏んだり蹴ったりだ。参与観察は、データ収集のためのテクニックなどでは決してない。それとは正反対に、参与観察は存在論的な責務《コミットメント》のなかで重視されているのであり、それはデータ収集の観念を受け入れない。決して人類学の範囲内に限定されないこの関心には、自分が知ろうと探求する世界から、自分の存在が恩恵を受けているという認識がある。端的にいえば、参与観察は「内側から知る」方法である。科学史家のカレン・バラッドは雄弁に説明する。「世界の外側に突っ立っているだけでは、知識を獲得することはできない（Barad 2007: 185）。わたしたちは差異化する世界の一部なのだから[1]」。それは、自分がすでに世界の一部であり、自分が注意をむける存在や事物とともに旅をする仲間だという理由からだけではない。わたしたちにはそれらを観察することができるのだ。そして、参加することと観察することのあいだに矛盾は存在しない。むしろ、一方が他方を補完しているのだといえる。

世界から恩恵を受けているものを、そこから抽出した「データ」に変換することで、その存在から学べるものをわたしたちは消し去ってしまう。それは、知識が物事の外側で再構築されるものだと規定することを意味する。周囲のものと直接的に、実践的に、感覚的に結びつくプロセスにおいて発達する、知覚の技能や選択能力のなかに知識が含まれることを見ないで、事後に建てられた体系のような何かにしてしまう。よく参与観察におけるパラドックスだと指摘されるものは、人びとが知恵を探求する世界の外に観察者を置こうとする、その戦略によってつくられる。つまり、それは研究者がひと時に調査対象のフィールドの内側と外側の両方に、同時にいることを要請する。しかし、このパラドックスは実存的なジレンマの言いかえにすぎない。それはまさに、規範科学に根拠を与えるところの人間性とは何かをめぐる中心的な課題である。科学によれば「人間」は自然における複数の種であり、と同時に「人であること」は自然を超出している。両者が科学的観察をおこなうための基盤を与え、そこに権威を付与することが、この超越性というものである。少なくとも公的な習慣では、科学者が知ることを可能にする条件は、たとえば彼らが知識を探究する、まさにその世界内に存在することを不可能にする。まるで、この世界についての真理を切望することしかできないかのように。わたしたちは世界から遠ざけられ、自分自身を見失うような方法での解放にしか浴せない。

それが質的であろうと量的であろうと、データに訴える方法では、このように知の領域と存在の領域のあいだの分離が前提とされる。その理由は、世界が所与の存在や結びつきの一部としてではなく、科学が奪うための蓄えや残余としてそこにあるのだと当然のように思いこんでいるからだ。自分が透明であるかのごとく振るまう社会科学者のふりをして、わたしたちはこの世界に参入する。あるいは、何らかの教えに導くのではなく、自分の考えを正当化するために言葉を使う教師が、「教える」という名目でおこなう誤った装いの下で、この世界に参入してしまう。だから、カバンに荷物を詰め終わるやいなや、あわてて逃げだす始末なのだ。わたしの経験では、これは根本のところから非倫理的である。世界に対して背を向けることに等しいといえる。世界のなかでわたしたちは生き、身体は形象をとることができる。そのデータを手中におさめることで、何が知識として与えられているのかを知ったつもりでいる。多くを知っているのにもかかわらず、世界自体からのアドバイスに耳をすまし、それを受容することには失敗している。この本における目的は、知ることを、それが本来あるべき場所に、存在の中心にもどしてやることだ。いま一度、わたしたちの目を開いてくれる世界の方に向き直ることだ。データ収集と、規範科学に根拠を与える理論を構築することとのあいだの区別を、拒否するために本書はある。

わたしたち人類学者は近年、板挟みの状態になっている。どうすれば、人類の潜在的可能性をとらえ、根源的で思索的な探究へと一挙に道を開きつつ、民族誌の豊かさや異文化の複雑さを正当に取り扱うことができるのか。さもなければ、破局の瀬戸際にある世界で、いかに集団的な人間性を形成するかという大問題について、批評的な対話をする責任を放棄することになる。あるいは、知らないうちに先住民世界の人びとを、彼らの世界を救うための代弁者に仕立てあげることになる。それは、彼らが自身で考えついたことではないのだ。どちらの可能性についても、これまで人類学はきちんと扱ってこなかった。前者では、つねに絶滅に瀕していると見なされる先住民の世界において、歴史的な資料づくりが運命づけられる辺境という場にばかり仕事を任せてきた。後者では、先住民の伝統的な知恵がどうにかして地球を救うことができる、という俗信をあおるだけだ。

しかし、民族誌と区別されるようになった人類学では、今後は記述的な忠実性という昔ながらの伝統に束縛されることはなくなるだろう。その反対に、人類学はフィールドの環境内と外において、知ることや感じることのさまざまな方法を持ちこむことに自由になる。それらの方法は、わたしたちすべてに共通する未来への道を模索する一助となり、本質的に将来を予見するような仕事に世界中の人たちが従事するという変化を通じて形成される。人類学の教育課程のなかで、すぐれた学者と研究調査に出かけるとき、わたしたちは彼ら学者たちの考えを表現し解説できるような物の見方をその後の人生のために養うのではなく、目の前にある重大な仕事のために、知覚的で、倫理的で、知的な能力を研ぎすまそうとする。大概そのようにするものだ。人類学者がふつうの人たちとともに調査に出かけるときでも、何のちがいあるのかと思う。実際にフィールドワークを実行する道を見いだすためには、人びとからあらゆる助けを得る必要がある。しかし、先住民の集団も、専門家による科学も、教義や哲学も、もう誰も未来への鍵をにぎっていない。その鍵が見つかれば良いのだが。わたしたちは自分自身のために未来をつくっていかなくてはならない。

探求の技術

他方、未来を考察することなくして、それをつくりだすことはできない。それでは、考えることとつくることとの関係とはいったい何なのか。これに関しては、理論家と職人《クラフトマン》とでは異なる答えが返ってくるだろう。前者が考えることにばかり従事し、後者がつくることばかりをするからではなく、前者が考えることを通してつくる者であり、後者はつくることを通して考える者だという意味である。理論家は、物質的世界の実体を思考の形式にあてはめることで、ようやく頭のなかで考えを組み立てる。対照的に、職人の方法は、周囲の人や事物との実践的で観察に基づいた結びつきから、知識が育まれることを許容する（Dormer 1994; Adamson 2007）。これが、わたしが「探求の技術」と呼んでいる実践である。

探求の技術において、思考は、わたしたちがともに働く物質の流れやその変動に絶えず応答しながら、それらとともに進行するように振るまう。ここでは、すべての作業は実験となる。自然科学においてあらかじめ立てておいた仮説を試すという意味ではなく、また、頭のなかにある観念と地上にある事実との対比という工学的な意味での実験でもない。それが導くところへみずからを開き、つき従っていく状態にあるという意味での実験性である。実際にやってみて、何が起きるのかを試す。それゆえ、探求の技術はリアルタイムで前に進んでいく。次に何が起きるのかを見るために、自分の手が触れるものの生に随伴されて、両者が属する世界を巻きこみながら物事を試すのだ。計画や予測に答えることから遠く離れて、希望と夢のなかで、その手は物事と出会う。これが、人類学者の宮崎広和が「希望のメソッド」と呼んだものだ（Miyazaki 2004）。このメソッドの実践は、世界を記述したり、それを表象したりすることを意味しない。そこで現在生じていることに次々に即応できるように、知覚を研ぎすませることであり、すなわち、世界との関係を調整することである。ここではそれを「応答《コレスポンダンス》」と呼びたい。わたしが思うに、このような意味において人類学は探求の技術になることができる。世界についての情報を蓄積するのではなく、世界により良く対応するためにそれは必要とされるのだ。

ところが、探求の技術を実践する者は、概して人類学者のなかからではなく、アートに従事する人たちのなかに見いだされる。このことは、アートと人類学の関係を再評価することをうながす。もちろん、アートの人類学には長くてたゆまざる研究の歴史がある。先住民の生産物に関して、徹底的な分析と解釈がなされていない世界の地域というものはほとんど存在しない。そこで書かれた論文の大半が、物質的文化や視覚的文化の領域で書かれる文章と重なっている。そこには同じバイアスがかかっている。そして物質的文化の研究では、ほとんどの焦点が過去の歴史的な物事にあてられて、それらを消費したり貯蓄したりした人びとの個人史や、社会的な相互作用によって何が起きたのかがテーマとなってきた。視覚的文化の研究では、物体やイメージの関係やそれらの解明に焦点があてられてきた。両方の研究分野において失われているのは、生産の過程における創造性〔という視点〕である。それは、一方では、人工物がつくられる物質の生成的な流れのなかで、他方では、実践する者の知覚的な気づきのなかで、人工物《アーチファクト》それ自体を人間存在のなかに持ちこむ。それゆえ、つくることの過程は、つくられる物のなかに飲みこまれる形で現われる。見られるイメージのなかに見ることの過程が現われるのだ。

芸術作品の研究においてもそうだが、人類学者はアート作品を民族誌的な分析の「対象《オブジェクト》」として扱ってきた。「そのようなアートについての人類学が、「物体《オブジェクト》」が「アートのようなもの」に特有の方法で社会的なエージェントと結びつく社会制度の一部分に限定されているかぎりは、アートの人類学になることはなかった」とアルフレッド・ジェルは書いた〔Gell 1998: 13〕。これによって、最後に完成された物体から、逆にその生産の動機となった最初の意図へ、またはその原因となったであろう意味へと因果関係の鎖をたどることが可能になるだろう、と彼はいっているのだ。短くいえば、社会的な文脈や文化的な文脈にその物体を置くことだ。それゆえ、人工物をつくり手の社会的環境のインデックスや文化的価値のなかに持ちこむことで、アートの人類学が美術史になり変わることはない。多くの美術史家たちの性向から距離を置くために、文化人類学者たちが故意に〔研究対象としてのアートを〕避けてきたというのは本当のことだ。美術史家たちは、往々にしてまちがった価値観を担い、自民族中心的《エスノセントリック》な基準をベースにして評価を下す。それにもかかわらず、彼らが芸術を分析されるべき作品の一覧表として扱うかぎり、それを生成する創造のプロセスと直接的なやりとりをもてる可能性はない。

このように遡及的に読解する分析的なアプローチは、人類学とアートの関係が主題となるかぎり、知的な袋小路を意味するのだとわたしは主張したい。その障害となる要因は「〇〇の人類学」という定式化にある。人類学が自己以外の外部と出会うときはいつでも、親族、法、儀式など、それが何であれ、分析可能な対象に変えようとするところに問題がある。そのため、人類学がアートと遭遇するときにも、わたしたちに研究可能な、社会的で文化的な構造の織り物のなかに何らかの方法でとらえることのできる作品の集積として、アートを取り扱おうとする。その上、アートの対象を分析することでそれについて多くを学べるのに、わたしたちはアートからは何も学んでいない。反対に、わたしの狙いは「〇〇の人類学」を「〇〇とともにある人類学」に置き換えることにある。アートとともにある人類学は、まず第一にアートというものを、わたしたちの感覚を呼び覚まし、人生の移り行きのなかで、人間存在の内側から知識を成長させてくれるような、人類学と共通の関心をもつ領域と見なす。アートとともに人類学をおこなうことは、遡及的ではなく未来にむかう読解のなかで、アート自体の成長や生成の動きにみずからを応答させ、アートが進む経路に沿っていくことだ。そしてそれは、それぞれ歴史的な実践の対象や民族誌的な実践の対象を通してではなく、アートの実践と人類学の実践における相互作用を通じて、アートと人類学を結びつけるのだ。
二、三の特筆すべき例外をのぞけば（e.g. Schneider and Wright 2006, 2010）、文化人類学者とアーティストのあいだのコラボレーションはそれほど多くない。実施されたものに関しても、すべてが成功してきたとはとてもいえない。くり返しになるが、その難しさの源は、文化人類学と民族誌の識別の問題に関わっている。アートの実践が人類学の実践と相性が良いという理由は、まさしくアートが民族誌と相性が悪いためである。一方では、思弁的で実験的で終わりのないアートの実践の性格は、記述の精密さを求める民族誌の性格との妥協を余儀なくされる。他方では、溯及的に時間をさかのぼっていく民族誌の姿勢は、観察を駆使しながら予想的に進行していくアートのダイナミクスと、直接的に対立するものだ。まさしくアートの実践がその目的において美術史と異なるのと同様に、文化人類学は民族誌と異なっている。わたしが思うに、アートと人類学が生産的なコラボレーションをおこなうことができるという、真の可能性はここにある。たとえば、或るアート作品の制作が文化人類学に新しい方法を提案することはあるだろうか。アーティストと人類学者が世界を探求する方法に類似点があるとして、アート作品を人類学的な研究の「対象」ではなく、人類学的な研究による「所産」と見なすことができるだろうか。文化人類学的な研究の成果が、必ずしも文章で記述される必要はないという考え方にはすでに慣れている。それは写真や映画フィルムであってもいい。それでは、その成果がスケッチや絵画、彫刻になったらどうか。あるいは工芸品とか、楽曲にするというのはどうか。建築にするのはどうなのか。逆にいうと、非言語的なメディアでつくられたアート作品が人類学の形式を満たすことは可能なのだろうか。

自分の手でおこなう

これらの疑問は、わたしたちが十五年以上前に研究会で取り組もうとしたものである。そのとき、本書の種がはじめて蒔かれたといっていい。一九九〇年代半ばの時期、わたしはマンチェスター大学の社会人類学学科で働いていた。偶然というよりは意図的に、その学科ではアートか建築、または両方のバックグラウンドをもつ研究生を数多く所属させていた。[2] アートと建築と人類学の接点に関するテーマを議論するため、月一回のペースで定期的に集まることはスリリングな試みになるだろうと考えた。これは予想以上の成功をおさめた。一九九九年にわたしがアバディーン大学での現職に就いてマンチェスターを去るときまで、その研究会は実に丸三年のあいだ断続的につづいた。少なくともわたしにとっては比類のない研究会になったし、他にこのような試みがあった例は知らない。それは、互いの発表を聞くという研究会における通常の方法ではじまった。ところが、その期間が過ぎると、一種の行き止まりにたどり着いたと感じた。わたしたちの関心事が、他者との関わりをなくしては取り組めないことが明白になった。それを自分たち自身の手で実行しなくてはならなかった。

どう見ても、これまで訓練を受けてきたということでもなければ（そういう人もいないではなかった）、魔法のように指をパチンと鳴らして、ただちに美術家や建築家に変貌することはできない。だが、思いついたアイデアに経験的な土台を与えるべく、自分たちの議論を実践のなかに基礎づけようとすることくらいできた。だから、ありとあらゆることを試した。わたしたちは枝を風で乾かし、籠を編んだ。鉢をつくり、手製の窯で焼いた。アレクサンダー・テクニークという心身技法の訓練をし、完全に力の抜けた状態になったときに、どれだけ頭と手足が重くなるかの気づきを得た。農家の人たちが石垣を建て直すのを手伝い、ポリフォニーで歌唱するワークショップを開き、建築の設計図をつくることに挑戦し、美術家のスタジオや展覧会を訪れた。いくつかのものに熱中したが、つねに学びが得られるとは限らなかった。一度たりとも明確な意図をもたなかった。何か物事をしているときに出てくる議論の質は、普段のゼミナールの経験とはかなり異なって、新たな洞察を大いに生みだす、ということに全員が賛成した。それは疑いようのないことであるのに、しかし、なぜそうなるのか必ずしも明確ではなかった。わたしたちが突き当たった疑問は次の通りである。すなわち、実践的な活動に議論の基礎を置くとき、どのようなちがいが生じているのだろうか。

人類学専攻を建て直すべく、一九九九年にアバディーン大学へ移ったとき、わたしは、マンチェスターで開いていたアート、建築、人類学の研究会で出たアイデアのいくつかを進展させてやろうと考えていた。ダンディー大学美術学部視覚研究所の仲間との最初の議論は、わたしたちをコラボレーティブな研究を構築することへ導いた。その研究は、やや長たらしいのだが、「学ぶことは実践のなかで理解すること：知覚、創造性、スキルの相互関係の探求」というタイトルになった。驚くべきことに、このプロジェクトは二〇〇二年から〇五年にかけての三年間、資金提供を受けたのである。[3] プロジェクトの一部は、美術のスキルが、どのようにスタジオ内の練習の課程で教えられて習得されるのか、その方法を見ることだった。そして、ダンディー大学の美術学生を参与観察に巻きこんだ。

彼らはこれから述べるような学習の経験をすることになった〔Gunn 2007〕。この研究を深めつつ、美術と建築の両者にどのような潜在的な可能性があるのかを探求するつもりだった。文化人類学の領域内において、教えることと学ぶことの鍛錬をしながら、わたしはそれをおこなった。

アバディーン大学で人類学を学ぶハイレベルな学部生と大学院生のための課程はそのような文脈でプログラムされた。すなわち、人類学〔Anthropology〕、考古学〔Archaeology〕、芸術〔Art〕、建築〔Architecture〕の頭文字をとって「四つのA」と名づけたその課程は二〇〇四年の春学期にスタートし、講義が開始された。一度や二度の休止はあったが、それ以来ずっと開講されつづけている。その課程がどんな領域をカバーし、どんな授業をおこなってきたのか、そして、講義と学習を支える哲学がどのようなものであるのか、もっと詳しく述べておきたい。だがその前に、それらのどれもがAの頭文字ではじまるという幸福な偶然以上の何が、四つの領域を一束にまとめたのかを説明しておこう。四つのAのひとつ「人類学」を、民族誌の実践と識別することにはすでに注意をうながしてきた。人類学がアートと調和するための条件を確立するには、そうしなくてはならなかった。次に述べるように、文化人類学が考古学や建築と調和するためにも、それは必要なことなのである。

四つのA

アートの人類学において多くの仕事がなされてきたが、建築の人類学は発展途上の段階にある。前者に関する文献は膨大な量におよぶが、後者に関するものはほとんど存在しない。その理由は必ずしも明確になってはいない。そのことは、人間生活におけるアートと建築の相対的な重要性を反映していない。ひとつの理由として、そのサイズと可搬性があげられるだろう。アート作品は建築作品よりもずっと収集しやすく、それゆえ西欧世界ではギャラリーや美術館のような場所に収めやすい。そのような場所におかれたアート作品は、わざわざ旅をして作品の来歴を訪ねることを面倒だと考える学者たちの関心をおのずと惹くことができる。しかし、このような仮説を立証することはできまい。また、他にも要因があることは疑いないだろう。建築〔の人類学〕について実際に進められている数少ない研究では、どんな場合でも、ほとんどがアートの〔人類学的〕研究と同じ一般的なスタンスをとっている。つまり「建築」は建てられたものの構造と等化と見なされ、視覚的文化や物質的文化の一部として扱われる。そうやって建築は民族誌的な分析の対象になっている。[4]それは建築とともにおこなう研究ではなく、建築に関する研究にすぎない。そのような方法に代わって、アートと人類学を組み合わせることで、わたしたちが住む環境を生みだす創造的なプロセスと、それらの環境を知覚する方法を探求するという関心を、アートや人類学と共有する領域として建築のことを考えようと提案したい。そのプロセスはわたしたちの生活環境と、その環境を把握する方法を生成してくれる。そのような領域における実践だと見なせば、建築は建物に関する何かというよりは、建物を用いる手段である。短くいえば、それは「建築という探求」である。そこに含まれるのは、外形の生成、力と流動のエネルギー、物質の特性、表面の模様や質感、量感、活動状態や静止状態におけるダイナミクス、線や場をつくる原動力などに関する問いである。内側から知ることの方法に導いてくれる、それら一つひとつの問いを、次につづく各章のなかで探索してゆこう。

アート、建築、人類学という三つのAに、四つ目のAである考古学が加わったのは、マンチェスターからアバディーンに移り住んだ時期のことだった。そこには幾分か、考古学と人類学の境界上を長いあいだ彷徨ってきた、わたし自身の関心が反映されている。そこに考古学が入らなければ、アートと建築と人類学をめぐる関係の議論が完成されることはないと確信したのだ。人類学と考古学の両者は、時間と風景のテーマを統合する（Ingold 1990）。人類学と考古学は、人間生活における物質的な形式や象徴的な形式への関心を共有するなかで、互いにずっと良好な関係だったわけではないのに、長いあいだ姉妹のような分野だと考えられてきた。その上、考古学の歴史とアートや建築の歴史には、明確な類似性がある。それは、人工物《アーチファクト》や古代の建築物へむける共通の関心だ。ある意味で、建築家と考古学者は手続き上同じことをしているが、時間の観点から相反すると見なされているのではないか。いずれにせよ、建築をする者が予定された形状へと建築物を組み立てるために使う鏝《こて》という道具は、過去のあり様を掘りだすべく、その土地を掘削する作業で考古学者が使う道具とまさに同じである。一方が、建てるべきもののデザインからはじめるのだとしたら、もう一方は、発掘されたものの図面づくりで作業を終える。これらのパラレルさと関連性を考慮すれば、まったくもって考古学を四番目のAに加えることは自然に見える。

しかし、考古学が実証科学としてではなく探求の技法として人類学に参入するのだとしたら、同様に考古学が歴史分析の対象の要約としてではなく、ものごとの鍛錬として見なされてアートや建築に参入するのだとしたら、それを可能にする条件はふたつの面で再考察されなくてはならない。ひとつ目は、民族誌から人類学を区別したように、考古学は先史や古代と呼ばれる時代の歴史学から区別されなくてはならない。それらの時代をあつかう歴史学は、過去における日常生活のもっともらしい再現を記述によって達成することを目標とする。これまで広く議論されてきたように、そのような〔実際の歴史と〕再現された歴史のズレを埋めるべく、幾多の専門家や詐話師たちが民族誌的なアナロジーを使っている。それにもかかわらず、民族誌と先史時代の関係を左右するこのテーマが、人類学と考古学の関係に特定の影響を与えるわけではない。ふたつ目に、わたしたちは、考古学の核となる発掘という実践が、過去の人間活動の痕跡を保持する地中の素材と取り組む活動として、広く理解されていることを認識する必要がある。発掘をデータ収集の技術に還元することはできないが、それは人類学の参与観察の実践と調和することができる。ちょうど参与観察のように、発掘は内側から事物を知る方法である。それは、職人の細部まで気配りされた注意力や、その熟練した手つきが鏝の先端でおこなう、いきいきとした素材とのやり取りである。それは考古学的な知識を育むこの相互作用から生じるのであり、理論の枠組みのなかで「データ」を分析することから生まれるのではない。近年マット・エッジウォースが指摘したように、発掘という実践のなかで、考古学者は切断面に沿って「それがどこへつづくのか、どこへ導こうとしているのか」というふうに作業を進めることを義務づけられている。それは受け身の姿勢ではなく、まるでハンターが獲物を追うときのように活動的であり、本質的に変化しやすい環境の下で、視覚的または触覚的な手がかりに対して、つねに抜け目なく反応することだ（Edgeworth 2012: 78, see Ingold 2011a: 251 fn. 4）。事実上、切断面はやり取りのための線なのである。

課程《コース》

何年も前に、教育の目的をどのように説明するのかと大学のお偉方に問われて、人類学者のヘオニック・クォンは「学生を良き狩人にするような試みです」と答えた。お偉方は完全に面食らっていたが、「四つのA」の課程における基本デザインと情報伝達の指針を要約したものとして、それはお手本ともいえる見事な回答だった。それに勝る応答というものはあり得なかった。このコースのねらいは、探求のアートのなかで学生が観察力を研ぎすませ、観察のあとで考察するというより、観察を通して考察を深められるように訓練することだ。まさしく狩人のように、学生たちは学ぶことを学び、生き物や物事の動きを追い、的確な判断でそれに応答できなくてはならない。学生たちは自己言及的で学究的な文章の領域に逃げこむのではなく、この調和のなかで、叡智へといたる道を自分で発見することになる。そしてまた狩人のように、彼らは夢を見るようにと勇気づけられる。狩人のように夢を見ることは、自分が捕えようとする生き物になり、物事を彼らの方法で見ることだ。閉鎖的に探究するのではなく、存在を新しい可能性に開くことだ。先住民の狩人が教えてくれるように、夢の世界は目覚めているときの世界と変わることはない。だが、夢のなかではちがった動きをして、ちがった感覚を持ち、もしかしたら大地の上ではなく空中のようなちがった環境においてその世界を把握する。[5]そして目覚めているときにも、見慣れたものを新しい目でみるようになる（Ingold 2011a: 239）。

公式資料のなかでは、官僚的な説明責任を果たせるような根拠をあげなくてはならなかった。そこで「四つのA」課程の目的は「人類学、考古学、アート、建築のあいだのつながりを探求することであり、空間、時間、運動の流れのなかで、人間が周辺環境にどのように気づき、どのように関係するかを理解し構想するための補完的なアプローチとして考察される」と書いた。しかし、いまになってみると、このコースを提案したもっと目ざましく、予期していなかった成果のひとつは、明らかに学際的な探求として計画されていたのにもかかわらず、（本当に境界が存在するのなら）実践においては専門分野の境界がたやすく消失したことだ。学生たちは四つの異なる領域を結びつけるという経験をする代わりに、ひと続きの小径をわけ入っている自己を見いだした。その小径では、人類学と考古学とアートと建築の関心事が、自然に無理なく合流しているのだ。おそらくそれは、「四つのA」コースが領域横断的であると同時に、反-専門分野的だったからではないか。そう、それは反-専門分野と呼ばれるべきである。なぜなら、研究の専門領域を区切りたがる学問において、その規範的な理解の方法を転覆する試みだったからだ。それらの境界は、四つのAがあつかう現象が存在する領域で重なり合っている。ひとつの領域を、Aの研究（たとえばアートや建築）として記述するときにはいつも、この意味を含むのである。しかし、何かとともに学ぶというわたしたちのパースペクティヴからすれば、知識のフィールド全体が再構成されるといっていい。

分野または「研究領域」に分割された領土的な表面の代わりに、もっと縄のような、ひとつによられた糸や「複数の関心の線」がらせん状に絡みついた何かが現われる。それらの線をひとつにより合わせることで、それぞれの分野が規範的に理解されて知識が領土化することを緩和し、内側から知ることの開放感を讃えることにわたしたちの狙いはある。

　この課程は、十週間にわたって講義、実習、ワークショップ、グループワークを組み合わせておこなわれた。全般的なイントロダクションにつづく講義の内容は、次のとおりである。「デザインとつくること」「素材」「オブジェともの」「身ぶりとパフォーマンス」「工芸と技術」「知覚における感覚」「線《ラインズ》」「ドローイング」「表記法」。通常の場合、上級レベルの課程は、それぞれ一時間の長さの講義と個別指導《チュートリアル》から成っていた。「四つのA」の講義はある程度伝統的な形式に則っていたが、個別指導は毎週開かれる実践的なセッションに置きかえられた。それぞれのセッションにおいて、学生たちはその週の講義で取りあげた話題を、それに則した読書をした上で議論する。同時に特定の実践的な演習をおこなう。演習は体験的な文脈のなかにその話題を置くことの一助となった。いくつかの演習について、この先の章で説明することにしたい。そこには物体の収集、素材との戯れ、爪あげ、ひもづくりと結び目づくり、浜辺歩き、署名づくり、観察したできごとのために表記法を構築することなどが含まれていた。

　講義を聴講し、実習に参加することの他に、学生たちにはプロジェクトを進めることが課された。プロジェクトの作業は「四つのA」課程の最初から最後まで継続される。まず、学生たちはそれぞれが何か「もの」[6]を選択することを求められる。建物、橋、ベンチ、古代の彫像、パブリックに展示された彫刻、あるいはランドマーク（たとえばタワー、噴水、目立つ樹木など）のようなものだ。学生たちは自分が選んだ対象物とともに毎週一時間くらいの時を過ごし、特定の側面に着目して、何を観察して何を発見したのかノートをとるように助言される。たとえば、学生たちは「もの」の歴史に注目するようにうながされる。その歴史は完結しているのか、まだ成長過程で構築されているところなのか。それを構成する素材とその来歴。どんな植物がそこで成長し、どんな動物が暮らしているのか。どんな人間や動物がそこに移り住み、そこを通りすぎ、その周囲に存在するのか。そして、日没後など一日の異なる時間帯において、さまざまな天候のちがいにおいて、印象や気分がどのように変わるのか。学生たちは絵やスケッチを描き、計画を立て、絵を描くことが彼らの観察にどのような影響を及ぼすかを省察しなくてはならない。そして彼らは、すぐに使える生《なま》の素材で模型をつくり、その「もの」と模型のあいだでスケールや素材が異なることを気にしつつ、模型づくりが「もの」自体について何を教えてくれるのかを考察しなくてはならない。この課程の終わりには、絵画や模型や補足書類とともにノート類が、成績評価のために提出する調査書類として集められ、三日間にわたる半日ずつのワークショップが開かれた。柳細工を織る屋外でのワークショップ、アーティストの作業場の訪問、景観認知のテーマに取り組むための田舎歩きを含むものであった。

「四つのA」課程は、それをデザインして学生たちに届けるなかで、人類学における教えと学びの方法を紹介する試みのひとつだった。その方法は、教えと学びのプロセスについて、わたしたちが人類学から知り得るものと調和している。何年ものあいだ、わたしは大学院の入門的な課程と上級レベルの課程の両方で教えてきた。そのなかで、学びということを、既存の情報の塊から「伝達」されるものだと考えることはまちがいだと説明してきた。それは、或る特定分野における実践の文脈のなかで、物事を活用することに先立つものではない。反対に、日々の生活における作業をこなすうちに、それをすることで覚えるのだ。[7] ここで教師にできる貢献とは、概念やカテゴリーからなる既存のシステムの形式で、文字通りに知識を受け渡すことではない。システムによって形式を与えるのではなく、感覚的な経験のまだはっきりしない素材に、何らかの文脈または状態を確立することにこそ知識はある。そのなかで、教師はすでに知っている多くのことと、いまだ知らない多くの物事を自身のために発見することができる。短くいえば、知識は伝達されるのではなく、自ら知識のなかに入っていくのだ。これは人類学者のジーン・ラブが、学ぶことは「習得する文化」というよりは「実践のなかで理解する」問題系に属していると指摘したことである（Lave 1990）。

さて、これがどのような社会においても人びとが学ぶ方法なのだとしたら、学生たちが自身で学ぶ方法もまたあてはまる。その結果、学問という上位の源泉に由来する公認された命題的な知識の死骸を飲みこむことではなく、人間理解に共有される探求のなかで協調して取り組むことが、学生たちの役割になる。ジーン・ラブが指摘したように、少なくとも西欧世界における大学という教育施設の大部分は、教室が学びのために捧げられた空間であるという考えに基づいている。その教室のなかで、学生たちは社会的に認可された知識を獲得する。いったん教育が修了すれば、それを外の世界へもっていき、実践に移す。わたしの課程を受講した鋭敏な学生たちの多くが指摘していることがある。それまで彼らが教わってきた「方法」と、実社会のなかでどのように学びが起きるのかについて教わった「内容」のあいだには、大きな開きがあった。そしてわたしのような教育者は、その人たちが説くことをもっとも実行しそうにない人間であるようだ。

そして、本書の読み方

そこで、わたしにとっての挑戦は、わたしが教えられてきたように教える方法を見つけることになった。これまで議論してきたように、人類学における究極の目標が資料収集ではなく生成変化にあるのなら、過去から受けとったものを未来へと受け渡す責務があることはまちがいない。それが現在だけに留まり、世界や他者とともに相互に変化しつづけないのであれば、自分自身を生成変化させることに何の価値があるというのか。ロストロポーヴィチの研究をしていたら、音楽を演奏することを通じて世界を変化させようとしたことだろう。しかし、わたしの職業は音楽家ではなく人類学者である。コンサートではなく講義をする人間だ。みずから生成変化することがなければ、わたしの講義は――他のあらゆる授業も――価値がなくなる。教えることは、自分をつくりあげるために世界から借りたものに返礼し、深い関与を引き受けることである。端的にいえば、教えること（民族誌の記述は含まない）は参与観察の異なる側面である。一方は他方抜きでは存在しえず、両者とも探求する技術としての人類学の実践に不可欠なものである。すなわち〈人類学を教えることは人類学の実践であり、人類学の実践とはそれを教えることにある〉。これは「四つのA」課程の中心にある教育上の指針だった。そして、それは本書にも根拠を与えてくれる。学生たちにとってだけでなく、わたしにとっても、その課程は次に何がでてくるかわからないような、多くの人たちと一緒にでかける旅であった。以下につづく章では、その旅が進んでいく道行きで発見することになった、いくつかの物事を見ていきたい。ものづくりの意味、素材と形式、芸術作品と建築物、デザインの本質、景観と知覚、生命体、個人的な知識、手の働きについてなど。しかし、本書は「四つのA」課程の参考書ではない。教科書は捨ててしまうがいい。ならば、これはどんな種類の書物だというのか。

ある夜、あなたが眠っているあいだに、いたずら者の妖精が台所に忍びこんできたところを想像してほしい。あなたが料理のレシピをしまっている棚に行き、『ケイティー・スチュワートの調理法』の本を取りだす（Katie Stewart 1983）。次にその妖精はあなたの本棚を見まわして、ピエール・ブルデューの『実践理論の素描』（1977）に目をとめる。いたずら好きな光を目に浮かべ、妖精は静かに『実践理論の素描』を引き抜き、その場所に『調理法』の本を差し入れる。それから台所へもどり、『調理法』があったところに『実践理論』の本をすべりこませる。翌日、あなたは伝統的なスコットランド料理である「ニシンのオートミールパン粉焼き」を夕食につくろうと計画する。そして、ケイティー・スチュワートが本の七八ページに、そのレシピを載せていたことを思いだす。つくり方を思いだすヒントが必要になって、棚のいつもの場所から何気なくその本を取りだす。すると、そのページを開いたときに、目に入ってくるのはこんな文章である。「ハビトゥス――永続的に設置される調節された即興性の生成的な本質――が諸実践を生みだすのである。諸実践は、その状況における実在的な潜在性として登記された諸要求を調整し、ハビトゥスを形づくる認識構造と動機づけの構造によって定義され、それら生成的な本質における生産物の実在的な条件のなかに、規則性を内在的に再生産する傾向にある」と。えーと、何だって？　誰がこのチンプンカンプンな文章を書いたのか。これが料理のどんな助けになるというのか。いら立ったあなたは「人類学理論」という研究誌に寄せる学術論文の執筆をするため、自分の書斎にもどる。それを書きあげようと、すでに何週間も費やしていたのだ。そこでブルデューの本から引用しようと思いつく。暗記するのには長すぎるセンテンスだ。もう一度、読んで確認した方がいい。それは七八ページに書かれている。考えた通り行動に移し、その書を開いて次の一文を見つけることになる。「ニシンを洗い、頭を切り落としましょう。まな板の上に置いて魚皮の面が上になるように、平らに広げます。魚の背中に沿って押しこんで骨を緩めていき、それからニシンを一匹ずつひっくり返して、やさしく骨を外します。皿の上にオートミールをだして、塩とコショウをかけて下さい。両面をオートミールにしっかりと押しつけて、ニシンに衣をつけましょう」。この文章の何が理論と関係するのというのだろうか。

ここで妖精がかけた魔法は、通常の場合、別の文脈に属して、区別するものを混ぜ合わせることだった。工芸品の素材や台所用品のなかに、料理本や他の何かのマニュアル類を置く場所がある。台所や作業場にあって、それらの本は適切な助言をしてくれる。ひらめきや洞察を得るための源にもなる。しかし書斎では、それは一オンスの知的な価値ももたない、つまらないことを書いた本にすぎない。その序文でスチュワートはこんな風に書く。「ここには最高のレシピだけでなく、便利な調理法に関する助言や、仕事のあいだに発見したヒントを集めました」(Stewart 1983: 7)。しかし、あなたの書斎では、経験という名の生命は、何の役にも立たない書物のなかで一生を終えることになる。台所でブルデューを読むことの方がましだというのではない。二十世紀後半に書かれた社会人類学の理論において、もっとも創造的な仕事だと広く認められているその書物が、台所では学術的な戯言にすぎないと喝破されることがあるのだ。まったくもって、実践と理論のあいだの隔たり——あるいはニシンとハビトゥスのあいだの、というべきか——は、かつてないほど広がっている。最初からわたしの野心はその隔たりを埋める本を書き、どうにかして理論と実践の対立を解消することにあった。そのような本は、他の本について言及するだけでなく、世界について言及するのだ。複数の線が、世界に関する他の文章たちと錯綜し、そのページは世界の表面と交わっていく。そのような書物をどこに保管すべきなのか。あなたはどこにいるべきなのか。通常であれば、ブルデューの本は書斎に、スチュワートの本は台所に置かれる。いま、あなたは自宅の書斎や台所、他のいくつかの部屋のどこかにいるだろう。どんな部屋にいたとしても、本を置く場所はあなたの身体の近くである。本を読もうとしてはいけない。それは必要とする知識を教えてはくれない。知識は自分自身で見つけなくてはならないのだ。本とともに読みなさい。そうすれば、その書物はあなただけの道を指し示してくれるだろうから。

---

［1］強調は原文どおり〔訳文中で「世界の一部」としたところ。"we" are *of* the world.〕。注記のない限り、本書の引用文中の強調は原文どおりである。

［2］なかでもステファニー・ブン、ウェンディ・ガン、アマンダ・ラヴェズという三人の参加者は、博士課程を終えてからも、それぞれの専門分野に進み重要な貢献を為してくれた。わたしはいつも彼らから刺激とサポートを受けた。

［3］芸術と人文学の研究委員会から受けた助成（grant reference B/RG/AN8436/APN14425）にとても感謝している。また個人的にも、ダンディー大学のスコットランド芸術史学のムルド・マクドナルド教授から支援していただいた。彼はこのプロジェクトの申請責任者だったし、中心的なメンバーだった。

［4］たとえば下記の研究を参照。**Blier**（1987）, **Wilson**（1988）, **Oliver**（1990）, **Coote and Sheldon**（1992）, **Carsten and Hugh-Jones**（1995）, **Waterson**（1997）。トレヴォル・マーチャンによる最近のふたつの研究は特筆すべき例外で、実際の建設プロセスに焦点が当てられ、労働者の組織化と石工が技術を修得して伸ばしてゆくことに着目している（Marchand 2001, 2009）。

［5］たとえば北部中央カナダに住むオジブウェー族の夢に関するハロウェルの研究を参照。

［6］本プロジェクトでたとえば「オブジェ」ではなく、「もの」と呼ぶのがなぜか、それは後に明らかになるだろう（第六章）。

［7］わたし自身が教える際には、たとえばジェローム・ブルーナー（Bruner 1986）やバーバラー・ロゴフ（Rogoff 1990, 2003）、ジーン・ラヴとエティエンヌ・ウェンガー（Lave and Wenger 1991）、ジズリー・パルソン（Palsson 1994）、そしてわたし自身の研究（Ingold 2001, 2008b）を参照した。

第二章　生命の素材

物体を触り、素材を感じる

「四つのA」課程の最初の週に、学生たちとおこなった実験を解説するところから筆を起こそう。この実験のために、学生に何かものをひとつ選び、自分のプロジェクトのために選んだ「物体」の付随物を見つけて、収集してくるように指示した。彼らはごちゃ混ぜに集めたがらくたを持ちよった。硬貨、紙クリップ、空き缶、タバコの吸い殻、ゴムボール、カモメの羽根、その他の雑多なもの。最初は教室の真んなかに、彼らが持ってきたものを積みあげた〔図2-1〕。積みあげた山を見ていると、そこから一匹の蜘蛛がでてきてカーペット上を足早に立ち去った。その蜘蛛は何かの物体にくっついてきたのだろうが、何と一緒に来たのかはわからない。あるいは、蜘蛛もまた収集されたものだったのか。一つひとつのものを順番に取りあげて、その形状をじっくりと見て、詳しく検証し、見つけてきた学生に質問した。その物体をどこで見つけ、どうしてそれに注目したのか。その場所にその物体がどうやってたどり着いたのか、物語をつくってもらった。たとえば、ポケットや財布、人の手からレジへと数えきれないほどの移動をくり返した硬貨。かつてその紙クリップは

図2-1　床においた物体の寄せ集め。「四つのA」の授業にて。

多忙な役人の書類を留めていた。以前は飲み物で満たされていた空き缶は、のどが渇いた人が開けることになった。その人の唇は寸前まで、火のついたタバコの煙を吸いこんでいた。表面に歯でかんだ跡が残っていることから、砂浜で見つけたゴムボールは犬の遊び道具だったことが判明した。羽根は、かつては空高く飛ぶ鳥を美しく飾っていた。要するにそれらのものは、人間、犬、鳥といった他の生物の存在を証し立てている。ところが、そのものになるにあたり、枯れ葉が樹木から落ちるように生物たちとの縁は切れた。そして、川岸に打ち寄せられたがらくたの多くのように、生気のない物体になった。その山から出てこられたのは、蜘蛛一匹だけだった。

　翌週、学生にプロジェクトをおこなった場所にもどり、今度はその場所の周囲にある物体を収集してくるようにいった。すると学生の多くが、砂、小石、土、落ち葉などで容器をいっぱいにして帰ってきた。容器を空けるや否や判明したことだが、それらの素材は一定の位置にとどまったまま、同じ形状ではいてくれなかった。その中身はバラバラに散らばるという特質をもっていた。メアリ・ダグラスの「汚穢、すなわち無秩序なもの」という有名な定義（Douglas 1966: 44）は勉強済みだった。案の定、すぐにわたしたちの手は汚れたが、このことは触覚的な経験をもたらした。それは、前の週にものを検証したときの、臨床的な超然《デタッチメント》とした態度とは大きく隔たっている。臨床的な態度においては、手袋でもはめているかのように、物体とそれを持つ手のあいだに物質の交換は存在するべきではなく、物体は曲ったり壊れたり潰されたりしてもいけないのだ。そんな風に人びとの関心は、もっぱら静的な形式にむけられてきた。証拠を改ざんしたりデータとしての価値を損なったりしないように、すべての物体を刑事のように繊細にあつかうよう心がける。他方では、素材をあつかうときの触覚性の経験は、粒子や質感がすべてであり、繊細な肌と柔軟な物質のあいだで起きる接触の感覚である。手のひらに包まれた乾いた砂と指のあいだをこぼれ落ちる砂についての、の、濡れた粘土が乾いていくときの粘着と固化についての、ざらざらした砂利の摩耗についての、その他諸々についての経験のすべてである。

　わたし自身もいくつかの素材を持ってきた。具体的にいえば、硬質繊維《ハードボード》の板を数枚と壁紙用の糊剤の缶である。板に糊を塗り、学生が持ちよった素材を混ぜ合わせて、その混合体に糊を塗っていった。しかし、学生は直接板にものを貼りたがった［図2-2］。その結果、予想以上の驚くべき

図2-2　糊剤を塗った板に素材を貼りつけていく。

アート作品ができあがった。目を見張るべきなのは、彼らが自分の動作の流れるような痕跡を残した方法だった。一方では、行為主体としての手作業や身体の動きがあり、もう一方では、混合体が流動するときの或る特定のパターンがあった。後から考えてみると、この両者のブレンドによって驚くべき効果が得られたのではないだろうか。結局、それは毎日台所で経験していることに似ている。今度スープをつくるときに、スプーンでかき混ぜる自分の動作に注目してみてほしい。鍋のなかの素材《マテリアル》を混ぜて粘り気がでるようにしながら、同時にうまく流動するように工夫することだろう。奇妙なことに、台所における食材文化の研究では、たいてい鍋や器やスプーンにばかり気をとられて、つくられるスープ自体のイメージを除外している。要するに、素材ではなくてものに焦点があたっているのだ。けれども、よく考えてみれば、ここにものがあり、あちらに素材があるというのは、台所にあるものを正しく区分する方法ではない。それはパースペクティブのちがいにすぎない。その家の住人は料理をはじめるまで、鍋や器をものだと考えている。ところが、鉄のスクラップ集めをする人にとっては、それは素材《マテリアル》の集合体に他ならない。

それと同様に、学生が最初のセッションに持ってきた物体に立ちもどって、次のように尋ねることもできただろう。「このものを素材として考えたら、どんなことが起きるだろうか」と。硬貨。それは銅であり、ハンマーで叩くことによって、あるいはそれを熱するか火にかけて（炎は緑に変色する）何が起きるのかを観察することで、その特性を探求することもできる。紙クリップ。これは一本の長いワイヤーだ。解いてからねじ曲げて、別の用途に使うこともできる。空き缶。アルミニウムだ。何とそれは軽いことか。タバコの吸い殻。ふーむ、まだ内側にタバコが少し残っている。火をつければ、煙が発生する。そして煙は、空気の流れとわたしたちの呼気のリズムに反応して、空中のあちこちに痕跡を残す。ボール。ゴムでできている。両手で圧力をかけると、柔らかさと弾力性を感じることができる。口で噛んでみれば、犬になる気持ちがどんなものか想像することもできるだろう。そして、素材としての羽根を考えれば、鳥の肉体とともにそれが成長したことを認識できる。空を飛ぶときに風と一体になり、かつてはその鳥にとって不可分な身体の一部であった。すべての場合において、過去の物体を素材として扱うことで、それらが放りこまれていた袋小路《カル・デ・サク》から救いだし、生命の潮流に復帰させることができるのだ。

この章では、ものに生命を入れ直すことについて考えたい。基本的な議論をシンプルな図形《ダイアグラム》によって表現できるだろう。まず、二本の線を描く。まっ直ぐである必要はない。少し曲がりくねっていても問題はない。しかし、二本の線はふたりの人物が横に並んで歩いたかのように、たがいに並行して伸びていなくてはならない。それぞれが運動の軌跡である。そのうちの一本は、光や音や感情で満たされた意識の流れを表わすものだとしよう。もう一本の線は、混合し溶解して循環していく物質の流れを表わすものだ。いま、それぞれの線が一瞬だけ停止したとする。意識の側では、この停止はイメージという外観をとる。ちょうどスポットライトの光に一瞬とらえられた逃亡者のように。物質の側では、ひとつの「物体」という個体の形をとる。まるで逃亡者の行く手を阻む大きな石のように。この図表では、両方の線の停止を、それぞれ個別の線の上に点か染みをおくことで表わしている。次に、ふたつの点をつなぐ両端が矢印の線を一本描く。最初の二本の線とはちがい、矢印は運動の軌跡を表わすのではない。これは現象的というより概念的なものであり、イメージと物体をつなぐことを表現する。さあ、これで図形は完成した［図2−3］。これによって本章の議論と、のみならず本書全体の議論を要約することができる。イメージから物体へ、物体からイメージへ、終わりのない往復をくり返す、わたしたちのパースペクティブを切り替えるスウィッチだ。これは人類学、考古学、アート、建築の研究論文が執筆されるときの目立った特長でもある。感覚的な気づきの流れと物質的な流れの双方において、イメージと物体が相互に形を結ぶ。図形の観点

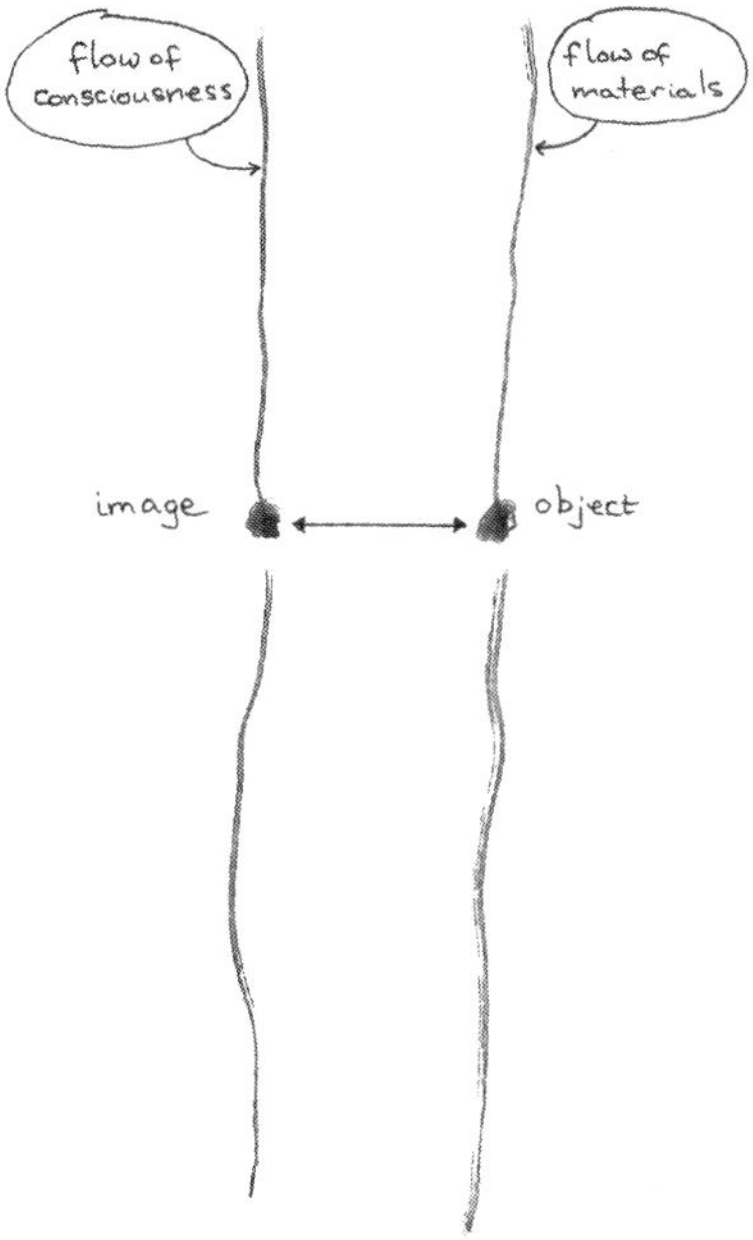

図2-3　意識、物質、イメージ、物体のダイヤグラム

からすると、横方向から縦方向へ、九〇度の角度の回転をともなうものである。

さまざまなつながり方で、この回転は何度も何度も出現する。実際、前章で民族誌的な資料（横方向）と人類学的な生成変化（縦方向）の区別を考えたときにも、わたしたちはすでにこの回転に遭遇していた。知覚に関していえば、世界に対する視覚的な関係と触覚的な関係の区別に根拠を与えるものだ。その区別は、前述の触覚性というかなり異なる経験を説明してくれる。世界との視覚的な関係は、決して眼が介在する知覚に限定されるのではない（触覚的な関係もまた、手だけに限定されない）。創造性に関していえば、視点を転換することは、作業が進むにつれてうまく解決していくような即興的な創造性と、あらかじめ考えた決定済みの帰結にむかって目新しい経験のなかを進んでいく創造性とを区別する。これが第七章で詳述する「相互作用」と「応答《コレスポンダンス》」の差異や、第八章の「分画化された知識」と「個人的な知識」の差異に根拠を与える。しかし、もっとも根源的なことは「ものをつくることの意味は何か」という質問のなかで、それが立ちあがってくることだ。

わたしたちは、つくること《メイキング》を「プロジェクト」として考えるのに慣れている。達成したいと思った頭のなかの観念や、それを達成するための生《なま》の素材を準備するところから、それははじまる。そして、素材が意図した形をとったとき、完了する。いうなれば、この時点で「人工物《アーチファクト》」が創出される。小さな石が斧になり、粘土の塊が鍋になり、溶けた鉄が剣になる。斧、鍋、剣は学者たちが「物質的文化」と呼ぶものの好例だ。この言葉は、一般に受け入れられた文化的伝統の概念的な表象を使って、自然から供給された物体を結合させるという、つくることの理論を完璧に表現する。ジュリアン・トーマスがいうように「物質的文化」とは、「物質的につくられた観念と、文化的に表現された自然の素材を一度に表象することである」（Thomas 2007: 15）。文学の世界では、ギリシャ哲学の質料因と形相因のことであり、その理論は質料形相論として知られる。わたしたちが「人工物」をつくることを解釈するときにはつねに、実践者が「そこにある」物質的世界に心のなかで描いた形状を押しつけるという質料形相論が機能する。

この考え方に代わって、わたしはつくることを「成長」の過程だと考えたい。そうすれば、最初からつくり手を能動的な物質の世界に囲まれた参加者に位置づけることができる。彼はそれらの素材を使って作業をする。そして、ものをつくるプロセスのなかで、何が現れるのかを予測しつつ、それらを寄せ集め、バラバラに解き、統合し、精製しながら、物質と「力を合わせる」のだ。このような理解では、つくり手の野心は、質料形相論のモデルによって暗示される姿よりもずっと慎ましい。自分のデザインを、それを受け入れる準備をして待っている世界に押しつけるような超然とした態度からはかけ離れている。彼にできる最大限のことは、遊動している力やエネルギーに刺激を与えることで、わたしたちのまわりに見えるすべての生きた世界——植物や動物、波や水、雪や砂、岩や雲——に形式を与えるべく、すでに地上で進行している現象のプロセスに介入することくらいである。そんな地上の生成過程が、わたしたちの周囲のあらゆる場所で生物界の形式を生みだしている。たとえば、大理石の彫刻と鍾乳石のような石筍とのあいだの差異は、前者が人の手によってつくられ、他方はそうではない、ということではない。その差異は、ただ単に次のようなものだ。大理石の塊が形成された歴史のどこかで、最初に、石切り工がその場所に現れたのだ。彼は持ち前の筋力とハンマーやくさびの力を借りて、岩盤からそれを引き剝がした。そのあと、彫刻家が鑿《のみ》を使って整然と仕事に専念した。彫刻家は石からその形状《フォルム》を解放するために、鑿を振るったのかもしれない。鑿のひと打ちひと打ちが彫刻として現れでる形状を形づくるように、洞窟の天井からしたたる水滴のひと粒ひと粒は、鍾乳石の形状をつくることに貢献する。後年になって、その彫刻が雨に洗い流されるときにも、形状を生成するプロセスはつづくのだろう。ただ、それは人為的な介入の手からは離れているのだ。

つくることを横方向〔イメージから物質に変換したもの〕ではなく、縦方向〔素材と力が合流したもの〕として解釈することは、それを、形状を生みだす過程（生物学的にいえば「形態生成」の過程）だと見なすことを意味する。このことは、わたしたちが有機体と人工物のあいだに引く線引きを曖昧にしてくれる。有機体が成長するのなら、人工的な作品もまた成長する。人工物がつくられるのであれば、有機体もまた同じである。無限の他者に囲まれて変化するのは、形状が生成されるなかで人間が関与する範囲の方である。しかし、これは度合いの変化であって、質的な変化ではない。無論これは、自分のつくりたいものの観念を頭のなかで描く、つくり手の存在自体を否定するわけではない。彼はすでに眼前に立っている〔自然の手による〕作品を見て、それを模倣しようと模索しているのかもしれない。これが鍾乳石から彫刻を決定的に区別することではないか。これが作品に特有のものだという観点から、そのデザインについて語ることはできないだろうか。この問題については後述することにしよう（第五章参照）。この点に関しては、つくり手が形状を頭のなかに描いていたとしても、その形状が作品を創造するわけではない、というだけに止めておく。もっと重要なことは、物質との関わり《エンゲージメント》である。どのようにものがつくられるのかを理解するためには、この関わりに参与しなくてはならない。人間が事前にもののデザインを持つかのように、学者たちはくり返し、もののデザインを持つことが、そのもの自体を持つことであるかのように書いてきた。そして、コンセプチュアルアートや建築における或る立場の人たちは、この推論を極端なまでに押し進めてきた。この立場は、もの自体を過剰な何かにしてしまう。すなわち、それは先行するデザインの表象——派生した複製——以外の何ものでもない（Frascari 1991: 93）。形状に関するすべてのものが事前にデザインされるのであれば、どうしてそれをわざわざつくったりする必要があるのか。つくり手はもっと深い認識を持っている。本書の目的は、質料形相論のモデルを無批判に適用したことで生じた幻影から、つくること《メイキング》を表舞台に引っぱりだし、つくることが成し遂げてみせる創造性を祝福することにある。

砂のなかの籠

二月の寒くて風の強い日のことだった。わたしと「四つのA」課程の学生たちは、浜辺とドン川の河口のあいだでV字型になっている、砂でできた半島へ出かけた。その川はアバディーンの町の北端で海に流れこんでいる。地面にはところどころ雪が残っていた。わたしたちはそこで、人類学者でクラフト作家のステファニー・ブンから、柳の籠の編み方を習った（Bunn 2010: 49-50）。枠をつくるために長い柳の枝を奇数の数だけ、地面に垂直に突き刺した。だいたいの輪郭を象るべく、それを籠の天辺になるように結ぶ。それから、逆さにした円錐形の形状が徐々にできあがるように、垂直の枠に対して水平の枠を入れたり出したりして交互に編んでいく。学生は単独かペアで作業した［図2−4］。最初から多くの学生が、柳の素材が扱いづらいことに戸惑っていたようだ。完成され

図2-4　砂のなかの籠づくり。スコットランド北東部アバディーンの浜辺で。

た籠を見ると、柳はそこにごく自然に収まっているように見える。まるで柳がその形になるために存在し、単に運命づけられた役割を果たしているかのようだ。だが、柳をその形にするまでには、一方ならぬ苦労があった。断続的に柳との格闘が勃発し、柳がはね返り、編み手の顔を叩くときもあった。編み手は注意深くそれを丸めこまなくてはならなかった。その後、柳の枝が互いに強制的に曲げられることで摩擦が生じ、実はこの抵抗こそが籠の構造全体をひとつに保つ役割をしていることに気づかされた。その形状は外側から素材に課されているのではなく、この力の場のなかで生成し、編み手と柳の関係によって成立しているのだ。まったくの初心者であるわたしたちは、自分の籠を正確で均衡のとれた形に保つための制御力をもっていなかった。おまけに地面にひざをついて編む行為だった。かなり全身の筋肉に負担をかける行為だった。そして、ひざを立てて編む段階になると、籠の寸法は、その人の手が直接届く長さや背丈の高さという肉体の寸法で決まるようになる。同時に、学生は想像したこともない場所に筋肉があることを知らされる羽目にもなった。しばらくして筋肉痛の症状がでたからだ。ところが、人間以外の力も形状をつくりだす過程に入り混じっていた。そのうちのひとつが風である。籠の上方では、柳の枝の傾斜角が鋭くなっていく。絶え間ない強風が吹いて、傾斜角とともに籠枠の垂直方向の枝を上方へと押し広げようとする。海岸近くで編まれたものも含めて、多くの籠が見事な輪郭になったが、その反面、つくり手が意図しなかったカーブを描き、幾分か歪んでいるように見えた［図2-5］。

図2-5　ほぼ完成した籠。

それを三時間近くつづけた。徐々にリズムや素材への感覚をつかんでいった。しかし、作業が進むにつれて別の問題に直面するようになった。作業の終着点をどのように決めればいいのかという問題である。籠が完成したという明白な瞬間は存在しない。終わりは段々と見えてきた。まったく籠づくりの経験がなかったので、当初の予想があり、それに沿うものになってきたというのではない。あたりが少しずつ暗くなり、強い雨が降りそうな気配が迫ってきた。肌寒さをおぼえた。手足の筋肉が張ってきて、一人ひとりが編んできた編み目が、何とか十分な強度になったという感じがしてきた。この時点が、編みあげた高さまでのところで枝を水平に切り、別個に編んでおいた底を入れるタイミングだった。少なくとも、編みあげた構造物を地面から持ちあげ、ひっくり返し、つくったものが本当に籠だったのだと確かめることはできた。学生たち一人ひとりの籠は、それぞれちがった形状をしていた。その籠はつくった人の気分や気性、背丈の高さを反映している。最後に学生たちは夜闇が迫るなかで散会し、自分のつくった籠を片手に誇らしげに帰途についた。何といってもつくることについて、それに動きから形がたち上がるということや、素材《マテリアル》のダイナミックさについて、どんな授業や文献調べよりも、この日学んだものは多かった、と彼らは話してくれた。

物質と形状について

おそらく質料形相論を批判する方法として、籠づくりを持ちだすのは公平ではない。質料形相論のモデルが編み物に当てはまらないという結論は、製造業の生産現場ではそれを完璧に適用できるという可能性を排除しない。製造業では、形状《フォルム》はもっと強制的に物質に押しつけられる。たとえば、レンガの製造はどうか。レンガを形成するには、窯で焼く前に、事前に用意した四角形の型枠に柔らかい粘土を入れる。素材の粘土は本来は無定型のものなので、まるで型枠が形状を規定している

図2-6　草ぶき屋根の小屋の下で仕事をするレンガ職人。脇には手押し車がある。1827年の版画、作者不詳。

かのように見える。たしかに粘土は型に押しつけられると、ちょうど質料形相論の論理が要求するように、物質が形状と結合する。しかし、哲学者のジルベール・シモンドンは「ゲシュタルトおよび情報の概念の観点からみた個体化」という題の論文で、そうではないと論じている。[1] ひとつの理由は、型は幾何学的な抽象ではなく、固体の構造物だからだ。それは特定の物質からつくられるものだ（伝統的にはブナノキのような堅い木材）。さらにいえば、粘土は生の素材ではない。表土から掘りだされたあとで、粘土は地面に広げられる。小石や他の不純物をとるために篩にかけられ、使用準備ができるようになるまで余すところなく練りこまれる。それに、レンガを型取ることで素材が形状と結合するわけでもない。そうではなく、レンガと型の両者が「変成における鎖の半分」において和解し、結合が生じるのだ。両者がある程度の融和状態に達するまで、粘土をこねて型を調整していく。そうすれば、粘土は型になじみ、型は粘土になじむようになる（Simondon 2005: 41-42）。粘土と型が遭遇する瞬間、つまりレンガ職人が粘土の塊を型枠に押しこむとき、粘土に対するレンガ職人の身体動作によって生じた大きな力が、型枠の堅い木材による圧縮的な抵抗に遭い、ピークに達する。すなわち、横長の四角形の輪郭をもつレンガは、物質に対する型の「押しつけ」によって成るのではなく、粘土と型に内在する、反発して均衡する力の「対立」によって成るのだ。その力の場《フィールド》では、多かれ少なかれ、形状とは束の間の均衡が出現することにすぎない。おそらく、籠の例もレンガの例とそれほどちがいはないだろう〔図2－6〕。

シモンドンの「個体化」で中心となる前提条件は、ものの生成を、形態形成のプロセスとして理解しなければならないということだ。そのプロセスのなかで形《フォルム》は事前に与えられている、というよりは毎回発生する。シモンドンの考察を解釈するなかで、ブライアン・マスミが説明するように、これは「〝成る〟ことが、それが通過してきた〝ある〟という状態に対して持つ優位性」を主張することである（Massumi 2009: 37）。形状〔形相〕は物質〔質料〕が受動的に受けとるものだとする質料形相論の仮定に対抗して、シモンドンは物質の本質、あるいは素材の本質を「形象化する活動」の内側におく。それとは対照的に、質料形相論は作業の外側に立ち、何が入っていて何がでてくるのかを観察している人のパースペクティブと一致する、とシモンドンは結論づける（ibid.: 46）。その人は、事物のあいだで何が生じているのか、多様な種類の物質が形をとるようになる作業の実際のプロセスについては何も見ていない。それでは、物質と形状という互いに絡まりあった鎖において、両者を一緒にしているものを理解せずに、鎖の尾っぽだけを手にしているようなものだ。ものが「成る」過程において、形象化の活動の中心で起きる連続的な調節《モジュレーション》を見ることなく、鋳造における単純な関係だけしか理解しないことに等しい。

「遊牧論」のなかで、哲学者のジル・ドゥルーズと精神分析学者のフェリックス・ガタリは、シモンドンの質料形相論への反論について言及している。ドゥルーズらの影響力のおかげで、その話題が取りあげられるようになり、それは考古学や人類学にも浸透してきている。質料形相論の問題点は「固定した形相と等質的と見なされた質料」だと彼らは考える。一方では、それは物質の多様性——強度や弾力性、流れや抵抗の線——を認識せず、他方では、これらの調節が生じさせる構造とその変成の認識にも失敗する。実際には、わたしたちが物質に遭遇するときはいつでも、「このような流れとしての物質には随うということしかできない」という結果になり、それは「運動し流れ変化する物質である」のだ（Deleuze and Guattari 2004: 450-451）。その流れをとらえる職人《アルチザン》や実践者は、実質的には商人でありながら旅人でもある。その仕事は、生成している世界の粒子のなかに入りこみ、徐々に発展する目標へとむかっていくことだ。彼らがもっている特質は「行為的直観」である（ibic.: 452）。

しかしながら、シモンドンが主な事例としてレンガの形成を取りあげているのに対して、ドゥルーズとガタリは冶金の例の方を気に入っているようだ。彼らにとって冶金は、質料形相論のモデルにおける特有の不十分さを際だたせる役割を持つ。質料形相論は、技術的な操作を、別々の段階が連続したものとしか見なさない。それぞれの段階に帰結があり、次の段階に移るための始点があって、そこには明白な閾《いき》の目印があると考える。しかし冶金では、それらの閾は主だった操作がおこなわれる、まさにその内部にある。それゆえ、冶金工が金床についたハンマーで形状を叩きだすのと同時に、鍛冶屋は定期的に鉄を火のなかに焼《く》べなくてはならない。物質の変化は、形状をつくりだす過程のいたるところに見られる。そして、鉄が最後に冷やされる鍛造の段階にいたるまで、閾を越えて連続していく。「冶金術の場合ほど形相と物質が硬く固定したものにみえることはない」とドゥルーズとガタリは書く。「しかしながらそこではさまざまな形相の継起に、連続展開する形相が、さまざまな物質の変化に、連続変化する物質がとって代わろうとする」(ibid.: 453)。技術史の専門家たちが「動作の連鎖《シェーン・オペラトワール》」[2](ものの原材料から製作、使用、廃棄に至るプロセスに介する人間の一連の身振りのこと)と名づけた非連続的な操作の連なりに代わって、わたしたちはここに別の何かを見ることができる。それは互いの素材をうまく調節しながら、途切れることなく対位法的なダンスを踊るペアのようなものだ。状況によっては鉄でさえ流動するのであり、鍛冶屋はそれに従うしかないのである。

物質性のふたつの側面

学者が「物質的世界」というとき、あるいは、もっと抽象的に「物質性」というとき、それは何を意味するのか。物質的世界で暮らす学生たちにその質問をすれば、とても両立しえない答えが返ってくるだろう。いくつかの例を提示してみよう。まずは、石をテーマにしてクリストファー・ティリーが考えたことだ。或る石の「狂暴的なまでの物質性」をじっと見つめていたとき、ティリーはそれが物質の混沌とした塊であることに気がつく。それにもかかわらず、或る石粒が特定の社会的で歴史的な文脈のなかで、いかに形と意味を与えられるかを理解するためには、物質性の概念が必要だと彼は考えた（Tilley 2007: 17）。同様にアンドリュー・ジョーンズは、物質性の観念を「環境における物質的な要素と物理的な要素」の両方を包含するのだと考える（Jones 2004: 330）。そして「物質的な属性があってこそ、それらが人間の生のできごとに入りこんでいること」を彼は重要視した。ニコル・ボワザンは、自分が物質性という言葉を「物質的世界の物理性を強調するために」使うのに、物理性は「人間というエージェントのために複数の可能性を提示する」という事実を含むとしている（Boivin 2008: 26）。物質性に関する一連の論文を紹介しながら、ポール・グレイヴス＝ブラウンは「わたしたちの周囲にある物質的な特徴をもった世界を、どうすれば人間性に適するものにできるか」という問いに、彼らが共通の関心を寄せていると断言する（Graves-Brown 2000: 1）。そして、ジョシュア・ポラードは、ほとんど同じようなフレーズで「物質性という言葉は、いかに世界の物質的な特徴が人間の課題のなかで理解され、認められ、それに巻きこまれているかを意味する」のだと説明する（Pollard 2004: 48）。

いずれの場合においても、物質性にはふたつの側面があるようだ。ひとつの面は、世界の「物質的な特徴」におけるあるがままの物理性である。もうひとつの面は、社会的に歴史的に位置づけられた人間のエージェンシーである。

自分の目的を遂行するためにこの物理性を使用する人間は、自然から与えられた原材料を完成された人工物の形状へと変換し、その上でデザインと意味を表明するのだと考えられる。物質的世界を理解するときのこの二重性は、人間の本性をめぐるずっと古典的な議論のなかで発見されたことを正確に反映している。人間の本性は、一度にふたつのことに関係することができる。人間が「動物の獣性」と共有している本能の生々しさと、言語、知性、象徴的な思考の能力を含むひと揃いの性質を合わせ持つ。それらによって人間は、他のすべての生物のレベルを凌駕して、いまの存在のレベルにまで高められたのだとする。このような議論における「人間の本性の人間的な性質」(Eisenberg 1972) の訴えは、二重性を解消するためには何の寄与もしなかっただけでなく、それを再生産するために働いた。前章で見たように、まさにこの人間性の認識が、人間の苦境を示す典型となっている。人間は自分自身と、その密接な一部分になっている世界について、世界の外側に自身を連れだし、自身の存在を別のレベルに再登録することによってでしか、知ることができない。人間は物質的にというよりは心理的に、自然的にというよりは文化的に理解するからだ。それと同じ方法によって、物質性の概念のなかで、世界はまさに存在の基盤であると同時に、人間に特有の超越性によって理解され、占有される可能性に開かれた外界として提示される。人間性と同じように、物質性もまたふたつの顔を持っているのだ。

ところで、ビョルナル・オルセンが主張するように、自分たちの語彙から「物質性」という言葉を除外したり、その使用を禁止したりしたいのではない（Olsen 2010: 16）。ちょうど「人間性」の場合と同様に、「物質性」という言葉を抜きにして考えていくことは難しい。しかしながら、物質性という言葉が過不足のないものだと仮定したり、とりわけ地理学者のベン・アンダーソンやジョン・ワイリーが警告するように（Wylie 2009: 319）、物質的な世界を「固体」の状態であると定義し、強健な特性や確固たる形相を生来的に持つと仮定することには、慎重でなくてはならない。世界の「堅固な物理性」を強調するとき、オルセン自身がこの仮説の虜になっている（Olsen 2003: 38）。どうして世界がそんなに強固な固体だと言い切れるのか。たとえば、ごく普通の鍋のことを考えてみよう。それが最初につくられたときから、ひび割れて廃棄されるときまで、鍋としての一生において、鍋は数えきれないほどの活動に寄与する。そして、それはいつしか地面の土にもどり、何千年も経たあと、考古学的な発掘のなかで掘りだされる。これらのことを経ているというのに、かつてと同じように鍋がずっと固体のままであったといえるのか。物理的な固体として、その鍋はつねに同じ形状を保っていただろうか。「そうではない」と『陶器の破片の生活史に関するノート』の著者で、考古学者のコーネリアス・ホルトーフなら答えるだろう（Holtorf 2002: 54）。鍋の物質性とは、それが遍歴を重ねるなかで、人間たちの生活の一場面一場面においてさまざまなかたちで登録される方法にすぎず、それ以上のものではないと彼は主張する。原理上、鍋は誰かがそうなってほしいと望む何にでもなることができる。ところが、この主張のなかで、ホルトーフは物理性のひとつの側面から別の側面へ、物質の物理性から社会的所有の形式へと、引きずられてしまう。この姿勢は、物質を軟化して、液化し、活性化することには何の寄与もしない。もしその鍋が生活史（それが製造されたときから廃棄される瞬間まで、または最終的な再生利用の瞬間までを数に入れるかによって、生活史は「長期的なもの」か「短期的なもの」のどちらかになる）を持つのであれば、それは鍋を形成する固有のものにはならない。それは、鍋の周囲を取りかこみ、それに意味を与える人間生活の歴史にすぎない。

石の破片でつくられた人工遺物《アーチファクト》の場合はどうか？　鍋と同じように石もまた、さまざまな遍歴を重ねてきたといえる。先史学者のジェフ・ベイリーによれば、人間によって石が入手されたとき、人工物の形状につくられたとき、最終的に人工物としては放棄されたときの「少なくとも三つの時期」に分節できる（Bailey 2007: 209）。ここに四つ目の時期、つまりそれが考古学者によって発見されたときを加えられるし、それが公表されるときは五つ目、その後もいくらでも時期をつけ加えることが可能だ。これらの時期は、物理的な痕跡が残されることによってのみ後世に伝えられる。そしてベイリーによれば、人工遺物はそのような痕跡の積み重ねとして自身を提示する。それに対して、彼は「羊皮紙《パリンプセスト》」の喩えを使っている。彼はさらに次のようなことまで主張する。定義によれば、石による人工遺物の物質性は、その形成や刻印が活発におこなわれる時期よりも長くつづくというのだ。それは形成過程において生じるネガのようなものだ。それでも、これは物質の質料形相論的な特徴に、またもや立ち戻ることを意味する。それは、形状を手に入れる活発さではなく、形状を受容する消極性しか持ちえない。短くいえば、ホルトーフのように、ものに囲まれた生活のなかでわたしたちがその歴史に気がつこうと、ベイリーのように、ものが次の生に移行した後にも残す痕跡に気がつこうと、その物質の「生成」——生成的で再生成的な潜在能力、つまり物質の生命というべきもの——は、すでに固定化された世界という先入観に絡めとられてしまう。

錬金術へ立ち返る

それでは物質《マター》とはいったい何なのか。わたしたちが素材《マテリアル》について話すとき、それはどんな意味を持つのか。物質と素材は同じなのか異なるのか。素材とともに働く人たち——工匠、職人、画家やその他の仕事をする人たち——のように物質《マテリアル》＝素材の意味を理解するには、美術史家のジェームス・エルキンスが推奨するように、わたしたちは「忘れられた化学に関する短い課程」を受ける必要がある（Elkins 2000: 9-39）。もっと正確にいうならば、錬金術の時代に物質がどのように考えられていたのかを思いださなくてはならないだろう。エルキンスの真意は、絵を描くことよりも先立つ、画家の素材に関する知識は、根本のところで錬金術的であるということだ。描くことは、或る素材を混ぜ合わせたものをブラシの先にのせ、それを持つ手の身体的な所作をともない、ひとつの動作に合成することである。しかし、化学が混合物を定義できないのは、解剖学が身体所作を定義できないのと同じである。化学者は、不変量の原子や分子の構造の観点から物質を考える。それゆえ水はH_2Oとなり、塩は塩化ナトリウムとなる。それとは対照的に、錬金術師にとっての物質はそれが何であるかではなく、それが何をするかによって見分けられる。とりわけ、他の物質と混合するときに、物質は特定の方法や場所において扱われる（Conneller 2011: 19）。数ある物質のなかでも水は蛇口からゴボゴボと流れ落ち、温められれば水蒸気に変わり、冷やされれば氷になり、塩を溶解する。塩はすり潰せば白くてきれいな粒になり、フィルターの穴を通過し、路面や舗装が凍ることを防ぎ、食べ物に特有の味つけを加えることができる。

シャンタル・コヌレは、金についてのふたつの定義を比較することで、近年における物質の考古学の議論を紹介している。ひとつは化学の教科書から来たもので、もうひとつは十八世紀のペルシャの哲学者で錬金術師の手によるものだ。化学者にとって、金は周期表上の要素のひとつである。多種多様な形状、さまざまな外観の状態、金と遭遇する人間のいろいろな状況とは無関係に、金それ自体は本質的な構造を持つ。しかし錬金術師にとって、金は黄色い光輝くものであり、黄色く光り輝くものであれば何でも金であった。金は水中でより一層まぶしく輝くもので、ハンマーで叩けば木の葉くらいに薄くできるものであり、それらはすべて金に含まれたのである（Conneller 2011: 4）。何を表向き「同じ」物質とするのか。いくつもの異なる見解を説明する方法のひとつは、物質の「属性」と「性質」のあいだに線を引いて議論することだとデザイン理論家のデイヴィッド・パイはいう。パイにとって属性は客観的であり、科学的に計測できるものだ。性質は主観的であり、人間の頭のなかにあって、当該する物質に対して投影される観念である（Pye 1968: 47）。しかし、これは物質的な世界の理解において、二重性――所与の物理的特徴と、つくるという人間的な企図のなかでの価値の固定化――を再生産することにすぎない。この二重性こそが、わたしたちが解決策を模索すべきものであるのに。錬金術師のように経験豊かな実践者が、物質の属性について持つ知識は、ただ単に観念を投影するためだけのものではない。特定の職業や仕事のなかで、それは徹底した動作の持続や知覚的な没入状態をもたらす。コヌレが論じるように「物質を理解するときの相違は、単に〝現実〟における属性と〝概念〟がかけ離れているというだけではない。概念は、物質に影響を及ぼす異なる実践の観点から理解される」のだ(ibid.: 5)。

しかしながら、これらの諸実践は変化しやすく、また、あまりにも異なる結果を生じさせる。だからこそ、コヌレは警告する。物質と技術の相互作用という、或る特定の文脈から導きだされた解釈を、すべてのものに適応できるメタ理論に変えてしまう誘惑を抑えるべきなのだ。わたしたちの仕事はむしろ民族誌的な特異性のなかで、それぞれの事例を分析して記述することにあるだろう。このような理由により、シモンドンやドゥルーズとガタリ、それにわたしのような学者は、質料形相論の論理を転覆させるような企てを広くおこなう。その一方でコヌレもまた、一枚のレンズを通して他のすべてを見るような、単独の実践のフィールドを選択する傾向に批判的である。シモンドンはレンガを焼く作業に議論の基礎を置き、ドゥルーズとガタリは同じように、議論を全面的に冶金学から引きだすことを躊躇しない(Deleuze and Guattari 2004: 454)。もし鉄でさえ流動するのであれば、草はいうまでもなく、木や粘土、水や家畜も同様であると彼らはいう。わたし自身は先ほど、エネルギーの場においてどのようにものの形状が生成されるのか、類似の議論を前に進めるためにかご細工の実践について描出した。物質の循環は、実践者、素材、より広い環境のあいだにわたしたちが引く境界をやすやすと越えていく（Ingold 2000: 339-348）。ある意味では、炉の前にいる鍛冶屋も、作業台にむかう大工も、実際には「織り物」をしているのだといえる。レンガ積みの職人でさえ「織る」のだといえるのかもしれない。彼はレンガとレンガをモルタルで結びつけ、規則正しい模様やくり返しのパターンをつくるために、壁に織り物をあつらえる（Frampton 1995: 6）。コヌレには申し訳ないが、これは柳、鉄、木、粘土の属性に差異が存在しないと主張することにはならない。かご細工職人の技術が、鍛冶屋や大工やレンガ職人のそれと異なるというのではない。それはむしろ、技術的に習熟した実践がどういうことであるのかに焦点を合わせることだ。あるいは、どのような実践の場において、どんな物質が使われていようと、物質に与えられた属性が何を意味するのかを熟考することである。

物質の謎

その他の適例として、石に関する認識が挙げられる。とりわけ、石の硬度や固体性や永続性は、考古学者たちの格別の関心を招いてきたものだ（Tilley 2004）。これらの属性があるために、石はほとんど普遍的といえる存在になり、これまでたびたび注目を集めてきた（Conneller 2011: 82）。長く残る記念碑をつくりたいと望むのなら、選択されるべき適切な物質《マテリアル》は硬い石である。ところが、建設に使われてきた他の多くの素材《マテリアル》がずっと以前に朽ち果てるのに対して、考古学的な遺跡が現代に至るまで知られているのは、そのような石の特質のおかげであると自明視することはできない。また、それが建設者たちが企図して、石を彼らの建設物に最優先順位で組み入れた理由だと仮定することもできない。昔の人たちが石を選んだのは固体性と耐久性のためではなく、むしろ正反対の理由、すなわち流動性や変異性のためだったのかもしれないのだ。〔変異性を活用するために〕火打ち石を使っていた昔の人たちは、石器づくりにおいて尖った先端を重要視した。錬金術の知識を持った画家は軟質の石を重宝した。なぜなら、それはすり潰せばオークルになり、色彩の画材として使えたからだ。重い石があれば軽い石もあり、硬い石があれば柔らかくてもろい石もある。平らな板状に剝がれる石があれば、割ると塊状になる石もある。このようなことを考察した上で、コヌレは次のように結論づけた（ibid.: 82）。「〝石〟と呼ばれるものが存在しないことは明白だ。異なる属性を持つ、数多くの異なる種類の石がある。それらの石は人間とどのような結びつきの様式を持つかによって、異なるものにされたのである」。

とはいえ、一般的な「石」を無数の亜類型へと類型学的に分節することが、わたしたちが当初抱いた「物質とは何か」という疑問の答えに近づけてくれるわけではないだろう。「物質には終わりというものがない」とスイスの建築家であるペーター・ツムトーアが書いたように。

石を手にとってみる。それをのこぎりで切ることも、すり潰すことも、ドリルで穴を開けることも、磨くこともできる。それぞれの方法で石はちがったものになる。次に同じ石を少量だけ、あるいは大量に集めてみる。それでまた別物になる。その石を手にもち、照明へと近づけてみる。また別物になる。ひとつの単独の物質には、千もの異なる可能性が秘められている（Zumthor 2006: 25）。

だが、人間が石と結びつくありうる方法の数だけ、石にちがった種類があるのだとしたら、コヌレも認めざるを得ないように、或るふたつの石が同じ種類に属することはほとんど起き得ない。分類の作業の末の論理的な帰結に従えば、世界中にある石の数だけ、石の亜類型があることになる。それでいて、わたしたちは石の固さが何を意味するのか、いまだに理解できずにいる。物質をその属性や特質の見地から分類をしようという試みは、単純な理由で失敗する運命にある。なぜなら、これらの属性は固定されておらず、物質それ自体の変化にともなって絶えず出現するものであるからだ。石の石性についてわたしがあらゆる場所で明確に言及してきたように「物質の属性とは、その特質ではなく、その歴史のことである」（Ingold 2011a: 32）。ものづくりの実践者たちは、石の来歴を知ることで石を知る。石が特定の扱いを受けたときに、それが何をして、それに何が起きたかによって石を知る。来歴の物語は、どんな分類の企てに対しても根本的に抵抗する（ibid.: 156-164）。診断できる特質を持つ静止した実体のような、物体という方法では物質は存在していない。物質は自然として完成されるために、文化や歴史のような外部からの力の関与を待つ、カレン・バラッドがいうところの「一部分だけが自然」なのではない。むしろ、進行して「持続」する生成中の実体として、いつの間にか物質に当てがわれる形相上の目的地を絶えず追い抜いてしまう。そうでありながら、絶え間なく転調を経験するのである。いまどのような実在的な外観の形状をとっていようと、物質はつねに何か別のものに生成しようとしている最中なのだ。バラッドによれば「つねに進行中の歴史性」なのである（Barad 2003: 821）。

物質《マテリアル》＝素材は言葉では言い表わせないものだ。それを定着した概念や分類にうまく当てはめることはできない。どのような物質を形容することも、難問を引き起こしてしまう。解答はそこにあるものを観察し、それと結びつくことを通してのみ発見される。[3] それを問うことが物質に声を与え、物質自身の物語を語るようにうながす。物質が示す手がかりに注目し、そこで話されていることに耳を傾けるかどうかは、わたしたち次第である。前述の事例を思いだそう。「黄色くて光り輝き、流れる水の下ではもっと明るく輝くもの。さて、わたしは何でしょう?」。その答えは砂金採りにとっては、口にするまでもなく明白なことだ。小川の底に光輝く砂金はあるのだから。物質を知りたかったら、砂金採りのようにそれを追いかけなくてはならない。職人がつねにおこなうように「純粋な生産性としての物質─流れに随う」のである（Deleuze and Guattari 2004: 454）。職人の一つひとつの技術的な身ぶりが物質への問いかけであり、それに対して、物質はその性質上の傾向によって反応する。物質の性質に従いながら、実践者は相互作用というよりも、むしろそれに調和《コレスポンド》していく（第七章）。つまり、つくること《メイキング》は対応していくプロセスなのである。生《なま》の素材の内部にある実体に対して、あらかじめ考えた形式を押しつけるのではなく、生成する世界のなかで、素材に内在する潜勢力を引きだして力を産出することだ。現象的な世界において、あらゆる素材はそのような生成であり、無数の軌跡が描いていく迷路を通っていく、ひとつの経路、ひとつの軌跡である。

この意味において、わたしたちはドゥルーズとガタリに賛同することができる。物体を不活性な実体へと縮減してしまう質料形相論のモデルによって、物質が隠蔽されたり、認識不可能にされても、素材は「物質に特有の生命」を明示する。（かご細工、レンガ、冶金などを）つくることと錬金術のあいだの関係は、この生のなかでこそ見いだされるのだと彼らはいう。それは「あらゆる物質における物体性の内在的力能と、その力能にともなう団体〔物体〕精神によって成り立つ」のだ（ibid.: 454）。つくることの活動のなかで、職人は自分の仕事を達成に導いてくれる力や流れに従い、それに合流しつつ、素材を生成し、まさしく彼の生において彼自身の動きと身ぶりを連結する。その物質が何であるかを知りたいのが科学者の欲望なら、対照的に、その素材に何ができるのかを見たいのが職人の欲望である。政治学者のジェーン・ベネットが説明するように、欲望がつくり手に物質のなかの生命を認識させ、終いには、もっと素材と生産的に共同制作をするように仕向ける（Bennette 2010: 60）。さて、わたしが最初に示した図式〔図2−3〕に戻るとしよう。素材がこれから何をするのかを見極め、素材とコラボレーションし、わたしたちの言葉でいえば、物質と調和することは、つくることを横方向ではなく縦方向の力として読むことである。次のふたつの章でわたしたちは、実践において「読むこと」が何を意味するのか、最初に先史時代の石細工の例について、次に中世の建築物について探求していくことにしよう。

[1] 英訳では「ゲシュタルトおよび情報の概念の観点から見た個体化」という題である。論文の第一部は一九六四年に刊行されたが、第二部は一九八九年になってから刊行された。二〇〇五年に論文全体が出版された(Simondon 1964, 1989, 2005)。だが、長きにわたって読まれつづけるための良質な英訳が待ち望まれる。英語圏における人類学の文献のなかでは、まだよく知られておらず、良く参照や引用されている状態だとはいいがたい。それにもかかわらず、シモンドンの仕事はこの分野において大変革をもたらす可能性を保持している(Knappett 2005: 167)。

[2] 「動作の連鎖」の概念は、アンドレ・ルロワ=グーランによって人類学や考古学の分野に紹介された。特にフランス語圏における学者たちのあいだで、技術の比較研究における中心的な課題となっている(Naji and Douny 2009)。

[3] 文学者のダニエル・ティファニーによれば、「謎めいた物体がもたらす難問に対して、物質はひとつの解答となる」(Tiffany 2001: 75)。ティファニーが指摘するように(ibid.: 78)、「難問」という言葉は語源学的に「読む」という動詞と関係する。両者とも「参加する」や「相談する」を意味する古英語の raedan に由来する。

第三章　握斧をつくること

アシュール文化の両面石器

先史時代において、もっともふしぎな謎のひとつは握斧《ハンドアックス》と呼ばれるものだ。この文章を書きながら、目の前にあるわたしのためにつくられたその複製を見ている〔図3-1、2〕。ジョン・ロードというプロの石製職人に注文してつくってもらった。とても美しくて職人の技芸が究極まで凝らされているが、実践的な用途に使えるかどうかは定かではない。大人が手を広げたときに、手のひらにぴったりと収まるサイズと形である。わたしは握斧を握って、その重さと表面の感触を確かめてみるのが好きだ。燧石《フリント》の小塊から精巧につくられており、いくつか白い地衣類の表皮の痕が残されている。形状は先史学者たちが「両面石器」と呼ぶものだ。ふたつの凸面を持ち、縁のあたりを境にして、一方は他方よりもわずかに膨らみ具合が大きい。分厚い握りの部分から丸みを帯びた先端部分にむけて、次第に先細になっている。両方の凸面には技巧を凝らした痕が残されている。もとの石核〔石器時代の石器の素材〕から剝片を段々と剝がしていき、それを形づくったときの痕である。この技術においては、貝殻状断面の砕け方の性質を利用している。それは細長い裂片状に割れる燧

図3-1(上)　ジョン・ロードによってつくられたアシュール文化の握斧の複製、正面。
図3-2(下)　同じ握斧、縁の正面。

石の特徴である。突きだした先端近くを斜めの角度から打ったときに、衝撃を受けた箇所が球根状の円錐から剥がれたものだ。それぞれの裂片において内側の表面がわずかに凸状になるため、細長い窪みの削り痕を石核の上に残している。表面を全体的に削っていけば、それら多くの窪みが交差して、くっきりとした尾根のようなランダムな模様を描くのだ。ふたつの面が出会う縁は、驚くほど鋭くなっている。木片や〔鹿などの〕枝角のようなもっと柔らかくてもろい素材で叩き、力を加えたことで形づくったようだ。その縁はギザギザの鋸歯状に仕上げられている。

握斧と呼ばれるものには、一八三〇年代から四〇年代にかけてフランス北部のサン＝タシュル遺跡において最初期に数多く発見された、先史時代の発掘物を取り巻く状況に由来する側面がかなりある。発見者はブーシェ・ド・ペルテで、彼は近くにあるアブヴィルの町の税官吏だった。ド・ペルテはそれらを太古のものだと信じて「ノアの洪水以前の斧」と呼んだ。同時代人からは嘲笑されたが、その後、彼の主張は時代とともに支持されるようになった。人類が悠久の時間を経て進化してきたという考えに、多くの人びとが急速に馴染んだからである。十九世紀後半までには、サン＝タシュル遺跡は先史時代全体を象徴する場所になった。なぜなら、ド・ペルテが最初にその土地で発掘した人工遺物《アーチファクト》と同じ種類をつくる文化《インダストリー》〔先史時代において単一集団のものとして認められた遺物群〕と結びついたからである。一九二五年、このインダストリーは公式的に「アシュール（アシュリアン）文化」と呼ばれるようになった。握斧のような類似する人工遺物にもその名は冠されるようになり、それ以来この呼称は現在まで使われている。フランスや北ヨーロッパの地理的範囲に止まることなく、アシュール文化の握斧は、ヨーロッパやアフリカの全域、中東や南アジアなど、あらゆる場所から出土している。旧世界の三大陸で発見されただけでなく、時代的にも百万年以上にわたる時期にまたがっていたと確認された。粗雑な造りではあるが、知られているなかでもっとも古いのは、約百六十万年から百七十万年前の東アフリカの遺跡から発掘された握斧である。ヨーロッパでは同じ種類の人工遺物は十二万八千年くらい前までつくられていた。そこには、より洗練されたバランスと対称性にむかう進歩の形跡が見られるが、その間を通じて、全般的な形状にほとんど変化はなかった（Schick and Toth 1993; Wynn 1995; Roche 2005）。

握斧が何かの目的のためにつくられた所産であり、その意味で、工夫してつくりあげられたという見方には、少しも疑うべき理由はない。貝殻状断面の割れ目は、特に意図しなくてもできるものだ。たとえば、次から次に波が打ち寄せてぶつかる、海岸の岩を思い浮かべればいい。とはいえ、何らかの偶然の力によって、握斧のような規則正しい割れ目模様ができることはない。チンパンジーがクルミの固い殻を叩き割るところが観察されているのは事実である。それは石を分割する方法と類比しうる技術である。彼らは固い地面にクルミを置いて、上から強打して衝撃を加えることでそれをおこなう。石製職人は現在でも、石から芯を彫りだすためにこの技術を使っている[1]。しかし、割って壊すという行為は、方法と結果の両方において、貝殻状断面の割れ目とはかなり異なっている（Pelegrin 2005: 25）。後者では、それを両手でおこなう高いレベルの器用さや、厳格に訓練した類人猿をしのぐ正確なコントロールが必要になる。それは二百万年以上前の、わたしたちの祖先であるヒト科動物の能力を超えている。[2] 彼らは石を割って使うことを広くおこなっていたが、決して剝片に削るところまでは達していなかった。そのために、アシュール文化は動物界から独立した純粋な文化《インダストリー》だと見なされる。発掘の歴史において、そのインダストリーは一般的に「ホモ・エレクトス」として長いあいだ知られてきた、ヒト科動物の遺物と結びつけて考えられている。握斧のつくり手の多くが、この種族の人びとだったと合理的に推論することができるからだ。ところが、彼らが目的を持って握斧をつくったのだとして、その目的が何であったのかが、見当がつかない。植物質のものを切ったり、動物の皮革をなめしたりするのに使ったという、もっともらしい説明がこれまでなされてきた。そしてそのあげく、狩人が「斧」の奇妙な流線形の形状を利用し、獲物を気絶させて倒すために回転をかけて投げたという突飛な解釈にまで及んでいる（Calvin 1993）。確実にいえることは、その人物が握斧を斧としては使わなかったということだ。握斧を持ち歩いたりすれば、切りつけようと探していた獲物よりもむしろ、自分の手の方にひどい傷を負ってしまったであろうから。

大多数の先史学者はもう少し真っ当な理由を捻出しようとして、握斧という人工遺物が「一般的な目的のための道具であった」という、無難な方法で説明をしてきた（Wynn 1995: 14）。しかし、握斧に秘められた本質的な謎は、それがどのように使われてきたのかにではなく、その形状《フォルム》の不変性の方にある。この不変性はいったいどこから来たのか。現代でも過去でも、それが人間の道具ということになると、一般的にはそれが知的な設計による生産物だと考えられることが多い。まるでつくり手が最初に完成品の形状を、心の眼というのこぎりで切りだしておき、それから実際の物体の制作に取りかかったとでもいわんばかりに。確かにアシュール文化の握斧の形状を、その規則正しさや均衡性を再考しながら吟味すれば、ある人物が意識して設計し、特定の意図をもって実現したものだと考えないことの方がむずかしい。両面加工という形式は、自然の不揃いな石塊から成る元の素材から、そして、その石を打ち砕いた人との関係からは、どのような方法であっても予示されて出現することはない。形式が恣意的に物質に押しつけられたのであるのなら、それはいったいどこに存在するというのか。ものの考え方の枠組みや社会的に伝えられる伝統の一部として、つくり手の心のなかに保存されていたとでもいうのか。まさしく、こうした結果論的な決めつけは、考古学の文章に良く見られるものだ。たとえば、ジョン・ゴーレットは読者に対して「七十万年前のホモ・エレクトスは、比率の意味を幾何学的に計算することができ、彼らは外界において、石にこのモデルを適用することができた」と請けあう（Gowlett 1984: 185）。同じように、自分自身で握斧づくりの技術に精通しようと目論んだジャック・プレグランは、両面石器の規則正しさと対称性を見れば、このつくり手が「〝概念〟と呼ばれる資格のある……事前に存在した心理的なイメージ」に導かれていたことに確証を与えるのだと強く主張する（Pelegrin 1993: 310）。要するに、他の近代の職人たちのように、アシュール文化の握斧のつくり手も、これから生みだされるものの原型や表象を想像裡に描いてから、その仕事をはじめたのに違いないと仮定するのだ。「そのつくり手が、ただの石の塊からそれを生みだすためには、その形状を心に描いていなくてはならなかった」とブライアン・フェイガンは力説している。

本能か知性か

もしもこの主張が正しくて、その形状《フォルム》が観念から設計された表現であるのだとしたら、三百万年以上にわたり三大陸にまたがって継続した、その観念の不変性をどのように説明できるというのだろうか。歴史が進行するにつれて、人間は驚くほど多様なデザインを考えだしてきた。多くは巧妙な仕組みを持ち、そのなかのいくつかは揺るぎない伝統にしっかりと定着して、何世紀、ときには千年にもわたって持続した。しかし、先史時代の最後の十万年間には、民族誌的な記録は残されていない。両面石器の形状に近づいていき持続したということさえ、記録はない。プレグランは「観念的なイメージをつくりだす段階」における発達が「生物学的な保守性」によって阻害されたので、同じ形式がずっと存続できたのだといっている（ibid.: 312）。だが、ホモ・エレクトスの全盛期の時代には、さまざまな刷新がそれ以前の時代よりもずっと頻繁に起きていた。そのなかで、なぜそのような不活発さという発展への締めつけが他ならぬこの時代に作用することになったのか、と疑念を抱かざるを得ない。握斧のつくり手たちが制作に先立って、形状を心のなかに描く知性を持っていたのだとしたら、原理的には、彼らは後年の「ホモ・サピエンス」と呼ばれる種族の末裔——そこにはわたしたちも含まれる——と同様に、その他のものの形状を考案するだけの能力を持っていたことになる。それとも反対に、ホモ・エレクトスが石を剝がすときに、心的なモデルや〈手仕事の」伝統など、何からの指示に従っていたわけではないとでもいうのか。握斧の形状の不変性からすれば、両面石器は、ほとんどヒト科動物の身体から派生した人工器官のようなものである。それは体外にあって取り外しが可能な、歯や爪とは異なる骨格の一部分である。必要な技術を発達させる機会さえあれば、その種にとって不変で固有の方法を用いて、どのみち鳥は巣をつくり、ビーバーは川をせき止める。たとえそれが、その種に固有の属性や入手可能な原材料が持つ質感、環境のアフォーダンスに対する敏感な反応であったとしても。それがホモ・エレクトスだったとして、何が大きく異なるというのか。握斧をつくることが、本能による表現以上でも以下でもないということができるのだろうか。

まさしくこの議論は、二十世紀の考古学においてもっとも偉大で独創的な考えの持ち主のひとりだったアンドレ・ルロワ＝グーランが、一九六四年の著書『身ぶりと言葉』のなかで唱導したことである。[3] 現在はあまり使われていない特異な専門用語で、彼は握斧をつくる人たちを「アルカントロピアン」と呼んだ。「原人において、だいたい道具は種《スペキエス》の行動の直接の顕現」であり、それぞれの道具は「彼らの脳と体」が「絞りだした」ものであったとルロワ＝グーランはいう（Leroi-Gourhan 1993: 91, 97）。それはまるでアルカントロピアンの身体から沁みだしたかのように、人工物《アーチファクト》の形式でつくりだされて結晶化した技術的活動だった。その生物体の体制〔諸器官の配置などの構造上の形式〕は、骨格の構造にきっちりと束縛されていたので、握斧という人工物の形状が、それをつくるアルカントロピアンの骨格的な形態よりも早く進化することはなかった。両者とも「生物学的な進化のリズムに従った」のである（ibid.: 106）。だが、もし誰かがこの論拠に疑いを差しはさむとしたら、あるいは、それを信じがたいことだと考えたとしたら、それはルロワ＝グーラン自身であった。彼はきっぱりと自分自身の主張を退けた。アルカントロピアンが石器を形成するために石を選択し、実際に石を削る動作を続けるときに、両面石器の形状《フォルム》が「つくり手の知的な鋳型のなかに流れこんでいた」と主張したのである（ibid.: 97）。複雑な知性を授かったアルカントロピアンは「素材である岩石に……両面石器がどのような形状をとるのか表象することができた、すばらしい職人だった」（ibid.: 141）。それでは、なぜ彼らは他の道具の形状を視覚化したり、別の素材でつくりだすことができなかったのか。ルロワ＝グーランは自ら疑問を提示したが、それに答えることはできなかった。わたしたちの心とは大きく異なる活動をしていた生物の知的生活を理解するという、ホモ・サピエンスの脳では誰もが乗りあげてしまう難問を前にして、ルロワ＝グーランは弱々しく自分の失敗について弁解をするばかりだった（ibid: 141）。

彼以前やそれ以降の多くの先史学者のように、ルロワ＝グーランもまた板ばさみの状態になったようだ。一方では、両面石器の形状が生物体の体制に連結されているのなら、その不変性を説明できるが、そのデザインの外貌に秘められた知性の深さを説明することができない。他方では、両面石器を複雑な知性による産物と見なすのなら、そのデザインを説明できるが、その形状の不変性を説明できない。あるときから、このことがルロワ＝グーランをして、アルカントロピアンの技術的な専門性が知性を前提条件とするのだと強調させることになった。そして後になると、そこには意味のある知的な構成要素はまったく存在しない、と否定することになった。わたしはこの問題の原因がホモ・サピエンスの脳の限界に帰するとは思わない。むしろ、わたしたち自身が自然のひとつの種として、集合的な自己規定を引き受けざるを得ないときの構成的なジレンマにこそ問題はある。人間は存在の閾を独自に飛び越えて、自然性を超越する領域に入ることを通してのみ、いまの自分たちがあることを熟知している。西洋における哲学的な伝統において、人間の身体は物質的世界の一部を構成することが不可欠であり、この世界に観念や概念を出現させる魂の関係をめぐって果てしない議論がくり返されている。このジレンマには根深いものがある。アリストテレスの時代においてさえ、身体と魂の区別は、物質と形式という、もっと一般的な二項対立を示すひとつの例として考えられた。どのような実体も、その創造が成される活動のなかで接合され、物質と形式が複合したものであるとアリストテレスは結論づけた。[4] 前章で見たように、ここに、つくることの質料形相論的なモデルの根拠がある。連綿とつづく西洋の思想史において、質料形相論の考え方はかつてないほど揺るぎないものとなっている。だが、ますます不安定さを増しているともいえる。形式《フォルム》は、目的を遂行するために、心に特定のデザインを描くエージェントに強制されて姿を現す。その一方で、物質は受け身のままで不活性化され、強制された状態になるのだ。

完成品という謬見

生物人類学者のラルフ・ハロウェイが人類の祖先へといたる長い線をたどり、いま一度、文化を

「環境において課された任意の形式」という定義で明白に人間の領域として再考察するとき、そこには近代版の質料形相論が稼働している姿がはっきりと見てとれる（Holloway 1969: 395）。人間はかつてないほど、他人によってつくられた製品に取り囲まれている。それらが重なりあうなかで、文化が形式を、自然が物質をもたらす。アルカントロピアンの握斧は、厳密な意味において人工物《アーチファクト》である。それゆえに物質的世界の典型的な例であり、そのつくり手の人間性の本質を指し示すものだったことに、ハロウェイは疑義をはさまない。四十年以上も前に、彼の論文が公表された当時であったなら、ほとんどの考古学者と人類学者はそれに賛成したことだろう。ホモ・エレクトスとホモ・サピエンスのあいだにどのような差異があったとしても――言語発生の有無によって区分できるのかどうか、その議論の結論はまだでていない――実際の制作に先立って形状を心に描く能力は、両者において共通のものだったと広く考えられている。

　しかしながら、人類の進化における道具づくり、認知、言語能力のあいだの相関性について対話が持たれた一九九〇年開催の国際的な学術会議で、この見解の総意はもろくも崩れることになった。心理学者のウィリアム・ノブルとの共著書のなかで、先史考古学者のイアン・デイヴィッドソンは、握斧の形状を説明するためにラディカルな議論を展開した。もしも握斧が、つくり手がそれをつくろうとまったく意図したものでなかったとしたら、と仮定したのだ。もし仮に、ホモ・エレクトスが小さくて使い勝手のいい、カミソリのように鋭い道具をつねに必要としていたのだとしたら、どうなるのか。石核〔石器の素材〕から剝がれ落ちるものは、剝片に他ならない。おそらく彼らは石核やハンマー代わりの石を持ち歩き、使っているときに、否応なくそこから剝片が剝がれていったのではないか。それ以上、有益に使用できないところまで石核が摩耗したとき、最後に彼らはそれを放擲したのではないか。握斧が意図して製造された道具だと考古学者たちが当然のように決めかかったものは、単なる石核の残余にすぎないのだとデイヴィッドソンとノブルは論じた。それらは残りものでしかなかったのである（Davidson and Noble 1993: 372）。

その会議の参加者たちは彼らの議論に面食らい、そうでなければ懐疑心を抱くばかりだった。それ以降にも大した賛同は得られていない。五年後、会議にトーマス・ウィンという別の寄稿者が現れて包括的な反論を展開した（Wynn 1995）。握斧のふたつの面の対称性は、偶然に剝片が剝がれ落ちた過程でできた産物とするには、はるかに優れたものだとウィンは論じた。その上、対称的な形状の制作には、多くの小さな剝片を秩序立てて取り除くことが含まれる。想定されるどのような使い方においても、それは小さすぎるのだ。ウィンは石核の全体を復元する実験をくり返した。最終的に、握斧の周囲にあった「削片群」を修復することで見えてきた事実は、それらが別々の段階で取り除かれた残余ではなく、石核がひとつの型として創出されたことを示していた。ウィンの評価は決定的だった。

その握斧は、物質的世界に対して押しつけたひとつの観念であり、多くの個人によって共有されていた。それは真に文化的領域に属するものといっていい。石器人は一個の完成品として、握斧の製造を試みた。彼らは石核を一緒に使用したかもしれないが、握斧の形状を明確に意図していた。それゆえに、それらはわたしたちに石器人の心のなかをちらりと見せてくれているのである（Wynn 1995: 12）。

ジャック・プレグランもまた考古学的な調査と、何年にもわたって実際に石を砕いてみた経験をかけ合わせて、ほぼ同じ結論にたどり着いている。つまり、秩序正しい形状につくりこまれた握斧は、仕事の質の高さを裏づけ、それがつくり手の意図によって成されたことを示すのだ。それらの握斧は原材料から、かなり独立した存在であった。「ホモ・エレクトスのような旧ヒト科《パレオホミニン》の種族にとって」とプレグランは書く。「精巧に石を削る方法は、数十万年前の時点で、彼らが精密に筋肉を動かす技術だけでなく、破砕のプロセス全体を組み立てる「心的な鋳型」を持っていた証拠となる。技術的な行動は「幾何学的な意図」によって構成され、それに従属していたのである」（Pelegrin 2005: 30, emphases added）。

握斧のつくり手の主たる関心が剝片をつくることにあったとする仮説に対して、この論拠にはまさに説得力がある。[5] しかし仮説を提案するにあたり、デイヴィッドソンとノブルはもっと根源的な法則を例証することに心血を注いだ。わたしたちは、昔の人類が心に描いたであろう「最終的な形状」と、考古学的な発掘現場から発掘された人工遺物《アーチファクト》の最終的な形状とを混濁すべきではない。いま考古学者が修復して両面石器として分類している石の塊は、何千年も前に、そのつくり手であった使い手が捨てたものである。石が捨てられたのは、新しいものをつくったときではなく、石がそれ以上使えなくなったときだった。現代人にもわかりやすい例でいえば、工業的に生産される鉛筆が挙げられよう。わたしは新品同然の買ったばかりの鉛筆を捨てたりはしない。ときどき削りながら、削るたびに鉛筆は短くなり、最終的には、手で持つには短すぎる長さになるまで使う。そのときになって初めて、それを捨てる。二十一世紀初頭のくず箱の中身を分析する未来の考古学者がいたならば、慣例的に「鉛筆」と呼ばれたものは人間の手には短すぎるので、実際には書くためにつくられたものではなかった（その代わりに、そこには何らかの儀礼的または象徴的な機能が働いていた）という結論をだすことだろう。未来人の考えは、デイヴィッドソンとノブルが「完成品という謬見」と呼ぶものに止まってしまうのだ（Davidson and Noble 1993: 365）。

まさにこの点では、石器は鉛筆からそう遠く離れた存在ではない。石器は使用されるなかで摩滅し、使い残しになって捨てられるまで、削がれてもっと鋭くなっていたのかもしれない［図3−3］。ハロルド・ディブルは、約四万年前のネアンデルタール人（ホモ・サピエンス−ネアンデルターレンシス）の仲間だとされるムスティエ文化が持っていた石の剥片の道具に、いかに多くの異なる種類があるかを紹介して、その先端や剥がす道具によって多様に分類できることを指摘した。さらに、それらの剥片によって減少していく連続的な段階を示すものだと理解できるとした（Dibble 1987a）。アシュール文化ではどうかといえば、わたしたちがウィンや他の論者に賛同したとしても、握斧のつくり手たちが剥片づくりではなく、やはり石核の形状に最優先の関心を持っていたといえる。とは

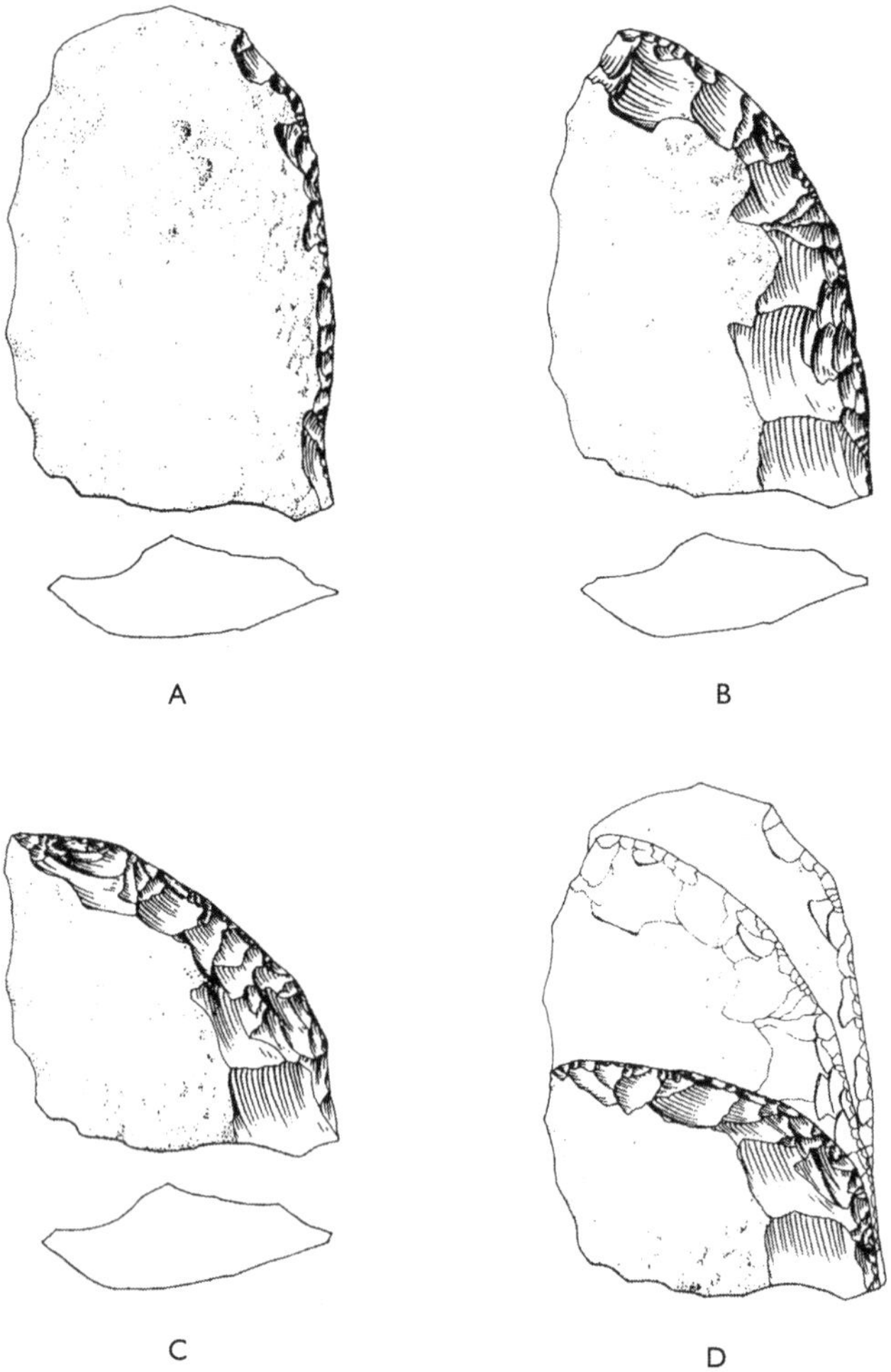

図3-3　AからDはハロルド・ディブルによってつくられた複製。剝片の石の掻器《スクレイパー》が、変形する段階を連続的に示している。「手を加えた部分が増えてゆく傾向がある。剝片の長さや表面の広さは減少する。位相幾何学的に、その道具は先端の尖った掻器から横長のものになっていく」とディブルは観察している（Dibble 1987b: 112）。「アメリカの古代」52号（1）1987年より複写

いえ、それが誤った仮説だという可能性はつねに残される。元の姿に修復された石核から、つくり手たちが心のなかで何か形状を独創的に描き、それを物質的に実現しようと努めたものだと仮定することはできない。また、その形状が「心的な鋳型」や、プレグランがいうように精神のなかで表象された「幾何学的な意図」と同等のものだったとすることもできないのだ。

鋳型と幾何学

少し前にウィンが唱えた「石器人は完成品として握斧の製造を試みた」という主張を思いだしてみよう（Wynn 1995: 12）。どの時点で握斧の生産のプロセスが終わったのかを、わたしたちはどうやって知ることができるのか。または、完成した握斧と未完成品のちがいをいかにして指摘するのか。さらにいえば、すでに完成形になっているものと、傷でぼろぼろになって使用後に摩滅したものを、どうやって区別するのか。考えうる答えは、握斧の様式を文章の言語的構造と比較したハロウェイに見いだすことができる。文章をつくるために、わたしたちは単語を統語《シンタックス》論的に統一したものとして配列する。ハロウェイによれば、同様に「アシュール文化の握斧のような石器をつくるプロセスは、階層組織にして鎖状につなぎあわせる作業である」（Holloway 1969: 402）。それゆえに、未完成の人工遺物は未完成の文章に似る。この一文の後半の語「文章」を省略して読んでみてほしい。「未完成の人工遺物は未完成の……に似る」。そうするだけで、他の残りの語も支離滅裂になってしまう。それはまったく意味をなさない一文である。未完成品の握斧についても同じことがいえる。

握斧のつくり手はそれをつくるために、別の角度から異なる力加減で、数多くの殴打を加えなくてはならない。手のなかで石を回転させたり、反対側の面で作業するためにひっくり返したりしながら、他の操作と交互にそれらをおこなうのだ。「各動作をバラバラに見てみると」とハロウェイは続ける。

それぞれの動作は、それだけで完結するものではない。ひとつの動作が、次の動作を要求する。当初の計画に従いつつも、個々の作業は別々の方法で独立している。いいかえると、最後の仕上げ作業を除けば、個々の作業という個別の点が全体の構造を「満足」させることはない。一連の行動の一つひとつは、道具の使用という点においては、それ自体の意味を持たない。ひとつの行動として貫徹する一連の動作という文脈においてのみ、作品は完成するプロセスにおいて意味を持ってくる。これは、まさに言語と類似している（Holloway 1969: 402）。

つまりハロウェイの理解では、つくることの過程は終点においてだけでなく、始点においても定義されるのだ。つくり手は、計画だけでなく、その計画を実行するための一連の部分とともに作業を開始する。作業が進むにつれて、それらの部分は当初のデザインとぴったり一致する全体性を構築するべく、少しずつ集合されていく。[6] そして、ちょうどジグソーパズルの最後のピースを埋めるように、最後の操作だけが、作品を首尾一貫した全体として、それ自体を完成させるのである。

最初のデザインなくして完成品は存在しない。起源のない達成はあり得ない。なぜかといえば、最終形態は部品を集合する計画との関係においてのみ、判断できるからだ。仮想の形ではあるが、握斧をつくる人の精神において着手したときからそれは予想されていたものである。それが、前に引用した文章で、ウィンが握斧を「完成した作品」として、そして「物質的な世界に押しつけられた観念」の両方として語ることができた理由である（Wynn 1995: 12）。ちょうどハロウェイのように、ウィンはここで、自然から供給された物質《マテリアル》に文化的な形式を持つ能動的な賦課を押しつけることで、近代版の、つくることの質料形相論的なモデルを主張する。そのプロセスの始点では、つくる人は一方で心のなかにデザインを抱き、他方では定形を持たない石の塊を手にしている。終点において、そのデザインと石の塊は、完成された石の人工物のなかで結合するというわけである。

しかしながら、先立って形式《フォルム》の概念を持たずに、ものが完成したかどうかの判断を下すのは不可能なだけでなく、それを問うことにもまた意味がない。その点を指摘するために、わたしがこの文章を書きながら目前に置いている握斧の脇にある、もうひとつの石の塊を紹介しよう。これは小石だらけの浜辺から拾ってきたものだ。その浜は、スコットランド北東部のわたしの家から遠くないところにある。その石は外見上は美しい球体の形をしているが、花崗岩でできていて非常に硬い。そして傷だらけでギザギザした握斧と比べると、疑いようもなく、こちらの石は柔らかそうに見える。触ってみると、表面がとてもなめらかだ。テーブルの上にあって、その形状は少し押しつぶされたような球体をしている。上から見ると円に近い輪郭であり、横から見ると長円形に近い輪郭を

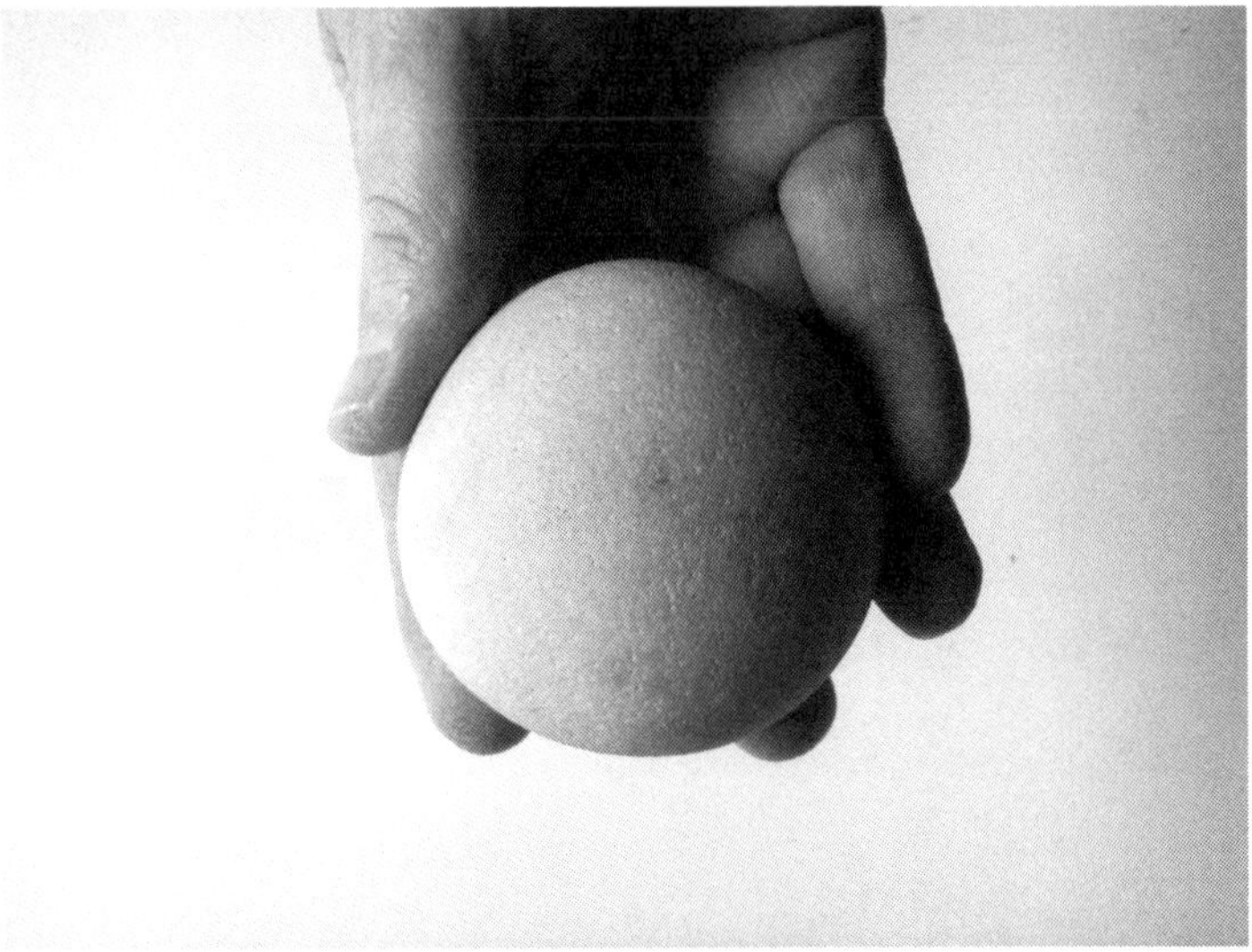

図3-4（上）　スコットランド北東部の浜辺で見つけた石。幅の広い輪郭。
図3-5（下）　同じ石。もっと狭い輪郭。

見せる［図3―4、5］。幾何学的にいえば、いかにもこの石は両面石器と同じくらい均整がとれている。その対称性が完璧でないのは事実だが、それはどんな握斧でも同じことだ。しかし、一定の形態上の美的基準をもって集めた）自分のコレクションを完成するものとして、その石を見つけ、実際に手にとってみるまでは、いかなる意味においても、それは「完成された」石ではなかった。作業は開始すらされていなかった。現在の形状を形づくった波の下で、永遠に絶え間なく磨かれる運動にさらされる物体として、石はただそこにあっただけである。

幾何学的な構想や心的な鋳型が、その石の形態をつくりあげたのではないことは明白だ。それが対称性を持つという理由だけで、握斧にデザイン性を賦与する権利はない。わたしの石とちがって、両面石器におけるパターン化された剝片は、どんな一般的な浸食作用の結果でもないことはすでに考察した。それは意図された高度な技術的活動を通してのみ生じることができる。そうだとしても、デザインの構想や組み立てるための計画のなかで、先行する意図が行使されたということにはならない。熟練者が実践のなかで発揮する意図は、注意力や反応の性質といった行動それ自体に備わるものであり、どのみち、どのような先行する構想をもそこに負わせることはできない（Ingold 2000: 415）。次の章で見ていくように、人間の職人が、鋳型や幾何学的な配置を広い範囲で利用してきたことは事実である。だが、これらの鋳型は精神の内側にあったのではなく、生産物それ自体のなかにあり、素材から切りだされ、他の仕事道具とともに使用されてきた[7]。そして人間の身体が、測量のための基準になったり、線を引くためのひもとして使われるという具合に、幾何学は作業の現場において実物大のスケールで導入された。美術史家のデイヴィッド・サマーズが明らかにしたように、ものの物質性から切り離された純粋な仮想空間のなかで、比率や度合いの抽象的な幾何学に基づいておこなわれる数値化された理解というものは、アリストテレスの思想に固有のルーツを持つ西洋の伝統に特有の達成にすぎない（Summers 2003: 317）。人類にとって、このような認知の様式が万人に共通するものだとはいえない。ヒト科動物のホモ・エレクトスがそれを持つと信じるよりは、彼らが人工遺物の鋳型を使ったという証拠がない以上、握斧をつくるときの鋳型や幾何学的な処理は、彼らを形づくる身体の構造とその部分——とりわけ両手（Marzke 1997）——にすでに組みこまれていたと考える方がずっと理にかなっている。握斧のために鋳型を創造するのはとても簡単なことだ。単純に手のひらと手のひらを合わせて、ふたつの手を一緒にして、茶碗状に少し丸めてやればいい。手のひらのあいだに囲まれた空間は、ほとんど完璧に両面石器の形状や大きさと一致する。その上、どのような精神的で想像的なものを要求しなくても、簡単な動作をするだけでこの空間を形づくることができるのだ。

流動する石

つまりルロワ=グーランは、両面石器の形状と、彼がアルカントロピアンと呼んだ生物の身体構造を結びつけることにおいては、そして握斧を骨格の延長として考えることにおいては、それほど誤っていなかった。握斧のつくり手たちが、精神的な表象からその作業をはじめたという確たる証拠は見あたらない。デイヴィッドソンとノブルが指摘するように、彼らには、石を砕く身ぶりの力学を決定づけ、素材の砕け方を決めるような手の筋肉組織とその構造が与えられていた。であるから、剥片を連続して削りだすプロセスを通して、手に持てるほどの大きさの石核が二面を持つ形状になったのは、ほとんど必然だったといえる（Davidson and Noble 1993: 372）。その形は素材に押しつけられたのではなかった。むしろ、剥片を削りだす過程における創発的な所産だった。握斧の形状における対称性は、それをつくった身体に起因する。その非対称性についても同じことがいえる。なぜなら、利き手ともう一方の手の差異がそれを生じさせたからだ。

しかし、このような議論が受容されるのであれば、鉛筆が完成品となるのは、それがちびて放棄された時点だという見方を除外するならば、どのような握斧もこれまで真に完成したものはないということになる。ちょうど浜辺で集めた石が、収集する計画という文脈においてのみ完結されるように、握斧もまた先史学者たちの収集文化においてのみ完結された遺物と見なされる。その文化のなかで、握斧は数多くある型の分類のひとつに、すなわち「アシュール文化」に一致するものだと考察される。ところが、故意にその型の典型的な複製をつくることを試みた現代の実験的な考古学者たちとはちがって、握斧をつくった本人たちは分類学については何も知らなかったし、それに導かれたわけでもなかった。そのつくり手との関連において、それぞれの握斧は完成された産物ではなく、既存の文化的カテゴリーの表現でも、その現実化でもなかったが（Wynn 1995: 12）、熟達した技術の進行中の流れが結晶化したものであった。その流れは一個から次のものへと持続する。一つひとつが素材とともに立ち働いたという生ける証言なのだ。

形状《フォルム》を押しつけられたものとしてではなく、出現してきたものとして認識することは、非常に長い時代にわたり地理的にも広範囲にわたって、形状的な安定性を見せていることで謎めいている、正体不明の両面石器に見事な解決をもたらす。つくること《メイキング》を、自然から入手した素材に文化的形式を転写する営為と見なすかぎりでは、握斧とそのつくり手の両者は特別な例として出現することになる。ウィンが認めるように、握斧は「道具とは何かというわたしたちの認識に簡単には適合しないし、そのつくり手は人間とは何かという理解にうまく当てはまらない」(Wynn 1995: 21)。彼らは未だ人類ではないが、人類以前ともいえず、現代の考古学者や人類学者の文章中でいかに描かれているのか、興味を引く存在である。研究論文のなかでは、彼らは実際にそうであったように、頑強な体格をして器用に両手を使い、最高の技術を保持していた生物としてではなくて、自然状態から文化的な状態への移行期のなかに、百万年以上ものあいだ陥っていた不器用な混血種として描出される。すでに考案したデザインを生成するための認知能力を備えた頭脳は持ち得ていたが、身体がそれを実行するのに難があったか、あるいは逆に、新しく設計された道具をつくりだすだけの能力を持ってはいたが、必要とされる技術的な操作を概念化し、慎重に立案するだけの頭脳を持っていなかったか、そのどちらからであったと見なされる。その上、野中哲士、ブロンディン・ブリル、ロバート・ラインが、石を砕く作業をするさまざまなレベルの職能者の協力を得ておこなった最近の実験的な研究で指摘したように、身体を制御して剝片をつくりだす技術は、頭脳の能力にも身体的な生物的力学にも帰することはできない。というのは、石の状態を評価し、力強く叩くという行動をとるためには、大胆な身体動作を必要とするからだ。一方で、剝片をつくる動作を制御することは、その作業を持続するためにハンマー代わりに使う石や石核で何ができるのかと問う、知覚的な認識にかかっている（Nonaka, Bril and Rein 2010: 165）。

握斧をつくる作業工程において、剝片の一枚一枚を分離していく行為は、素材の内部と外部の両方における諸力の複雑な相互作用が生みだすものである。片手で石を押さえ、もう片方の手でハンマーの強打を加えるという筋肉を使った諸力がある。地質学的な堆積の内側に物質を組みこみ、それを圧縮する諸力も存在する。それらの力が解放されるとき、石の破面に特徴的なパターンをもたらす。つまり、握斧の形状は事前の認識や生物力学によって強要されるのではなく、諸力の場に本来備わっている潜在性を解放することによって形づくられる。それは、実践者たちが石という素材と接触するなかで切りだし、生涯にわたって物質との格闘に従事し、彼らがようやく編みだした方法によって確立されたのである（Ingold 2000: 345）。握斧の形状を出現するものとして理解することは、まさに力の場が押し開かれることで生成されたのだと認識することだ。今となっては明白になったように、握斧の謎は、つくることの質料形相論のモデルの内側に起源を持っている。それを解決するためには、まさに根源的なところから、そのモデルに挑戦しなくてはならない。物質の特性は、形状が生成されるプロセスにおいて、顕著なまでに直接的に決定される。したがって、質料形相論の哲学全体が依拠する、物質と形式の区別は容認できないことなのである。

アシュール文化の両面石器という興味ぶかい事例の調査は、わたしたちの目前に確固たる結論を示してみせる。世界の構造（大分前に完成したかのように人類が思いこんでいる、過去の世界の構造のことではない）における本質的な関係は、物質と形式のあいだにではなく、「諸力」と「物質」のあいだに存在する。ここで、いま一度ドゥルーズとガタリから手がかりを得てみたい（Deleuze and Guattari 2004）。前章で見たように、質料形相論のモデルに対する反論は、ドゥルーズとガタリの知的なプロジェクトにとって最重要の課題だった。そのモデルの欠点を実証するために、彼らが挙げた例のひとつは、斧で樹木を切る作業である。むろんアシュール文化の握斧ではなく、その目的のために普通使われる鉄の斧のことだ。熟達した木こりは、斧の刃が木目に入るように、斧を上から下に振りおろす。そうすれば、かつて樹木が生きた木であった頃に生長した過去の歴史の方向に、すでに樹木の内側に組みこまれている方向に従うことができるからだ。斧の刃が木目を切り裂き、樹木によって進むべき方向を見いだすとき、ドゥルーズとガタリがいうように「木の繊維の波状の変化や歪み」によって、その斧は導かれる。これは物質に対して形式《フォルム》を押しつけることではなく、幾何学的というよりも位相幾何学的《トポロジカル》なのであって、形を引きだすことである。素材それ自体の変形においても、強度や圧縮の活動的な線においても、その形状は潜在的である。樹木と比べるときに、燧石《フリント》がまったく異なる性質を持つことは重々承知している。だが、石から剝片を切りだす実践の例ではなく、斧で樹木を切り裂く事例によっても、その要点を例証することはできたであろう。ふたつの事例では、ふたたびドゥルーズとガタリの言葉を借りれば、握斧や斧を素材に「従わせる」のであり、それらが「導く方向に従う」という問題なのである（2004: 450-451）。

これは、ハロウェイや他の人たちが提案した「一そろいの組み立て」という見解とはまったく異なる。つくることの解釈をわたしたちに与えてくれる。ハロウェイらによれば、握斧のつくり手は最初に計画や鋳型を抱き、有限な部分の組み立てからはじめて、最後の部分を所定の場所に収めたときに作業を完成する。つくることのプロセスは、ビーズのネックレスのように、一つひとつが前のものに続き、個別の部分が連鎖してできているというのだ。[8] それとは対照的に、わたしたちの解釈では、つくることのプロセスは「行進」のような「集合体」でも、個別の部品を階層的に組織した全体性へと組み立てることでもなく、通り道に沿って進路を進むことである。その進路では、目的地をつねに踏み越していく道程の上で、個別の部分はひとつ前の状態から成長し、次の状態に生成していく。もう一度、ドゥルーズとガタリによる有用な区分を借用するならば、つくることは部分の「反復」ではなく、その「流動」である（ibid.: 410）。つくることは旅をすることであり、つくる人は旅人なのだ。彼の活動の本質的な性格は、連結することではなく、流れていくことだ。石を砕く人の熟練した手の内側では、砕けやすい燧石が液状になり、流体の渦巻きとしての姿を現す。そこでは、すべての潜在的な衝撃が球根状になって渦巻いている。握斧の裂け目の表面は、波のように波紋をつくる。石を砕く人は、剝片を削りとるリズミカルな打撃の動作によって、これらの流れにつき従うのである。この人工物の形成において規則性が見られるとすれば、それをつくりだした動作の淀みのない律動性から来るのだろう。「リズムは形式の創造者である」とルロワ＝グーランは認めていた（Leroi-Gourhan 1993: 309）。この点に関しては後述したい（第八章）。わたしたちの次の道のりは考古学から建築へ、つくることから建てることへと場を移すことになる。建築においても、わたしたちは同じような考察を導きだすことになるだろう。

---

［1］木の実を割るチンパンジーに関する研究は広範囲にわたる。重要な文献として、スギヤマとコマン（1979）、ボッシュとボッシュ（1990）、マックグリュー（1992）、そしてジュリアン（1996）の研究がある。現代において石で手斧をつくる職人が、芯を残すために石核を削って分割する方法の描写は、スタウト（2002: 697）の研究を参照。

［2］近年は伝統的に使用されてきた「ヒト科」という言葉に代わり、「ヒト亜科」というより包括的な用語が提案されるようになってきた。両者とも人類を示す言葉であり、互いに密接に関係する。だが今や「ヒト科」は、二足歩行といった人間的な特徴をもつ絶滅した人類の祖先の種を示すためにも使用される。これは、人類と類人猿（オランウータン、ゴリラ、チンパンジー）が、以前考えられていたよりも近接性があるという認識の帰結である。このことが、ヒト科の動物の範囲を広げることを要請した。以前は「ヒト科」として考えられてきた狭い範囲のグループを言い表すために、新しい言葉が考案されることになった。これが生物分類上の「ヒト亜科」である。

［3］一九九三年に、アンナ・オストック・バーガーによる素晴らしい翻訳で英訳版『身ぶりと言葉』が出版された。

［4］『魂について』第二巻の最初の部分において、アリストテレスは次のように説明している。「ところでわれわれは、本質存在（まさにあるもの）をある（存在する）もののうちの一つの〈類〉であると語っているが、その本質存在を、一方では素材——それ自体としては〈ある・これなるもの〉ではないもの——の意味で、他方ではそれとは異なる形態、すなわち形相——それによって素材がただちに〈ある・これなるもの〉と語られるもの

──の意味で語り、そして第三にはこの二つのものが結合されたものの意味で語りもする。しかるに、素材とは可能状態であり、形相は終極実現状態である」(Hicks 1907: 49)。

［5］このことは、仮説の誤りだったと立証されたという意味ではない。トニー・ベイカーによって、活発に擁護論も展開された(Baker 2006)。彼の議論によれば、ホモ・エレクトスには片方の手で石核を動かないように押さえて、もう片方の手で石を殴打するだけの手の器用さが欠如していたと考えられる。それゆえ、握斧のつくり手たちが打撃の強さに抵抗するためには、石核の塊がもつ慣性に頼るしかなかった。それは反対に、打撃の接線方向よりも石の塊の中心にむかって誘導されなくてはならないのだ。そうでなければ、石核は強打の力によって位置が動いてしまう。その時代の握斧をつくる人にとって、そのような技巧は小さい塊よりは、握りやすい大きな塊の石核の方がやりやすいのだった。大きな石核から剥片を削った握斧は、やがてもっと使いやすい道具に取って代わられたのであろう。

［6］同じように、近年ディートリッヒ・スタウトや研究仲間は、アシュール文化における道具づくりでは「あらかじめデザインされた形状にするために、石核を意図的に形づくっていくことを要請した」のだと議論している。そして、このことが「目前の目標を克服し、苦心してつくりあげる行為が、最終的なゴールに到達するという目標に従属すること」を要請する。彼らの考えでは、石を殴打をする単純な行動において、石を薄く削るという目前の行動は、両面石器の縁をつくるという最終目標にむかって管理される、という形でぴったり組み合わさっている。ものを形づくることの全体的な終着点があることで、それらは達成されるというのだ(Stout, Toth, Schick and Chaminade 2008)。

［7］前章で議論になったレンガ職人の鋳型に関しても、このことは当てはまる。

［8］操作の連鎖を「ビーズのネックレス」のメタファーで表わすことは、サケの商用トロール船における技術的な手法の習得に関する研究のなかで、最初にジョン・ゲイトウッドが使いだしたものである。

第四章　家を建てること

建築の概念

英語では、不定冠詞は多くのことを意味することができる。建てること《ビルディング》とは、建てる人がおこなう行為である。しかしながら、定冠詞を付け加えると、行為は終わったものとなる。運動は静止し、いままで人びとが道具や材料を使って働いていた場所に、永続性や堅牢性をまとったひとつの構造物、すなわち建物《ア・ビルディング》が立つ。ではここで、建物のなかで進行していること、つまり、料理すること、食べること、寝ること、談笑すること、そしておそらくは、礼拝すること、といった屋根の下でおこなわれる行為に注意を向けてみよう。こういった行為をおこなう人びとをその建物の居住者として描写することは、少なくとも西洋の社会では、なんら変わったことではない。しかし、これは、すでに構成されているある空間を、そうした活動がみずからの用途にしたがって占有すると見なすことだ。したがって、かりにそれが自分自身の手で建てたものであろうと、居住という行為は、まずもって建設にいたる行為とはまったくかけ離れている。ある人工物が、それがつくられてから使用されるように、住むことは、建てることが終わった時点ではじまる。すでに述べたとおり、人工物の場合、つくることと使うことのあいだの線引きは、そのものの来歴において完成されたといえる時点に点を打つことだ。さらに、この完成という点は、最初に潜在的なかたちで存在する全体性、つまりデザインとの関係によって決定される。建物についてもまったく同様だ。居住という行為が建てる行為と真に区別され、建てる行為の結果として起こるのだとしたら、建物が完成され、建てることが建物を生みだしたという決定的な点が存在するはずだ。それは、あらかじめ描かれたデザインの実現だと見なされる。その建物を建築とみなす場合に、このような判断は必然的にともなうことになる。

建物をつくることにまつわる創造的な仕事のすべては、デザインというプロセスが中心にある。建設における次の段階は、〝レンガとモルタル〟という言い回しで表現される構築環境において実現するだけであるというのが建築家の職業的自負心である。建築家は、完成された建物はもとのデザイン的なコンセプトが結晶化した所産であり、すべての構成要素はしかるべき場所に備えつけられていると考えがちだ。ジグソーパズルのように、ある要素がつけ加えられたり、取り払われようものなら、すべての構造がバラバラになってしまうと考える。建築家の理想とは、一度完成した建物が、彼が意図した形のままで永遠に保たれることだ。発明家でデザイナーのスチュワート・ブランドが書いているように、「建築の概念は永続である」（Brand 1994: 2）。しかし、建物は世界の一部であり、世界は停止したままではなく、つねに成長、衰退、再生という無限のプロセスを展開している。いかに人間がそれを釘づけにし、固定し、最終的な形態を形づくろうとしても無駄である。世界それ自体と、われわれの考える世界のあいだには、ブラントがいうように、必然的な「ねじれ」がある。「アイディアは結晶体のようであっても、実際のところは流動的なのだ」(loc. cit.)。建設者は、原則的にでないとしても実践的には、このねじれのなかに生きている。居住者も同様だ。両者にとってエネルギーと注意力を必要とするのは、製品において以上にプロセスにおいてである。建設する者は、作業工程というものがほとんど計画通りにはいかないことを心得ている。変化しやすく、一定しない環境で働く彼らは予期しえない問題に対して絶えず解決策を編みだし、要求される形にピッタリと合致しない素材と格闘し続けなければならない。完成という言葉は、せいぜいのところ虚構にすぎない。ブランドが意地悪く述べるように、「完成は決して完成されない」というのが本当のところなのだ(ibid.: 64)。

ちなみに、決して完成しそうにない建物を法的にそこに住むことを認められた者に譲渡することが、そのプロセスをより結論に導くということにもならない。傑出したポルトガルの建築家、アルヴァロ・シザによれば、居住者が昆虫や小動物の侵入、菌類の侵入、天候の浸食的な作用によって被るダメージを最小限に食い止めるといった日々の努力をすることで、はじめて「建てること」の重要な作業がはじまる。雨粒が屋根をとおって滴る。その屋根の一枚のタイルを風が吹き飛ばせば、カビを繁殖させ、材木を腐食させかねない。雨樋は落ち葉で詰まってしまう。それで十分でないというのなら、「蟻の大群がドアの敷居から侵入し、そこには、つねに鳥やネズミ、猫の死骸があるのだ」(Siza 1997: 47)とシザは嘆く。実際、雨粒に対する接し方ほど、建築家あるいはデザイナーと居住者あるいは建設者のあいだで、それぞれの感じ方のちがいをよく示すものはない。建築デザインの公式的な世界においては、雨は単純に想定外のものとなっている。雨粒の落下、それが表面にあたって生じる水の細流は、建築計画の一部にはなりえない。現代の建築家が考える幾何学的な純粋さは、ひどい天候が予測されても曇らせられることはない。しかし、こうした考えにしたがって、明確な線、シャープな角度、平らな表面によって建物が建設されたとしても、雨漏りをさけることはほとんど不可能である。ブランドが記すところによれば、一九八〇年代において、建設後の建築家に対する苦情の八〇パーセントが雨漏りに関するものであった（Brand 1994: 58）。雨漏りする屋根に苦情をいうクライアントに対して、著名なアメリカの建築家であるフランク・ロイド・ライトは、「それが屋根というものですよ」と反駁したといわれる。彼のもっとも有名な建築物であるペンシルバニアの「落水荘《フォーリング・ウォーター》」は、もとの所有者による「白カビの温床」や「七個のバケツの建物」という愛称で知られている。雨漏りという問題に対しての、とりあえずの解決策である水滴を受け止めるバケツは、建築家が結晶化させる概念というものと、流動的な現実とのあいだにある「ねじれ」の典型的な例である。不幸なのは、それを解決しなければならない所有者だけである。

建築家と大工

落水荘が建てられる五百年前のことだ。建築の理論と実践について古代ギリシア・ローマ以降はじめて書かれた書物のなかで、レオン・バッティスタ・アルベルティは、雨の危険性をはっきりと警告し、適切な保全と流去水の対策を心がけるためには、建物の屋根のデザインに格別の注意を払う必要があると書いた。「なぜなら、雨水は事実上、つねに建物を侵そうとしており、たとえ寸時といえどもその都度浸食し始める。確実に細い間隙を通り、湿らせて軟弱化し、建物の根幹ともいうべきものすべてを水浸しして軟化し続ける」とアルベルティはいう（Alberti 1988: 27）。一四五〇年頃に書き上げられたアルベルティの建築論は、ウィトルウィウスの『建築十書』に対して書かれたものだが、その実践的な知とデザイン的な野心の結合ゆえに真に注目するに値するものになっている。前者〔実践的な知〕は伝統的かつ地域的な知識に対する深い敬意に基づき、後者〔デザイン的な野心〕は建築家の地位を職人の地位よりもはるかに高く、名誉があり正当に評価される地位に引きあげるという関心に基づいている。たとえば、アルベルティは建物を建てる場所を選定する際に、地域住民にアドバイスを求めることを推奨する（ibid.: 63）。すでに存在する建物や、建物を新しく建設するに際しての住民たちの日常的な経験は、環境や地盤の状態について信頼すべき理解をもたらすからだ。しかし、他方で、さまざまな素材にもたれかかることなく、全体の形を心のなかで思い描くことができる、教養ある知識と想像力をもつ人物として、あからさまに自己顕示欲に満ちた建築家の肖像を描いている（ibid.: 7）。現代から振り返ってみれば、アルベルティはヨーロッパのルネサンスの立役者のひとりであった。最終的に施行と対立するものとして、デザインだけに専心する建築分野という、職業分化の重要な転換期に立っていたのだといえる。アルベルティの建築論は、先行者である棟梁たちの過去の時代を振り返るとともに、現実の建設作業を労働者の訓練された技能にまかせ、「建築家はただ建物の形式的な設計だけを規定すればよい」とする時代の到来をも予見していた。

『建築十書』に付した序文において、アルベルティは苦心して建築家という語を説明している（ibid.: 5）。正確には何が建築家ではないかを語ることによってそれを試みている。特に重要なのは、建築家が大工ではないことだ。「わたしが、他の分野の偉大な主導者たちと一緒にしてもらいたくないのは大工である。大工は建築家にとって道具にすぎないからだ」。しかし、なぜアルベルティは、ほかのすべての人びとのなかから、建築家の分身として大工を選んだのか。その答えを探るためには、アルベルティができのよい屋根にこだわったということを考えてみれば良いだろう。伝統的に木製の梁から型を取って、屋根を建設するのは大工の責任であった。しかし、運命のいたずらにより、アルベルティの時代の大工は一般に建築家として知られはじめていた。その呼称の使用例は、九四五年の教会の記録にまでさかのぼることができる。なんと記録の執筆者が architector という動詞を、ラテン語のアーチ arcus と天井 tectum の合成語だと取りちがえ、「建築家」とは屋根と丸天井の制作と修復の専門家にちがいないと、一足とびに結論づけたことからその呼称は出現したのだ。その後、数世紀にわたって他の著作家たちがこの例に追随するうちに、その用法が習慣化されてしまった（Pevsner 1942: 557）。今日では、もし屋根が雨漏りすれば、デザイン上の欠陥として建築家が非難されることになる。しかし中世においては、問題を解決するために「建築家」に助けを求めたのである。仮に屋根が木でできていれば大工が必要であったし、屋根が石のアーチに支えられていたら石工を必要としたであろう。実際に、中世における建築家は石工と大工を兼ねていた。というのは、めいめいの仕事の手法に多くの共通点があり（Pacey 2007: 87）、石工職と大工職の技術はしばしばひとりの同じ人物に集約されていたからだ。七世紀の学者セヴィリャのイシドールスは、後世に影響を与えた言明において、建築家を石工 masionem と同一視した。だが、彼が依拠した語はラテン語の machina であり、それは高い壁や天井を建設する際に、重い素材を吊るし上げるのに用いる巻き上げ機《ホイスト》を意味する言葉であった。

暗示的にではあるが、建築家は建物の土台を設計する人物として見なされてもきた（Carruthers 1988: 22, 284 fn. 40）。この点では、イシドールスは「コリント人への第一の手紙」における聖パウロの先例にしたがったようだ。聖パウロは、みずからを賢明な棟梁として描写しつつ次のように述べた。すなわち「わたしは土台を据えた。そして、他の人がその上に家を建てるのだ」と（Corinthians 1, III: 10）。建築家は彼がいかに熟練した技能の持ち主であろうと、単なる石工や大工ではない。他の人間が建物を建てる土台を据える者だという考えは、中世の慣習よりも古代ギリシア・ローマの慣習に近い。語源学的にいうと、建築家という用語はラテン語起源ではなくギリシア語起源であり、文字通り〔大工の〕棟梁を意味する（arkhi は主任、tekton はつくるひと）[1]。ギリシアにおいてはプラトンが、建築家自身は労働者ではなく労働者を統括する存在であると主張した。ローマの著述家ウィトルウィウスは、紀元前一世紀に書かれた『建築十書』のなかで同様に、建築家には理論と実践の両分野における広範な知識が必要であり、十全な学識と手先の器用さとをあわせ持つ必要性があると説いた（Vitruvius 1914: 5）。ニコラウス・ペヴスナーが指摘するように、ウィトルウィウスはまちがいなく建築家を石工や大工ではなく、学識豊かな教養のある高い身分の人物と考えている

（Pevsner 1942: 549）。よって、アルベルティが彼の同時代の建築家を同じ程度の身分に復帰させようとして、ウィトルウィウスの先例を自身の建築論のモデルにしたとしても驚くにはあたらない[2]。アルベルティが本職ではない職人という中世的な建築家観ときっぱりと手を切るために、大工と建築家を区別し、かつて古代において占めていた台座の上にこの人物を据え直そうとしたのは何も驚くことではないのだ[3]。彼がまた、古代から引きだしてきたのは、形相と質量が一体であるという、つくることの質料形相論への無条件な傾倒でもあった。アルベルティは次のように述べる。「建築は輪郭線と物質とから成る。前者は才能によってつくりだされ、後者は自然によって産出される。前者には感得と思考が、後者には調達と選択が関与するが、輪郭線に従って素材を配置する熟練した職人の手がないのなら、両者ともそれだけで十分に有効になるとは思われない」。ここでアルベルティが「輪郭線」と呼ぶものは、独立した建設作業に先立って、知性によって着想した建物の形状と外観の正確かつ完全な図面を構成する。理論が先行し、実践がそれを引き受けると考えるウィトルウィウスと同様に、アルベルティにとっては、輪郭線が先行し、構造がそれを引き受けるのだ（Rykwert et al., in Alberti 1988: 422; see also Vitruius 1914: 11）。

実用的な幾何学

紙の上で、輪郭線は描かれた線として刻印されてきた。それは時には直線、時には曲線の形をとり、或る角度でぶつかって交差する。しかしながら、このドローイングは身振りの痕跡としてではなく、概念的イメージの幾何学的投影としてのドローイングであった。多くのヨーロッパの言語において、ドローイングという用語がデザインという用語と同一のことを意味するようになったのは、この意味においてである。フランス語では dessin、イタリア語では disegno、スペイン語では dibujar というふうに。デザインであれドローイングであれ、いずれの場合においても、動きやプロセスよりも、パターンや目的を示すのだった（Maynard 2005: 66-67）。一五六八年の時点ですでにヴァザーリは次のような調子で書いていた。「素描は、人間の理性のなかに存在し、心のなかで想像され、イデアにおいて生み出される思想を、目に見えるように形成し説明することにほかならない」（cited in Paofsky 1968: 62）。実際に、アルベルティの線はその起源をユークリッドの形式幾何学においている。「直線とは一点から他の点に引かれた細い線描であり、それ以上に短くは描けないものを意味する。曲線は円弧の一部分である」（Alberti 1988: 19）。美術史家のジャン=フランソワ・ビエテールがユークリッド幾何学の線について書いたことは、アルベルティの輪郭線についても同じくあてはまる。「それは色やテクスチャをもたず、他のいかなる具体的な性質も欠く。その本性は抽象的、観念的、合理的である」（Billeter 1990: 47）。ブルーノ・ラトゥールとアルベナ・ヤネヴァが述べるように、紙の上で輪郭を描かれたその空間は、現実の建物が建設され、住まわれる世界とは別世界なのである（Latour and Yaneva 2008: 82）。

ところが、中世の石工や大工もまた線を引き、そのためにある種の幾何学を利用していた（Pacey 2007: 59-86）。彼らはユークリッド幾何学を使用することさえあった。しかし、彼らの用いた幾何学は、抽象的で観念的な形式を追求する目〔という器官〕によってもたらされる幾何学ではなく、触れることができ、感覚に訴えることのできる線や面の知識によってもたらされる幾何学であった。彼らにとってのユークリッドは、われわれが今日『原論』の著者として記憶にとどめている〔古代エジプトの〕アレキサンドリアの数学者ユークリッドとは異なる、伝説上の別人物のことを意味するかのようだ。のちにイギリスの石工の条文項目へと編入されることになった、十四世紀後半の名もなき聖職者の手になるユークリッドに関する物語が、その違いについての手がかりを提供してくれる。その話によれば、ユークリッドは旧約聖書に登場するアブラハムがエジプトに滞在したおりに彼の書記を務め、アブラハムから幾何学を学んだ。当時、ナイル川は氾濫し、人びとはそのほとりに住むことができなかった。しかし、ユークリッドが水を防ぐ壁や排水溝を建造し、幾何学を使って測量し、土地を区画したのだという。こうして、話が伝えるところによれば、エジプト人たちはユークリッドに対し、彼の意のままに統治してもらうためにみずからの息子たちを差しだした。ユークリッドは彼らに石工の技術を伝授し、彼らに教えた土地分割法に対して「幾何学」という名をつけたといわれる（in Harvey 1972: 197）。建築史家ロン・シェルビーは、この報告を根拠として「中世の石工にとってユークリッドは事実上、技芸における名祖的な英雄となり、幾何学という語は石工術と同義語になった。つまり、中世の石工たちにとっての〝ユークリッド〟や〝幾何学〟は、今日われわれが〝ユークリッド幾何学〟と呼んでいるものとはまったく関係がない」と述べている（Shelby 1972: 396-397）。それでは、幾何学は中世の職人たちにとって何を意味していたのか。

幾何学は、まず第一に理論の問題であるより、本来は実用的な業務であった。すでに十二世紀に、パリの哲学者・神学者のサン・ヴィクトルのフーゴーは、幾何学の分野を二つにわけた。それが理論的幾何学と実用的幾何学であった。彼の実用的幾何学は、現在、測量と呼ばれるものに限られていた（ibid.: 401-402）。明らかにフーゴーの影響を受け、彼の近しい同時代人だったスペインの哲学者・翻訳家であるドミニクス・グンディッサリーヌスの説明によれば、幾何学における理論の目的は、形式的な論証や証明を用いて何ごとかを教示することであり、実用の目的は結果を成し遂げることであった。そして、グンディッサリーヌスにとっては二種類の実用幾何学があった。測量と職人の技芸である。それについて彼は次のように語っている。

> 職人というものは、建設現場や機械を扱う現場において労働に尽力する人たちのことである。大工は木材に、鍛冶は鉄に、石工は土と石に、それぞれが実際におのが技芸にふさわしいやり方で、素材の実体に線、面、四角、円を描く。これら多くの種類の職人たちは、彼らが扱う素材の種類にしたがって区別される。大工の道具は斧、手斧、まさかり、紐などである。鍛冶は鉄床、大ばさみ、ハンマーなどを使い、石工は紐、鏝《こて》、下げ振り〔垂直をとるための鉛垂〕、おもりを操るといったふうに（cited in Shelby 1972: 403）。

とはいえ、中世の石工や大工が理論幾何学の教えを受けるということは、まずなさそうだ。そうした幾何学は、主に大学のなかに制限されていたため、彼らがその恩恵にあずかることはありえなかったし、そのような書物を手に入れることも不可能であっただろう（Shelby 1970: 14-15）。みずからの目的に適った伝統的な幾何学の知識をわがものとすれば、職人には学術的な学習の必要性はなかった（Harvey 1972: 114）。その知識は、大部分が親方との徒弟制度を通じて仕事の現場で身につけられる。理論的に学び、しかるのちに実践で用いることによって獲得されるものでなく、仕事をすることによって学ぶというやり方であった。職人は一般原則によって働くのではなく、経験則によって働き、数学的な正確さや論理的な首尾一貫性を重んじるのではなく、きっちり仕事をこなすための助言を重んじた。グンディッサリーヌスが説明するように、石工や大工の幾何学は、現場で彼らの職業の道具を用いておこなわれた。すなわち、斧、あらゆる種類の鑿、鏝、下げ振り、紐などである。そして、さらにそこには挙がっていないが、三つの決定的な道具、つまりは型取り工具、直定規、直角定規があった（Shelby 1971: 142）。

まさにこうした知識は、生きられた伝統として、話し言葉というかたちで現場の人たちの具体的な行為を通して学ばれ、伝達されたために、それを跡づける資料はほとんど残されていない。貴重な例外が、フランスの石工職人の親方ヴィラール・ド・オヌクールの解説つきの画帖である。この画帖は十三世紀に書かれ、ヴィラールはこの本をひも解く者に対して、幾何学が要請し教授するような、石工術の膨大な技術や大工術の工夫について適切なヒントを見つけられるようにした（in Barnes 2009: 35）。画帖の或るページに、この幾何学術に関する好例がある[4]［図4-1］。上方二列には、とりわけ円柱の柱身における直径の測定（柱身を壁に押しあて、直角定規の短い側面を杵身に、長

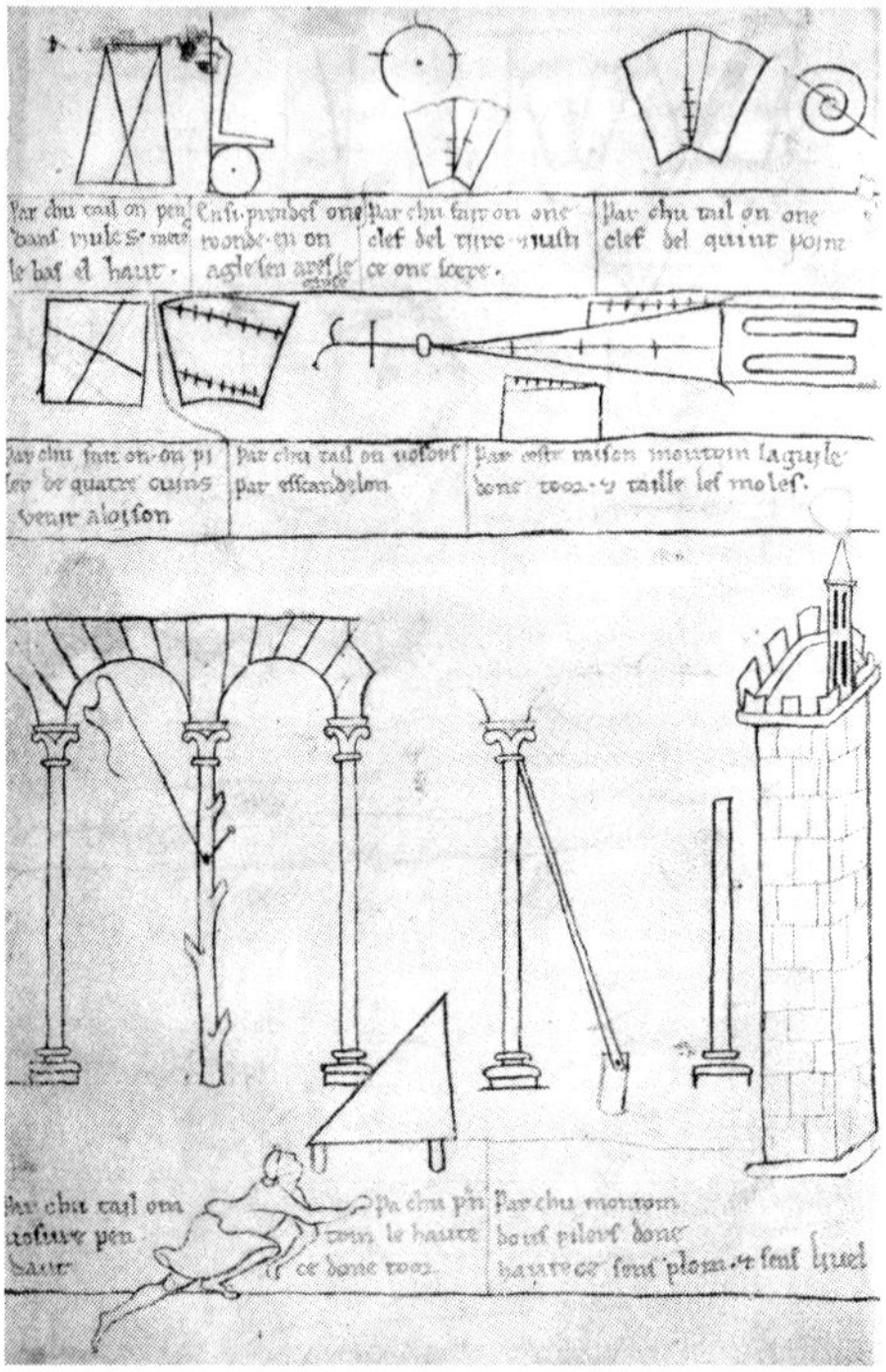

図4-1　ヴィラール・ド・オヌクールの画帖の1頁（20枚目左頁）（フランス国立図書館所蔵）

い方を壁に押しあてる）や、アーチの要石と迫石の割りだし方、タワーの尖塔の持ちあげ方に関する解説が示されている。下にはさらに三つの図がある。左の図は、ハンギングアーチの割りだし方を示している。建設中に、ハンギングアーチは一時的に三つの柱身によって支えられる。支柱の地上から壁の迫頭の中間地点に釘を打ち、ひもを釘に結ぶ。アーチに沿ってひもを先端まで伸ばすと、切りだす角度が割りだされる。中央の図は、下げ振りや水準器を使わずに、高さが同じ二本の柱の割り出し方が示されている。二本の柱のあいだに蝶番がつけられた杭を設置し、それが一方の柱の先頭に触れるようになっている。それを回転させれば、もう一方の柱の高さを調べることができる。ページの右側は、タワーの図である。タワーの高さを決定するためには、地面に直角二等辺三角形の形をした道具をセットし、地上から斜辺を通して見あげれば、視線はタワーの頭頂に突き当たる。そうすれば、地上にそって三角形の先端からタワーの足下までの距離は、高さと一致する（Barnes 2009:140-145, see also Shelby 1972: 409-410; Bucher 1979: 122-124）。こうした手順について印象的なのは、ただその単純さというだけではなく、その純然たる身体性である。幾何学の実践において石工や大工は、抽象的な判断力や合理的な計算力を通じて、あらかじめ推理された形を石や木材に投影したのではない。彼らは道具や素材を意のままに使用し、デザインの問題を解決したのだ。ヴィラールによって描かれたドローイングのように、彼らは多くの巧妙なやり方でドローイングを、まさにその場その場で描きあげていったのである。

石に書かれた図面

その意味において、シェルビーが示すように、彼らの幾何学はたんに実用的であるだけでなく、もっと正確にいうならば「構成的」である（Shelby 1972: 409）。彼ら職人たちにとっての線は、点と点を結ぶ接続の線ではなく、現場において実際のスケールで測られた現実のひもの長さのことだ（Pacey 2007: 63）。そして彼らにとっての点は、木材や地中に打ち込まれた釘や杭のことなのだ。幾何学の図形は空疎な輪郭ではなく、強固で重量のあるもので、触知可能な表面や角を持ち、木材や石から型取りされたものだった。こうした型のなかでも、とくに重要なものは、枠組みや鋳型であり、それらは石を切りだすための規準として用いられた[5]。こうした枠組みは、通常、厚い板材でつくられたが、時にはカンバスや羊皮紙から、そして、ごくたまに鉛の薄板から切りとられることもあった（Shelby 1971: 142-143; Pacey 2007: 35）。石工の親方はデザインを板材に描き、大工がそれを切り抜き、その後で実際に石を切りだす作業のために、現場で労働者へと渡された。

固形物をぴったりと収まるパーツとして切り分ける技術は、専門的にはステレオトミーとして知られる。古代ギリシア語の固体stereoと切るtomaが語源である（Sanabria 1989: 266; Frampton 1995: 5）。矩形のブロックで壁を建設するのは簡単なことだが、アーチ、丸天井、小尖塔がある複雑な建築物の建設の際に、中世の石工たちは難しい切石法に取り組まなければならなかった。だが、こうした難問は、前もって正確な計算をおこない、精密な切りだしを実行することで解決されたわけではない。経験則と独創的な即興の組み合わせで解決されたのだ。シェルビーが示すように、職人一人ひとりの個性や、手順の個人的な好みといった理由から、豊富な器械はかえって顧みられなかったのだ（Shelby 1971: 154）。石工たちの構成幾何学は、徒弟たちが従うべき注意深い指示や処置を定めていたが、実際には、一連の行程があらかじめ定められているということは決してなかった。徒弟たちが従うべき規則が、彼らの事業の成功の鍵をにぎってきた長い経験から生まれた技能や、創意工夫の代わりをするということもなかった（Shelby 1972: 420）。哲学者マイケル・ポランニーがいうように「技芸の規則は有用であり得るが、技芸の実際を決定するわけではない。それは金言でしかない。それが技芸のガイドとして役立つのは、ただそれがその技芸の実際的知識に統合され得る場合だけであって、この知識にとって代わることはできないのだ」（Polanyi 1958: 50）。この意味において、石工の規則は一般原則にすぎない。それにはなすべきことの方策が含まれてはいるが、それを決定づけるものではなかった（see also Suchman 1987: 52; Ingold 2000: 35-36）。
仮に石工が、彼らができることを制限されていたとしても、それは基礎となる石材からひとつの建物を組み立てるという切石法の難問を、数学的に正しい唯一の解として導きださなければならないという理由からではない。現代のわたしたちの目にはそのように映るかもしれないが、壮麗な中世の建築物は、あらかじめ切り取られた断片からパズルのように組み立てられたわけではないし、最後の一片がしかるべき場所に嵌められて完成に至るというわけでもなかった。よりふさわしく思われるのは、ジョン・ハーヴェイが示唆している、パッチワークキルトのアナロジーであろう（Harvey 1974: 33）。布片がキルトに縫いつけられるように、石が少しずつ建物に加えられていき、石片は成型される。必要であれば、すでに置かれた石によって準備された空間にうまく嵌められるように、くり返し成型が施される。そして順番に、次に続く石片の場所を準備していく[6]。ここで再び、サン・ヴィクトルのフーゴーが一一二七年に著した『ディダスカリオン』で仕事中の石工を描写した箇所を見てみよう。

石工の業を見つめてみよ。基礎をしっかり据えた後で、石工は細ひもをまっすぐに伸ばし、測鉛を降ろし、しかる後に丹念に磨かれた石をきちんと配列して置く。次いで、彼はさまざまな石を探し求め、もしも、たまたま何かしら当初の構想にそぐわない石を見出したなら、鑢《やすり》を手に取り、はみでた個所をすり落とし、でこぼこの個所を平らにし、形の崩れた個所を整えて、ついには残りをきちんと配列して置かれた石に結びつけるのだ（Hugh of St Victor 1961: 140）。

この説明によれば、構造の輪郭線は、素材に押しつけられるのではなく、建てること自体のプロセスから出現するようだ。仮にそうであるのだとしたら、中世の石工にとって、デザインあるいは図面は、それが存在したとすれば、何のために必要だったのか。それは、後年アルベルティが主張したように、建設作業がはじめられるより前に、頭のなかで構想された線や角度によって構成した、正確で誤りのない輪郭がなくてはならないということだったのだろうか（Alberti 1988: 7）。

大聖堂のような中世の建築物に、設計図や図案が存在したかどうかは、未解決のままに残された問題だ。専門家の見解は真っ二つに分かれている。建築史家のフランシス・アンドリューズは、一九二五年に著したエッセイにおいて、最終的には否定している。

いかなる教会、そしていかなる作品も、椅子に座り、慎重にデザインし、それを描き上げたのちに立ち上がり、その施行を監督するといった人物の心のうちに浮かんだものの所産ではなかった。そういった人物は必要ではなかった。必要とされ、実際に供されたのは、誠実かつ見事に働き、いわばおのずからデザインが沸き上がってくるような人物たちであった（Andrews 1974: 8-9）。

全く正反対の見解をとるのがハーヴェイである。彼はいかに単純な建築物であっても、まずデザインがあり、そのデザインが何らかのかたちで具体化され得ないことには、建てることはできないと考える。ハーヴェイの主張によれば、ドローイングは、デザイナーから労働者にアイデアを伝達するために必要不可欠であり、そのことは、複雑でポリフォニックな音楽の演奏に楽譜が欠かせないことと同じだという[7]（Harvey 1972: 101）。シェルビーは、彼個人としては作業のためのドローイングを否定していない。彼の主張によれば、作業のドローイングそれ自体よりも、型取りこそが第一義的な手段である。それによって石工の親方たちは、建物を施工する労働者たちに建築の外観を伝達した（Shelby 1971: 142）。科学技術史家のアーノルド・パーシーは、有益な証拠を網羅的に検証した結果、次のように結論づけた（Pacey 2007: 161, 228）。十三世紀のはじめ頃の石工たちは、窓のはざま飾りの詳細なドローイングをつくりはしたものの、建物の他の部分のドローイングはずっと後になって現れている。石工たちが全体の構造のドローイングを実物よりも小さなスケールで描きはじめるようになったのは、ようやく十六世紀の終わりになってからのことであった、と。

中世の建設業者が線を引いていたことは、ほぼ疑いのない事実であるようだ。疑わしいのは、彼らのドローイングのうちで設計図として、つまり厳密な意味において、意図する作業のために前もってつくられた完全に幾何学的な仕様書と理解できるものがあるかどうかである。「ティゼーニョ」という一語にドローイングとデザインという二つの意味が暗示されているとしても、中世の建設業者にとって、ドローイングは知性的にかたちづくられたアイデアの視覚的な投影ではなく、線とともにつむいでいく技芸であった。建築デザインの理論家であるラース・スパイブルックが主張したように、ドローイングは、この点で規定的である以上に記述的である（Spuybroek 2011: 18）。正面や側面から眺めることができ、断面図をさまざまなスケールで描く今日の建築におけるドローイングは、精細に全体の構造の最終形態を記す。それとは対照的に、中世の建設業者たちは、実際に石に刻みを入れる準備のために詳細をつめる方法として、はざま飾りを施した石床の上に、そのまま等身大ではざま飾りの窓を描いた。この時代には、ドローイング〔描くこと〕はもっぱら抽象的なデザインの側にあり、ビルディング〔建てること〕は素材の施行の側にあるという根本的な区別は存在していなかった。両者は技芸それ自体に一体化していた。製図者はあたかも編むように描き、石工は描くように刻みつける（ibid.: 40）。要するに、デザインは、ハーヴェイが主張するような作業に先立つ何かではなく、アンドリューズが主張するようにそれ自体のなかから沸き上がってくるのでもない。つまり、中世の建築物は有能な職人技芸の知性において、まさに気配りすること〔隅々にまで細心の注意を怠らないこと〕によってデザインされたのである。それらを建設した石工たちは描くようにデザインし、デザインするように描いた。彼らにとってデザインすることは描くことと同様に作業のプロセスであり、精神の投影ではなかったのである。

大聖堂と実験室

近年、科学社会学者デイヴィッド・ターンブルは、きわめて独創的な寄稿論文のなかで、中世の建築物は計画されたものであったのか、もしそうであれば、いかなる意味においてそうだといえるのかという包括的な問題を再検討した（1993, Turnbull 2000: 53-87も参照）。彼が注目するのは荘厳なシャルトルの大聖堂である。大火のあとで、一一九四年から一二三〇年にかけて再建された、三四五フィートの尖塔を持つ大聖堂は、八百年の古さをもつ。しかし、仮にその建築物に建築家デザイナーがいたとしても、その人物の素性は知られていないし、図面も現存していない。当然のことだが、シャルトルには前もってのデザインや図面が存在しなかったと証明することは不可能であり、ターンブルの目的もそれではない。図面が仮にあったとしても、それが現存していないのにはさまざまな理由が考えられる。パーシーが言及するように、確かに原寸大で製図された図面は、現実の建築物と同じだけの空間を占めるので、建設が終わればすみやかに破棄されたことだろう（Pacey 2007: 59）。ターンブルが批判の対象にするのは、むしろハーヴェイのように（Harvey 1972: 101）、論理や原則を口実にして、図面は存在したはずであり、それなしにはいかなる複雑な構造も建設され得なかったと考える人たちである。[8] ターンブルは次のように書いている。「現代人の心性にとって、建築におけるデザインの存在は自明の理である。しかし、あらゆる形態をそれに先行するデザインの具体化と見なすことは、説明不足であるか説明過多かのどちらかである」（1993: 319-320）。

その一方で、デザインは魔法によってそれが規定する形態へと変容するわけではない。それを実現するためには職人的な技量が必要とされる。シャルトルの大聖堂のような建築物の場合も、明らかに高次の職人的な技術の力を必要としたはずである。アルベルティでさえ、輪郭に従ってひとつの構造を形づくるためには、熟練した労働者の手が必要とされたと認めている。デザイン論は職人的な技量を考慮に入れないならば、ほとんど何も説明したことにならない。そして、その埋め合わせをするべく、あらゆる熟練した技能の遂行が、まるで規則とアルゴリズムの体系の結果生みだされるものであるかのように取り繕われる。デザイン論が説明過多であるのは、まさにこの点においてである。それではターンブルが述べているように、規則に本来以上の力を認めることになるだろう（ibid.: 320）。すでに見てきたが、中世の大聖堂の建設業者が従った規則は、細かな部分まで彼らの実践を規定できなかったし、そうしてもいなかった。その代わりに、目前の緊急の事情に応じて、精密な微調整をする自由を認めていたのだ。

大胆な発想の転換によって、ターンブルは中世の大聖堂の建築作業と、現代の大規模な研究実験室のなかで進行することを比較するように、わたしたちを導く。実験室において、研究者のチームが或る科学分野における知識の進歩に熱心に取り組んでいるとしよう。個々のチームは主任研究員の指導のもとで、多かれ少なかれ自律的に活動している。主任研究員は少し立ち寄るだけの存在に過ぎない。だが他方では、ほかのすべての研究員と実験やその進行、手順や機材、実験結果や新しいアイデア、そういった事柄から次々と生まれる考えについて情報のやりとりをおこなっている。こうしたあらゆる活動から、一連の知識として認識されるような或る種の体系《システム》が出現する。そうはいっても、この一連の知識は孤独な天才の優れた知性によって捻りだされたものでも、ただひたすら経験的な実証に打ちこんでいる実験室の成果でもない。むしろ、不完全に統合された多くの部分の寄せ集めである。それぞれの部分は個々のチームによる方法論で条件づけられており、そのあいだでの情報交換の結果、継ぎはぎされたものなのだ。

同じように、ジョン・ジェームスがシャルトルの大聖堂について書いたように、荘厳な中世の建築物は多くの人間による即興的な作業の集積である（James 1985: 123）。ジェームスによれば、シャルトルの再建作業は、少なくとも九人の石工親方の指導下の労働者チームにより、約三十の部署にわかれて三十年以上にわたる短期集中作業でおこなわれた（ibid.: 25,60）。その結果、外装の壮麗さや見かけの調和を別にすると、良く観察してみれば非規則的に配置されたちぐはぐな建築的要素のパッチワークといった趣になっている［図4－2］。科学的知識の体系化にマスタープランが存在しないのと同様、シャルトルの建築物を輝かしい成功に導いたのは、知られざる建築家による熟考された構想ではなかった。作業が進行するあいだ、どのような外観になるのか、途中でどのような複雑な問題が生じるのか、それにどのような手段で対処すべきか、といった事柄は誰一人として事前に予想できるものではなかった。しかし、気まぐれでその場しのぎ的な作業や度重なるリーダーシップの交代があったにもかかわらず、石工の親方と現場の労働者のあいだでは、彼らと仕事の依頼人である聖職者とのコミュニケーションの行き来によって、或る程度の一貫性は保たれていた（Turnbull 1993: 320）。そして、このコミュニケーションにおいて、もっとも重要な役割を果たしたのが「型取り」であった。シャルトルは未完成のままだといえる。現代人にありがちな歴史的に完成された形式を求める欲求、つまり本来のデザインの完全な再現と見なしうるものを永久に保存したいという欲求にもかかわらず、現存するこの種のあらゆる構造物と同様、建設や再建の作業は今日まで継続している。そ

図4-2　左右のちがいに注目。シャルトル大聖堂の西側ファサード。G. Dehio and G. von Bezold, *Die kirchliche Baukunst des Abendlandes: historisch und systematisch dargestellt* , plate 407から転載

れゆえに、シャルトルという建築物は、十三世紀における幾何学的な職人技術と二十世紀における建築的な着想の両方が具現化され、具体化されたものとしてそこに建っているのである。そして、これらの建築物は中世期における建設の実践からわたしたちの手へと橋渡しされることで、わたしがこの章を始めたところ、すなわち建築物とは建築家のヴィジョンの超時間的な構築物であるという現代的な認識へと立ちもどることを可能にする。ターンブルが目指すのは、あらゆる分水嶺（大分割）が大聖堂の建設といった過去の科学技術の活動の現場を、そして実験室のような現代の科学技術の活動の現場を、バラバラにすることに終止符を打つことだ。これまでも、そして現在も科学技術は、現場でおこなわれる偶発的で込み入った実践の結果だというのが彼の主張である（Turnbull 1993: 332）。このことが現代の実験室にあてはまるのなら、同時代の建築物を建てる行為にも等しくあてはまるはずである。ところが、科学が思弁的な理論と実験的な実践のあいだの区別に細心の注意を払ってきたように、建築はデザインと建設のあいだの区別に注意を払ってきた。それゆえ、サイモン・アンウィンは近年の信頼性の高い文章において、建築とは、理性が建物に知的な構造を与えることによる決断的な行為であると定義した。建物は物理的な実現化の遂行であり、そうして実現化された建物は製品となるというのだ（Unwin 2007: 102）。いいかえるなら、建築家は構造の輪郭を構想し、建設業者の仕事は物質《マテリアル》＝素材で構造を統一することになる。

　しかしながら、こうした定義は現実の建物を生みだす、込み入った実践の創造性にそぐわない印象を与える。スケッチ、トレース、モデリング、仕切り、掘削、切断、配置、固定化、接続といったあらゆる行為において、配慮や判断や状況の熟慮などが含まれており、すべての行為は諸力と世界との関係性という場でおこなわれている。いかなる根本的で存在論的な重要性のちがいも、知的な構想と機械的な施行のどちらか一方におくことはできない。それに疑う余地はない。それでは、どのような条件が建物と建築を区別しうるのか、もっと一般的には、つくることとデザインは区別できるのか。これが次の章のわたしたちの主題である。

---

［1］皮肉にも、tekton は一般的につくる人（工作人）を示すが、tekton がサンスクリット語の大工を意味する taksan に由来するため、そのなかでも具体的に大工を意味する。したがって、結局のところ、最初の建築家たちは大工たちであったということになる。tekton に関するさらに詳細な語源学的な議論、および、最終的に棟梁あるいは arkhitekton という概念へといたる、大工からつくること一般への意味の変遷についてはフランプトン（Frampton 1995: 3-4）を参照。

［2］人文主義者ポッジョ・ブラッチョリーニとチェンチョ・ルスティチが、一四一六年にザンクト・ガレン修道院でウィトルウィウスの建築書の草稿を発見したとき、当時のローマ時代の芸術・建築への関心の再燃の一端として、アルベルティがその時代に喧伝した長いあいだ失われていた古典作品を再発見したのだと彼らは考えた。しかし、中世を通じてウィトルウィウスの建築書の写本が広く普及したことは今では周知の事実である（Harvey 1972: 20-21）。

［3］このことは、石工の親方としての建築家が自分自身の手を汚すことをせずに仕事を命じ、手厚い報酬を手にしていたという限りにおいて、下っ端の労働者とはすでに一線を画していたことを否定しない。一二六一年の説

教において、ドミニコ会修道士のニコラ・ド・ビヤールは、それについて不平を述べることはもっともなことだとみなした（cited in Erlande-Brandenburg 1995: 61）。

［4］上方二列はヴィラール自身が描いたものではないようだが、オリジナルのドローイングがまず削り取られ、おそらく五十年後に名もない者の手でつけ加えられたのだろう。手書きの書きこみも後世のものだ。ヴィラール本人は文盲だった可能性もあり、その場合は筆記者に口述筆記をさせる必要があったのではないか（Barnes 2009: 11, 24）。

［5］中世の史料では、もっぱら石を成形するための刳形《モールディング》に由来する型枠《モールド》が当てられている。Template もしくは templet という語が mould の同義語として導入されたのは最近になってからのことのようだ。

［6］ランブロス・マラフォーリスは、ペロポネソス半島にあるミケーネの古代要塞を取り囲む巨石を積みあげた壁について、まったく同様の意見を述べている。「巨石を積みあげた壁を建設する際、適切な石のブロックの選択は、あらかじめ心のなかで考えておいた計画のあとで、そのような選択を実行に移すのではない。（あるいはその計画の影響があるにせよ、少なくとも同じ程度に）一連の行程において、ひとつ前の石によってできた隙間の如何によって決められる」（Malafouris 2004: 60）。

［7］建築のドローイングと音楽の記譜法のアナロジーは、非常に効果的で実りがある。だが現実には、ハーヴェイの議論においては逆効果かもしれない。というのは、中世では、音楽の記譜法は音楽家が作品を演奏するときに、記憶するための手助けとなったが、作曲する際に作品を採譜することには使用されなかった（Parrish 1957: 21; see Ingold 2007: 21-23）。この時代のドローイングはそれと同じように、当時の建設者の手助けになったようである。

［8］中世の大聖堂建設に関する最近の研究において、建築史家のナイジェル・ヒスコックは同じような想定をしている。すなわち「こうした建築物は、よくよく考え抜かれる必要性があっただろうし、現場で着手されるのに先立って詳細に描かれている必要性があったかもしれない」（Hiscock 2000: 172）。その存在が推定される図面がほとんど残っていないのは、それがくり返し再利用可能な高価な羊皮紙に描かれたためだということだ。つまり建築に先立って描かれる図面は、後続するドローイングにスペースを譲るため、消去されてしまったのだろう（ibid.: 174）。

第五章　明視の時計職人

デザインと罠

この章を一日のはじまりと同じように、朝食の席に着くことからはじめてみよう。あなたは、クロスに覆われたテーブルの前で椅子に腰かけている。クロスの上の目の前にボウルが置いてあり、ボウルの右側にはスプーンがある。少し離れたところに、ミルクの入った水差し、お気に入りのシリアルの入った紙の箱。ボウルにシリアルを入れるために箱を手にもつ。いままさにそうしようとしているところだ。

しかし、これはなんと危険な動作なのだろうか。箱のなかから正しい量のシリアルを注ぐことは実に繊細で困難な作業である。多くの人は内側を、つまり箱の裏紙を指でつまみ、一種の漏斗状にして、シリアルをボウルに導くことでそれを解決しようと試みる。わたしはといえば、手を直接箱のなかへ突っこみ、ひと握りのシリアルをつかみだすようになった。同席者がそういうやり方を非衛生的だと考える人だった場合、大いに狼狽させるのだろうが。そうすればまさに必要な量を取りだせる。しかし、シリアルの箱をひっくり返さず、その中身を床に落とすことなく事を成し遂げたとしても、困難さは、まだほんの序の口にすぎない。次にミルクを注ぎ足さなければいけないのだ。ミルクの入った水差しは、シリアルの箱に比べて、まったくもって優れものだ。把手があって手に取りやすいし、安全に手にもつことができる。それに、傾けてミルクを注ぐ際には、ミルクの流れを導く注ぎ口がついている。しかし、その動作を終えたとしても、一滴でも注ぎ口に残っていようものなら、ミルクが水差しの外側を流れ落ちる羽目になり、きれいなテーブルクロスにまで垂れていき、クロスを汚してしまうだろう。そして本当の試練は、あなたがそれを食べだしたときにはじまる。食べるためには、スプーンが必要だ。親指と、人差し指と中指のあいだで一方の端をつかみ、楕円形のくぼみをボウルのなかへ少しだけ浸す。そして、あふれんばかりのミルクと不安定なバランスのシリアルのフレークのひと塊をふたたび持ちあげる。なんとかしてこの不安定なまとまりをボウルの位置から、あなたの開いた口の高さまでこぼさずに持ちあげなければいけない。つまり、全軌跡を通じて、スプーンのくぼみを完璧に水平に保たなければならないのだ。どんなに器用に食事をする人でも、これを完璧にこなすのは難しいし、クロスの上に若干こぼれてしまうのは如何とも避けがたい。そして、最終的にスプーンを口から引きだしたとき、あなたはミルクをポタポタ垂らさないように用心しながら唇を閉じ、きれいに拭い、次のひとすくいに備えなければいけない。

朝食のテーブルはどう見ても、障害のオンパレードだ。そして、テーブルの上にあるものは、かつて誰かにデザインされたものである。箱、水差し、ボウル、スプーン、クロス。テーブルや椅子でさえそうだ。とはいえ、テーブルというものは（少なくともわたしたちが慣れ親しんでいる種類のテーブルのことだが）不便な代物である。大抵、大きすぎるか小さすぎる。または、高すぎるか低すぎるというのがつねである。つまり、動きまわろうとすれば邪魔になり、その表面は傷つきやすく（朝食のテーブルにクロスをかけるのはそのためだ）、その脚にむこう脛をぶつけるし、何も知らずそこに座る人や通りがかりの人はつま先をぶつけてしまう。デザイン理論家で名高い家具職人でもあるデヴィッド・パイは、かつて、いくぶんあきらめの混じった口調で次のように述べた。「目的にぴったりと適ったダイニングテーブルは、サイズや高さが変更できて、完全に移動可能で、引っかき傷がつきにくく、自分で掃除ができ、脚がないものだ」（Pye 1978: 14）。椅子については、座ることは人間の身体にぴったりくる姿勢ではないので、どの椅子もある程度、不快さを与える。それに座る者は椅子にできるだけ自分をあわせる必要がある。わたしは椅子にあわせるために、しばしば座ってから、体を前に傾ける。そうすることで、背中をまっすぐ延ばし、バランスをとることができるようになる。だがその結果、椅子の後ろ脚が床から浮きあがり、背後を通る人をまさしく転ばせんばかりの格好になる。レストランのウェイターの方は気をつけてほしい。

こういった事柄のすべてが、わたしたちに次のような種類の難問を突きつけてくる。たしかに個人としていえば、誰もがみな満たされたいと願う、何らかの要求や欲求をもっている。誰だって気持ちのよい健康な暮らしを望んでいる。扱いにくいものよりも、扱いやすいものを望む。それならば、それがデザインの目的というものではないか。心理学者のドナルド・ノーマンは、新しい技術の主たる役割は、作業を単純化することであるはずだ、と書く（Norman 1988: 191）。デザインがその目的に合致していると認めることは、パングロス博士〔ヴォルテールの風刺小説『カンディード』の主人公カンディードの師で「すべては最善の状態にあり」と説く〕の楽天主義を選ぶようなものだ。ヴォルテールの小説『カンディード』の有名な風刺の標的である、いんちき哲学の大家であれば、からだの調節が必要な椅子やつま先をぶつけるテーブルの脚、ミルクがこぼれる水差し、ひっくり返る箱、手からすべり落ちるスプーンが、このすべての可能世界のなかで最良のものである理由を、きっといくらでも考えだすことができるだろう。しかし、ヴォルテールがわたしたちに教えようとしたように、その理由はつねに見せかけにすぎない。それでは、デザインが最良のものをつくるのに失敗している（しかも、ものの見事に失敗している）のだとしたら、デザインの真の目的は正反対のことだと結論づけるべきなのだろうか。つまり、技能と技巧を凝らして、わたしたちの行く手に克服すべき障害物を設置することである、と。おそらく、デザインとは解決策を提示するのではなく、ゲームのルールを定めるものなのだ。

デザイン哲学者のヴィレム・フルッサーはきわめて独創的なエッセイをものして、この難問を解決するための糸口を与えている（Flusser 1995）。機械、技術、技巧といった一連の関連する用語とともに、デザインという用語の語源を詳細に検討するというやり方で、フルッサーはデザインが基本的には策略や詐術に関係しているのだと結論づける。「デザイナーとは詐術に長けた者であり、罠を仕かける謀略家なのだ」（ibid.: 50）。デザインの目的は、解答らしき姿を装って問いを提出して、罠を仕かけることである。こうしてわたしたちは騙されて、どうやって食べ物をボウルから口へ運ぶかという問いに対して、スプーンを思い浮かべてしまう。しかし、実際のところ、わたしたちがボウルを直接口にもっていく代わりに、そう行動するように決定するのはスプーンの方なのだ。たとえば、しゃがむのではなく座るように命じるのが当の椅子であっても、わたしたちは騙されて、椅子が座る可能性を提供してくれているのだと考えてしまう。地面の高さではなく、或る程度の高さでものを置くように強いているのはテーブルなのだが、テーブルが箱、水差し、ボウル、スプーンを支えてくれているのだと想像してしまう。スプーンをあつかうこと、椅子に座ること、テーブルの上のものを食べること。これらは獲得するのに数年を要する身体技術である。スプーンや椅子やテーブルは、わたしたちのために状況を容易にしてくれているわけではない。

考案と欠陥

それゆえ、ものの創造者、または、ものの考案者であるデザイナーはトリックスターである。デザイナーは完全を追い求めるのではなく、彼の持ち場は不完全な状態をなんとかやりくりすることにある。その道行きは、神話のなかのダイダロスがつくったように、つねに迷宮のように入り組んでおり、決してまっすぐではない。実際、その他にどんな可能性があり得るのか見当もつかない。完全な世界に一体どんなデザインがあり得るというのか。目的がすべて満たされていれば、どんな手段が必要だというのか。要するに、不完全なものがなかったら、それに対する救済策を探す必要はなくなってしまう。起源についての聖書の物語を文字通りに読めば、神は世界を創造し、そこに生息するあらゆる生き物を創造したという。しかし、生物の入り組んだ複雑さを考慮するなら、なぜ神はそのように多くの困難を自身に課す必要があったのか疑問に思うことだろう。たとえば、何世紀ものあいだ、博物学者たちは眼の構造とその働きに驚嘆してきた。多くの人びとが、眼のように恵まれた有機体は、何らかの超越的で神聖な知性によってデザインされたはずであり、その生きた証拠と見なしてきた。それでは一体どうやって、環境にうまく適応することによって、視覚を獲得することができるような器官が自然発生的に出現することにつながったのか。この線に沿ったもっともよく知られた議論のひとつは、一八〇二年に著名な神学者・哲学者のウィリアム・ペイリーによって提出された「自然神学　あるいは自然界の外貌より蒐集せられし、神の存在と特性についての証拠」と名付けられた論文であった。彼もまた、眼はその保有者が見ることができるように神によってデザインされたにちがいないと考えた。しかし、彼は賢明にもこのデザイナーである神が、視覚の謎を解明しただけではなく、同様に視覚の謎を仕かけたことにも気づいていた（Paley 2006）。

もし全能の創造者が、遠くにある、手に届かない対象を知覚する能力を、彼の被造物が生まれながらにして授かるように決めたのであれば、物体のくすんだ表面からの光の反射を知覚し、その屈射が透明な実質を通って、内的な膜組織が脳とコミュニケーションを取る、というようなまわりくどい方法をとらなくても良かったはずだ。ただそのものに対して、そう命じるだけでよかったのではないか。同様に、神は彼の被造物たちに耳のような複雑な器官をデザインすることなく、聞くという能力を完璧に授けることができたであろう。「こうしたことはすべて何故なのか」とペイリーは疑問に思った。「ただそれを乗り越えるためだけに、どうして苦労させねばならないのか。全能の力があるのなら、なぜ仕かけが必要なのか。仕かけとは、まさにその定義と特性からすれば欠陥の逃げ口上のごときものである。方便に頼るということであれば、それは、（全能の）力に対する困難や障害、制限、そして欠陥を示唆することになろう」（ibid.: 26）。ペイリーの答えは、神自身が謎を設定して解決している、生物のデザインにおいてこれらの解答を明らかにすることで、神はわたしたちに合理的知性の力を真似るように、おごそかに命じているというものだ。別のいい方をすれば、神は自然を劇場として創造したのだ。そこでは、わたしたちのために知性の名人芸が上演される。実質的に、自然の観察者になることは理性の道へといたるためのマスタークラスの練習に参加することであり、わたしたち自身を神の似姿、つまりは理性的な存在として形づくることを意味するのだ。

一八二〇年代の後半、ケンブリッジ大学のクライスツ・カレッジのいち学生として、若かりし日のチャールズ・ダーウィンはペイリーの著作を読み、本人の認めるところによれば、それにいたく感激した。自身の自伝のなかで、ダーウィンはペイリーの「自然神学」がユークリッドを読むことと同じくらいの喜びを彼に与え、実際、それが有用な数少ない読書リストのうちの一冊だったと記している（Darwin 2008: 14）。「当時のわたしは、ペイリーの前提については気にもとめていなかった」と彼は回想する。「そして、それらの前提を信頼して、一連の長い論証に魅せられ、且つ確信したのであった」。ダーウィンは、ペイリーから有機体がその生存環境に適応する多種多様な方法を学び、有機体がそれらを用いておこなう考案《デザイン》についても理解した。しかし、ここで再度むし返すことに値する、よく知られた話がある。ダーウィンは、結局、最初彼が信用した当の仮定をくつがえして、デザイナーのいないデザインはあり得ないという、ペイリーの論法全体から決別した。生きている有機体は、わたしたちが製造する人工物にあてがう、あらゆるデザイン的な特性を有し、さらにそれ以上のものを有していることをダーウィンは認めたのである。そのような意味でのデザイナーは存在しない。そうした創造物を生みだしたのは、人間でも、神聖な知性でもなかった。むしろ、そうするかわりに進化したのだといえる。わたしはすぐあとで、この真偽の定かではない有機体と人工物の区別に立ちもどろうと思う。その前に、まずペイリーの議論の足取りを要約しておきたい。というのは、生命体を論拠として神の存在を証明することは、論駁されたのかもしれないが、それを保証するデザインの本性の想定は論駁されたわけではないのだから。

ペイリーは次のようにはじめる。ヒース〔イギリス北部やアイルランドにおける平坦な荒地〕の荒野を歩いているときに、たまたま足で石を蹴ったのだとしよう。その石がどうしてそこにあることになったのかと思案して、おそらく、あなたはただ次のように答えるだろう。それはずっと以前からそこに転がっていた。あるいは、たぶん荒野の絶え間ない浸食の結果、そこにあるといったところだろう。歩行者の足によって地中にある石基から剝がされて自由になったか、先行する歩行者のブーツで蹴りあげられたのだ。しかし、いま道の上に古い捨てられた時計を発見したとする。あなたは誰かが落としたのにちがいないと考える。それは風雨にさらされ、不注意な通行人に踏みつけられ、修理不可能な状態かもしれない。あなたは時計の専門家でもなく、各部品の役割や、それらが協同して働く方法には不案内であろう。しかし、よく観察してみれば、この物体が石とはちがって、或る目的のためにつくられていること、つまり、いつかどこかでこの目的を心に抱いた人物が、その目的を実現するための手段として、それをデザインしたのだという確信に到ることができる。ペイリーは次のように宣言した。「デザイナーなきデザインはありえず、また、考案者なき考案も存在しない。選択なき秩序、配列可能なもののなき配列は存在せず、目的を意図することができて、はじめて目的に対する貢献と関係が成り立つ。そもそも予期された目的とそれに適った手段がなければ、目的にふさわしい手段、そして、その目的を達成するという任務を遂行することはできない」。こういったすべてのことが知性と精神の存在を示唆する、とペイリーは考えた（Paley 2006: 12）。時計は偶然によって失われたり壊されたりするかもしれないが、偶然の積み重ねが時計を急造することはどう考えてもできないのだ。

時計とハサミムシ

あまりありそうもないことだが、次のように想像してみるのはどうか。よく調べてみると、発見された時計には、時計の針を文字盤の上で合わせると同時に、最初のものと同一の新たな時計をつくりだすというメカニズムが組みこまれていたことが判明する、としてみよう。それが先例とまったく同じ特性を備えていたとして、第二の時計は知的なデザインによる製品ではなく、純粋に機械的な操作による製品だといえるのではないだろうか。ペイリーなら、即座にそのような意見に異議を唱えるだろう。ペイリーの主張によれば、わたしたちが調べる時計が最初のものであろうと、十番目のものであろうと、百番目あるいは千番目であろうと、実際のところ、その系列が有限か無限かにかかわらずちがいはない。というのは、その系列における個々の時計は根本的にもとのデザインに基づいているからだ。さらに注目すべきことに、デザイン自体に個々の時計それ自体がレプリカであることを認めるという、付加的なメカニズムが含まれているのだ。つまり、考案者が最初の時計をつくる意味と最初の時計が第二の時計をつくり、第二の時計が第三の時計をつくる、以下同様に同じ系列内でくり返される制作における意味とでは、まったく異なっている。というのは、最初は知性によってデザインされたものだが、後者は機械的な遂行にすぎないからだ。それを公式化するならば次のようになる。n番目の時計の直接的な原因は時計「n-1」であり、究極的な原因は時計「0」、つまり時計「1」の制作を統御するデザインである。結果として、時計をつくる操作のただなかにあって、みずからの類似品を製造する時計の発見は、それが知性によるデザインの産物にちがいないという当初の推論を退けるどころか、さらにそれを強化することになる。ペイリーの結論によれば、目的論的証明〔デザインによる証明〕は、切り崩されるどころか、むしろ強化されるのだ（ibid.: 14-15）。

ペイリーが自動的に複製をつくる時計とともに赴く先は明らかである。というのは、その等価物をわたしたちの身のまわりにいる生物に見ることができるからだ。いま道で見つけたのは時計ではなく、ハサミムシであるとしよう。仔細に検討するとそれが驚くべき精密さを持ち、自動複製をする時計に与えられたあらゆる特性を、あるいは、それ以上のものを兼ね備えていることがわかる。ペイリーが証明に取りかかったように（ibid.: 16）、時計にみられるあらゆる考案やデザインの表現が、自然の作品にも見出される。ただ自然においては、それが計り知れないほど巨大で豊富であるという点で、時計とは異なるのだ。それでは、生物のうちに神の知恵が働いているという、さらにどんな証拠が必要となるのか。或る特定のハサミムシが、その直近の先行者にインストールされた複製をつくるメカニズムの産物であり、その先行者も同様のメカニズムによって同様に造形されていることを認めたとしても、あるいは、わたしたちがよくいうように「ずっとハサミムシが続いている」と認めたとしても、系列全体は、最初に起源となる観念がなければ維持され得ない。

まさに、ダーウィンがペイリーの論法に別れを告げるのはこの点においてである。ペイリーの考えによれば、神の考案《デザイン》とは、神が自身の力を誇示するために、わたしたちをからかうために用いる手段であり、彼の被造物である、完璧に自己複製する無機物や有機物の諸系列に先立って完成されるものであった。しかし、ダーウィンが明らかにしたのは、生物にあってはその考案のプロセスは、その系列で世代交代がくり返されるうち、その先行者とほんのわずかな差異をはらむことで、実際にはいつのまにか制御不能に陥ってしまうということであった。その上、複製のメカニズムは完璧とはほど遠いため、伝達されたデザインの諸要素において変異と再結合が誘発される可能性をもち、その結果、この進化というものが生じるのだ。なぜなら限定的な環境、つまり競争のはげしい環境にあっては、みずからを複製するメカニズムをもつ生命体の再生産に都合がよい傾向があるデザイン要素の方が、そうではない要素と比較した場合、将来の世代において再現される割合がずっと高いからである。これが自然選択の意味するところである。

今日の科学界において、リチャード・ドーキンスほどダーウィンの進化論を支持している人物はいないが、進化論の説得力を激賞する数多くの書物のうちの一冊で、ドーキンスはペイリーの時計のイメージに回帰している。その本とは『盲目の時計職人』(Dawkins 1986)である。ダーウィン同様、ドーキンスはペイリーの自然哲学の礼賛者であることを公言しているのだが、彼は時計と生命体のアナロジーはまちがいだと考えている。実際に、自動的にレプリカを製造する時計が、いまだ考案されていないからではない。結局のところ、ペイリーがわたしたちに要求するのは、思考実験として純粋にそのような時計を想像してほしいということなのだ。したがって、生物が再生産可能であるのなら、ペイリーの時計も同じである。ドーキンスは生命体もまた機械であると確信しているのであり、したがって、時計が機械だからという理由から〔時計と生命体のアナロジーが〕まちがいであるというのではない。たとえば、コウモリというのは一台の機械であり、「その内部のエレクトロニクスは、意識をもたない誘導ミサイルが飛行機にむかっていくのと同じように、翼の筋肉によって昆虫の方へむかっていくよう配線されている」(ibid.: 37)。このアナロジーが誤りであることは、ただひとつの理由による。すなわち、時計にはデザイナーがいるが、コウモリにはいないということだ。

本物の時計職人の方は先の見通しをもっている。心のうちなる眼で将来の目的を見すえて歯車やバネをデザインし、それらを相互にどう組み合わせるかを思い描く。ところが、あらゆる生命がなぜ存在するか、それがなぜ見かけ上目的をもっているように見えるかを説明するものとして、ダーウィンが発見しいまや周知の自然淘汰は、盲目の、意識を持たない自動的過程であり、何の目的ももっていないのだ。自然淘汰には心もなければ心の内なる眼もありはしない。将来計画もなければ、視野も、見通しも、展望も何もない。もし自然淘汰が自然界の時計職人の役割を演じているといってよいなら、それは盲目の時計職人なのだ（ibid.: 5）。

とりあえず、盲目の時計職人は脇に置いておくことにして、彼が視力をもっている場合を考えてみよう。ドーキンスの議論から即座に明らかになることは、目の見える時計職人は、時計を見たり、つくったりはしないということだ。彼はただ時計をデザインし、その寓意的な心の眼でその部品の配置を設定する。ここでは、視覚はドーキンスが詳細に描写している現実の眼の働きや光学（ibid.: 15-17）とは関係がない。関係があるのは見通し、つまり物質的な実現に先立って、心のなかで設計や表現されたものを形づくるという能力の方である。ドーキンスに関する限り、いったん時計がデザインされてしまえば、それはつくられたも同然であるのだ。この点で、ドーキンスは、時計がどのようにデザインされるかだけを問い、時計がどのように組み立てられるか、その作業のうちに含まれる職人の技能や器用さについては何も語らない。その点でドーキンスはペイリーと同列である。そして、それは生命体についても同様である。ペイリーのハサミムシは、道具や考案の準備が整っている出来合いの場面にだけ登場する。同じようにドーキンスにとっては、コウモリのデザインを手にすることと、実際のコウモリを手にすることは同じことを意味している。神聖な知性ではなく自然の選択によって導かれたとしても、或る生き物のデザインが進化すれば、その生物自体が進化したことになる。なぜなら、当の生き物とデザインはひとつの同じものだからだ。

デザイン論

しかし、この「デザイン」なるものは一体どこに存在するというのか。ペイリーが描写するところにもどってみよう。あなたの足が石を蹴ったとき、その足が遭遇したのは石であり、石のデザインではない。実際、かなりの確信をもって次のようにいうことができる。デザインなどというものは決して存在しない。なぜなら、石に決まった形状《フォルム》があるわけではないし、そこにはいかなる目的もないからだ。捨てられた時計については、当然ながら、状況はかなり異なる。というのは、ペイリーが主張するように、その時計には時計の構成を理解し、その使用のためにデザインを施した制作者がかつて存在したと確実にいえるからだ（Paley 2006: 8）。そうはいっても、石の場合と同じように、あなたが発見したのは時計それ自体であり、時計のデザインではないはずだ。わたしたちはただ、そのデザインが制作者の心のなかにかつて存在していたと推測することしかできない。この推測の根底には、石とはちがって時計は人工物である、という理解がある。では、ハサミムシやコウモリならどうなのか。森の小道でハサミムシに出会い、垂木のあいだでコウモリに遭遇するとき、わたしたちが目にするのは生き物それ自体であり、その生きもののデザインではない。またもや、その背後にデザインがあると推測することになるとしても、そのデザインが目前にいる生物の内に目に見えるかたちで存在するわけではない。それが全能の創造者の心中にもないのだとすれば、このデザインなるものは一体どこに存在しているのか。

この問いに対する解答はひとつしかない。デザインは、観察している当の科学者の想像のなかにある。たとえば、コウモリのデザインは、ドーキンスの心の眼のなかに存在している。それは、この世におけるコウモリの出現に先立って構想されたのではなく、生き物の行動の体系的な観察から事後的に導きだされたのだ。その手順はこうだ。まず、局所的な環境条件における特殊性に帰すことができる、どんな差異をも説明できる規則性を見つけだす。そのような規則性から、コウモリが遭遇するあらゆる状況下での行動様式を組み立てる、アルゴリズムを築きあげる。これが、あなたのつくりあげるコウモリのデザインである。このデザインが、あたかもＤＮＡのなかにコード化されているかのように、有機体それ自体の心臓部に埋めこまれているのだと考えてみる。そして、この生命体が特殊な環境下で発達するにつれて、どのようにふるまうのかを観察してみる。すると、どうだろう。この生命体の行動は、まさにこのデザインから生じているように思われてくるではないか。行動のモデルとされたものが、逆にその説明となる。この手法における循環性はさらなる精緻化を必要としないし、わたしたちを思考停止へと導く大きな原因となる。科学が自然選択説に帰するものとの、神聖なる創造主の知的デザインに帰するものとあいだには、髪の毛一本ほどの隔りしかない。科学は自然選択の原則にとらわれているために、自然という鏡のうちに完璧に映しだされた合理性ばかりを見る。人間を神の似姿の理性をもつ存在と考えるよりも、自然自体が科学的理性の写し絵になるといってもいい。

技術者が電子的な誘導ミサイルのシステムをデザインするように、科学者がコウモリをデザインするといいたいわけでは無論ない。デザインをする技術者がいなければ、確実にミサイルは存在しえない。他方、コウモリはそれを観察する科学者がいなくても、あちらこちらにいて進化をつづけたことであろう。しかし、「コウモリのデザイン」は科学者がいなければ存在しない。ダーウィンのような科学者が、そのようなデザインが動物のＤＮＡのなかにコード化されており、それゆえ、すでに接続済みの電子機器によってミサイルが誘導されるように、コウモリのふるまいをコントロールしているのだと主張するとき、彼はペイリーの自然哲学にみられるデザイン論を同じくらい強引に押し進めていることになる。実際、デイヴィッド・ターンブルが指摘し、わたしたちが前章で見たように、現代人の心性において、この議論は自明のこととされて疑問視されない。ターンブルはそれを次のように要約する。世界は眼のような複雑なメカニズムに満ちた込み入った場所である。それゆえにデザイナーが存在する必要があった。デザインの最終的な責任を神にではなく、自然選択に委ねることは、議論の論理にまったく影響を与えない。つまり、先行するデザインがなければ機能的な複雑性はもちえないのである[1]（Turnbull 1993: 319）。しかしながら、ターンブルの関心は生命体のデザインではなく、建築のデザインの方にある。そして、建築理論家たちのあいだにも進化生物学者たちと同様に、デザイン論は彼ら自身の研究の前提として、暗黙のうちに深く埋めこまれている。

理論家たちが建築デザインの分析において、生物界におけるダーウィンの変移と同様の変移を示唆してきたのは事実である。たとえば、土着的《バナキュラー》な建築の様式が、組み換えられた要素が世代間を通じて伝達され起こる変異と、選択の結果として理解されるとしたらどうか。デザイン理論家のフィリップ・ステッドマンは、そうした変移による明らかに誤った結論に注目するひとりだ。というのは、伝統的な職人技が築いた創造的な貢献をすべて打ち消してしまいかねないからだ。彼らは単なる媒介者として、無意識のうちに頭にインプットしたデザインを実行するにすぎないことになる。ステッドマンが主張するように、彼らのただひとつの存在理由は、突然変異が小さな偶然的なエラーを引き起こすように、継承されるデザインの再生産に立ち会う助産婦のように力を添えることだけになるだろう（Steadman 1979: 188-189）。しかし、ダーウィンの推論を芸術としての建築に文字通りに適用し、それが結果的には人間の建設者の創造的な介入を排除することになったとしても、依然としてデザイン論は存続しつづけることになる。つまり、現実の建設者が実際に関与せず、またそれについて自覚的意識をもたないデザインにこそ形式は由来し、分析的に訓練されたデザイン理論家のみがそれを説明することができると、いまだに考えられているのである。

わたしたちはすでに前章において、シャルトルの大聖堂の建設というターンブルが挙げた例を用いて、この議論がいかに職人仕事の説明について不十分で、規則性に過剰な力を授けているかを確認した。そして極大・極小の違いこそあれ、時計制作についても同様に、同じ反論を適用することができる。ほんのしばらくのあいだ、仕事中の現実の時計職人［図5-1］を思い描いてほしい。工房において、彼は目の前で、注意深く小さな歯車とバネを他の部品とともに繊細な手つきで組み合わせている。彼が、自分のおこなう作業を十分によく見るために、拡大鏡を用いなければならないのももっともなことだ。それ以前に、個々の部品を製造しなければいけないし、金属と貴石を同じように精密にあつかうことを要求される仕事でもある。時計職人が本当に盲目であっても、彼の知的才能が失われることがなければ、その時計職人は時計をデザインすることができるだろう。ドーキンスが示唆するように、時計職人は歯車やバネをデザインすることができたし、それらを相互に組み合わせることを計画することもできた。しかし、ドーキンスが時計職人に備わっていると考える洞察力では時計をつくることはできない。時計をつくるためには、熟練した先見性と手の器用さが必要なのだ。中世の大聖堂の建設者たちが、あらかじめ正確に決められた手順にではなく、柔軟な経験則に従って手さぐりで仕事をやり遂げたように、ペイリーの時代の時計職人もまた、そうであったはずである。さもなければ、自らがおこなう作業に対して、こんなにも細心の注意を払う必要はなかったはずだ。

図5-1　仕事中の時計職人。エルジン国立腕時計社の企業出版物「時計世界」(1949年9月)に掲載されたこの写真は、会社従業員レス・リンダーが懐中時計の動作の最終調整をおこなっている様子である。

日常のデザイン

この点において、時計職人に要求される洞察力は、デザイン論がデザイナーに帰するものとは著しく異なる種類のものだ。それは目前で起きている現象からくる思考ではなく、先を見るという行為のなかにある思考である。それは予想のなかにではなく、社会学者のリチャード・セネットが職人技術の研究のなかで「予期」と呼んだもの、つまり「素材に対してつねに一歩先んじていること」(Sennett 2008: 175) のなかにある。哲学者のジャック・デリダは、デッサンの芸術において同じ考え方を主張している。デリダは、デッサンを描く手が、一貫して頭脳の思考を追い越しているのだという。「先取りとは前部をつかむこと、前から、前もって取ることである」(Derrida 1993: 4) と彼はいう。デザイン理論家のラース・スパイブルックによれば、「もし、精神がつくるというプロセスにかかわるのだとしたら、それは前に開かれているだけでなく、未だ知られざる創造の方角にある彼方を見つめていなければならない」(Spuybroek 2011: 160)。このことは、ものごとの最終形態や、そこに到るために必要とされるあらゆる手順をあらかじめ決定することではなく、行く手を切り開き、通路を即興でつくるということだ。この意味において「先を見る」とは未来を見抜くことであり、現在に未来の状態を投影することではない。つまり、むかう先を見ることであり、目的地を設定することではない。このような先見は預言に近いけれども、決して予測ではない。そして、これこそがまさに熟練家に継承される何かなのだ。

時計をつくるのには時間がかかる。この時間は偶発的なものではなく、ある瞬間や瞬間の連なりに折りたためるものではない。成長や形成の時間、個体発生の時間である。つまり、時計をデザインすることは、それをつくることへと連続しており、そこに集められた部品が相互に対応しあうという方法で内的な一貫性を生成するのだ。小さな部品のなかから制作者が最初に手にするのは、歯車とバネである。これらの部品は、ともに何らかの外的な必然性によって、あらかじめ決められた位置にあるわけではない。それは、森の地面に落ちている小枝が、鳥の巣の一部ではないのと同じように、時計の部品ではない。むしろ鳥の巣のように、群れが発生して徐々に結合していくに従って、はじめて個々の断片が部分になっていく。作業が終結にむけて、とはいえ、完全にそこに到達することなく、漸近に進行していくにつれて、それらは次第に互いの感触を獲得し、かつてないほど緊密に相互に支え合い落ち着いていく。制作者の仕事は、部品を相互に交感的な連結へと導き、こういってよければ、それらが共鳴しはじめるように仕むけることだ。片眼鏡を覗きこみながら［図5－1］、時計職人は部品の上や、部品のむこう側にではなく、部品のなかに住まう。その場所で、他の部品との関係において個々の部品を調節し、応答《コレスポンダンス》しながら、ある種の媒介者としての役を担う。作業が完成に近づいてはじめて、かなりの確信をもって、部品が全体における一部分になると判断できるのだ。

これらのことを根拠として、スパイブルックは次のように主張する。ペイリーはものをあらかじめひとつの目的しか持ち得ない部品から構成されている全体にたとえることができると考え、それゆえヒースの丘で偶然に遭遇した時計が、製造に先立つ知的なデザインの証拠となると推論したのだが、それは致命的な間違いであった、と（ibid.: 67）。切りだされた石や刻まれた石が、或る建造物のあらかじめ定められた部品になるのでは決してない。あるいは、すでに見たように、大聖堂のような複雑な構造から建築デザインの先行性を誤って想定してしまうかもしれない。建設者が石のただなかで石を共鳴させるのに従って、デザインはつくることへと拡張していく。スパイブルックが示唆するように、芸術やデザインのモデルは、理想をいえば、時計学や建築からではなくガーデニングや料理から描出されるべきなのだ（ibid.: 243）。「偉大な造園家やシェフは、ものの状態を見ているだけではなく、それがどこにむかいつつあるのかを感覚している」(ibid.: 240)。わたしはこの感覚を「予期的な先見」と呼んできた。先見は、あらかじめ考えられたアイデアと、完成形態を結びつける仲介者としては理想的なものではない。その結びつきとは無関係に、柔軟な性質をもつ素材と頑強な素材とを、相互に従わせたりすることで取りなすのだ。そうはいっても、この意味におけるデザインをするために、傑出した造園家やシェフになる必要はない。たとえば、デザインすることとは一日のはじめに誰でもがしている、この章のはじめで取りあげた朝食のテーブルの席における行動のような、わたしたちのもっとも日常的な経験と一致しているからである。次の議論に進む前に、簡単に振り返っておこう。

わたしは前に、テーブルには障害物がならべられており、テーブルの上やその周りには、デザインされたものが克服すべきハードルとしてあるといった。しかし、まだスプーンの使い方をマスターしなくてはならず、体のサイズが大人用の家具のサイズに合わない幼児を除けば、実際のところ、それはそれほど難しいことではない。というのは、流暢で巧みにふるまえるようになると、テーブルや椅子と同様に、箱や水差し、ボウルやスプーンやクロスは、それらの製造を前もって下書きしたデザインに適合した完成品として遭遇するわけではないからだ。次章で明らかにするように、わたしたちはそれらに物体として遭遇するのではなく、ものとして遭遇する。こうしたものは完成されておらず、食事のために席に着くというような生活の営みのなかで、使用されることによって存在するのだ。それゆえ、ノーマンのいう日常生活のデザイン(Norman 1988)は、その製品化によって目的に到達するのではない。それらが物体ではなく、完全にものになるためには、相互的な関係、すなわち応答《コレスポンダンス》=調和の関係に導き入れられることが必要である。その関係は予期される使用の文脈によって自ずと定義される。日常のデザインは文脈をつかみ、ピン留めにする。そうすることで、次の動作のためにある種の振りつけをし、食事の席に着いた瞬間に次の行動に移れるのだ。テーブルを用意するという簡単な仕事において、ボウルとスプーン、ミルクの水差しとシリアルの箱を自分と関係づけることで、あなたは朝食という場をデザインしている。家具や食器のなかに置かれたあなたの役割は、まさにそうしたもののあいだに立つことである。テーブルが用意されてはじめて、自信をもって個々のアイテムがどのような目的をもっているのかを明言することができる。このことはユーザー中心というデザイン界の決まり文句と矛盾する。ユーザー中心のデザインでは、あらかじめ決められたニーズを満たすために、デザインに従う者に対してデザインされた品物のたんなる消費者としての役を与えるだけで、彼ら自身がデザインをするわけではない。

道を切り開き、夢をつかむ

それでは、デザインがその実行に先立って計画を立てるのでないならば、デザインとは一体何を意味するのだろうか。ものごとが決して完成しない、つまり世界が最初に設定された企図を完成させるのではなく、生活を維持することを課された住人の活動によって、永久に建設途上の状態であるのだとしたら、もはやデザインをつくることと区別することはできるのか。デザインとつくることは単に同じものを意味するふたつの言葉なのだろうか。すでに述べたように（第四章）、いくつかのヨーロッパ言語では、デザインという用語と線画《ドローイング》という用語は同じ意味をもつ。しかし、そのふたつの語の本来の意味は、心のなかのイメージの輪郭を幾何学的に平らな表面に投射し直すという、ドローイングの観念に基づいていた。たとえば、アルベルティやヴァザーリといったルネサンス期の人物の著作では、イタリア語の「ディゼーニョ」はイデアとその視覚的表現を意味していた。ここでは、デザインとドローイングは同じコインの表裏として、一方では心のなかで、もう一方では紙の上に表される。しかし、ドローイングを別のやり方で考えたら、どうなるか。つまり、すでにできあがったイメージではなく、糸で編んだり石を砕いたりする行為のように、動作や身振りの刻印された痕跡として考えるとしたらどうか。

芸術家のパウル・クレーが、ドローイングを「線を散歩させること」と描写したことはよく知られている（Klee 1961: 105）。散歩するラインは何も表象しないし、あらかじめかたちを予測したりしない。ユークリッド幾何学の直線とはちがって、予定された線を結んだりもしない。紙の上において意図を提示するのではなく、それは動作の痕跡であるのだ（Maynard 2005: 66-67）。すでに技能をもつ熟練家たちの予期について言及したが、それは踏みならされた道を解き放って、絶えずその先端において飛翔し、進みながら行く先を探ぐりだす。この意味において、デザインがドローイングのもうひとつの側面であるとすれば、それはまさに、未来を予想することにちがいない。最終的な状態や帰結を求めるのではなく、つねに開かれた状態でいて、計画や予測ではなくて希望や夢をあつかうのだ。フィンランドの建築家ユハニ・パルラスマが書くように、「デザインとはつねに前もってわからない何かを探ることである」(Pallasmaa 2009: 110-111)。パルラスマによれば、まさにこの内的な不確かさが彼のドローイングにおけるためらいとして表され、それこそが創造的なプロセスを刺激するのだ。物質それ自体とは異なって、希望や夢は羽ばたくことができる。それは地上生活の空間や時間上の限界に縛られることはない。難点をいえば、飛翔しているうちに、それらはみないとも容易く失われてしまう。だからそのあとを追いかけ、取りもどすことがデザインの使命となる。自力で動けないほどの重量をもつ物体によって邪魔されることなく、身軽に移動しながら、デザイナーのラインは、はかない幻影を追い求め、それが逃げてしまわないように阻止をする。そして、制作者や建設者は、それを実践の場における道標とみなし、苦心しながらも重々しい足取りで自力で追跡することが可能になるのだ。

たとえば、交響曲を作曲中の作曲家のことを思い浮かべてみよう。音楽は彼の想像力のなかで鳥の飛翔のように前方を飛んでいる。彼はそれをとらえて、みずからの記憶の彼方へ失われる前に書きとればよい。オーケストラのそれぞれの楽器に対して楽譜が必要なため、ひとつのパッセージを採譜することは多くの時間を要する骨の折れる仕事だ。そのパッセージは実演では、たかだか一分しか持続しないかもしれないのに。物質的な刻印をすり抜ける音楽の性質がなければ、作曲は容易いことだろう。これは作曲に限ったことではない。哲学者のモーリス・メルロー＝ポンティが書いたように、演奏家は音楽が「彼を通して歌っている」ように感じ、それに「ついていくために急いで〔ヴァイオリンの〕弓を握りしめなければならない」と感じる（Merleau-Ponty 1968: 151）。建築家アルヴァロ・シザは建築のデザインを、一人の人物を追跡するばかりか、つねに彼からすり抜けていく多くの人物を追跡することになぞらえる。彼の苦境は、小説の登場人物たちが、彼らを書き切る作家の能力の範囲を超えてしまうことと似ていなくもない、とシザはいう。登場人物たちを失わないことはきわめて重要なことだ（Siza 1997: 51）。セルジュ・ティスロンによれば、描くことと同様に書くことにおいて、思考は荒馬のように進んでいく（Tisseron 1994: 36）。そして、後から連れもどされ、手なずけられ、手が素早く紙の上で捕えるラインにつながれる。別のイメージでは、作家や素描家は、波にさらわれた船から流された人物のようだ。線《ライン》は彼がしがみついている、吊り下げられたロープである（ibid.: 37）。画家たちでさえ、つかの間の世界の飛び去る光景を停止させるような事態に見舞われる。「それは十分に速く進んでいないのではないかという怖れ、幻影を取り逃してしまって、そこから綜合が抽出され把握されることなしに終わるのではないかという怖れだ。この苛酷な怖れこそ、すべての大芸術家たちにとり憑いて、表現のあらゆる手段をわがものにしたいと、かくも熱烈に欲せしめるところのものであって、それゆえ、精神の下す命令が手の躊いによって歪められることが絶対にあってはならない」とシャルル・ボードレールは書いた（in Baudelaire 1986: 17）。しかし一方で、ボードレールがきわめて生き生きと描き出している創造の熱狂は、波頭では肉体や物体の重みが、波のうねりに逆らうように働くかのごとく、つねにそれに従事する者を前方へと押し流す。作曲家、演奏家、建築家、作家、素描家、画家は同様に、絶えず想像的な予期と、伸ばされたり縮んだり擦られたりする物質的な浸食とのあいだに捕われている。それが紙上のペンであれ、弦の上の弓であれ、カンヴァスの上の筆であれ、大きく変わることはない。

物質をあつかう場合に必然的にともなう、至近距離《クローズアップ》からの作業、あるいはさらに近視眼的な作業に携わりながらも、一本の矢のように距離を貫く先見の明を我がものにすることができる巧みな方法がある。近年、人類学者のレーン・ウィラースレフが主張したのは、聴覚や触覚といった感覚様相とは異なる視覚の特異な性質は、視覚は遠隔視と近接視を、両者の存在を許容しながらも、ひとつにまとめることができるということであった（Willerslev 2006）。この運動はいいかえれば、メルロー＝ポンティの「見るということは離れて持つことである」（Merleau-Ponty 1964: 166）という言明にあたる。聴覚や触覚に関しては、何かに接近するのならば、そのとき、人とものの境界は不鮮明となり、ついにはすっかり溶解し、人はそれに没入することになる。対照的に、視覚においてはあまりに近づいてしまうと、見ることができなくなる。少なくとも両眼視で見るためには一定の距離が必要である。この距たりにこそ、自意識が発生する可能性がある。ただ見るのではなく、見ている自分を見るということ。この自意識こそが、別の物体や別の存在に接近することを可能にする。すなわち、現実にはそれと一体化せずに、実質的に連動することを可能にするのだ。こうしたことは、狩猟には不可欠である。獲物を仕留めるためには、猟師は獲物に感情移入しなければならない。だが、仮に本当に一体化してしまうなら致命的な結果になりかねない。同様に、風景画家は感覚を通じて環境に没頭しなければならないが、一方でそこから遠く離れてもいるものだ。ウィラースレフは、視覚のはたらきを考慮に入れなければ、どうしたらこうしたことが可能なのかを理解することは困難だと結論づける（ibid.: 41）。

しかし、わたしはまだ確信をもてずにいる。ひとつには、視覚が自意識のための必要条件であるなら、視覚障害を伴う人たちがどうやって自意識を獲得したというのか。あきらかに彼らは自意識をもっているが、それはなぜか。あるいは、人間以外の動物もまた両眼の視覚を備えているにもかかわらず、一見したところ自意識をもっているようには見えない。さらにいうなら、人は触覚と聴覚だけを頼りに暗闇のなかを進むとき、感触や聴取もまた、視覚のように距離の感覚を生みだすことを知っている。暗闇のなかであなたは音に驚愕したり、触れたものから後ずさりするかもしれないのだ。仮にそうだとしても、デザイナーがなにかをつくるとき、至近距離での仕事こそ、離れて見ることによって可能になるという一般的な見解には説得力がある。画家はあまりにも接近しすぎると、みずからが描いている絵を見ることができない。同じように作曲家は聴くことができず、作家は自分が書いていることを思いだすことができないと言われてきた（Deleuze and Guattari 2004: 544）。しかし、画家や作曲家や作家に固有の技能は、こうした近接の労働の最中にあって、距離をもつという熟練した能力にあるといった方が、おそらく真実に近い。ウィラースレフも暗示するように、狩猟についても同じことがいえる。猟師はしばしば、動物に遭遇しないうちからそれを夢見ている。芸術家、建築家、作曲家、作家も同様に、つねに遠方へと放たれる傾向にある創作力の閃きを捕獲して、それを物質的な作業の直接性へと呼びもどすことに夢中になる。猟師と同様に、彼らもまた夢追い人であるのだ。人間の活動は、いつも夢をつかむことと、物質を意のままにすることのあいだでバランスがはかられる。デザインとつくることの関係性は、希望や夢を引き寄せることと、物質的な束縛への抵抗のあいだの緊張にあるのであり、認識的な思考と機械的な執行のあいだの対立にあるのではない。それはまさに想像力の広がりが、物質の抵抗に出会う場であり、野生の力が、人間の住まう世界の手つかずの周縁と接触する場なのである。

〔1〕ターンブルは知的なデザイナーとしての神の創造的な働きを認めないという点で、進化論がデザイン論を認めないのだと誤解している（Turnbull 1993: 319）。そうではないのだ。その反対に、理論においては、少なくとも現在の新ダーウィン論においては、それを前提としているのである。

第六章　円形のマウンドと大地・空

土になること

積み重ねたものの上にさらに乗せ、勝手に積もるに任せて、長期間にわたってものを積みあげていくと、水平面では円いかたちをした、垂直面では円錐形の、あるいはベルのような形をした小山《マウンド》が徐々に形づくられていくことになる。マウンドが形成されるプロセスは、小規模には砂時計の砂で観察することができる。大規模には、火山の円錐丘において目にすることができる。チグラ塚からアリの巣まで、マウンドは自然において、もっともありふれた形態である。それは、しばしば人間の活動の結果でもある。たとえば、貝塚や石塚、砂の城や堆肥、ゴミの山やぼた山などを思い描いてみてほしい。どの場合にも、円い形態が自然に出現するのは、上から加えられた物質の圧力が、すでに置かれている物質をあらゆる方向において等しく置き換えてゆくためだ。まさにマウンドの材料となる当の物質が、とめどなく落下し続けることによって、マウンドは築かれるといってもいい。すべての粒の一つひとつが落下するにつれて、ついには多かれ少なかれみずからの安住の場を見つけだす。ブラジル人アーティストのラウラ・ヴィンシは、このプロセスを作品に取りあげ、べ

図6-1　「世界の機械」(Maquina do Mundo)。アーティスト、ラウラ・ヴィンシによるインスタレーション。

ルトコンベアが継続的に粉砕する大理石を、ひとつの山からもうひとつの山へと輸送するにつれて、マウンドが産出されるダイナミクス〔力学〕を実演した。そのことで、ミナス・ジェライス州の採鉱業の環境への影響について批評してみせたのだ。「世界の機械」と名づけられたその作品は、アーティスト自身によって「アンチ機械」だと説明される。それは、古代の建築や古代の彫像が連想させる永続性や堅実性、永遠性といった価値観を転覆させるものだ。まさにこうした価値観の典型である白い大理石を用いて、正反対の延続性や変化、時間の経過といった原則を上演しているのである〔図6−1〕。

　だんだん大きくなっていくマウンドは、遠くからは完全な円錐形のように見える。ところが仔細に表面を見てみると、粒のすべてが、他のすべての衝撃を受けて押し合いながら、みずか

図6-2　大地になる：森林アリの巣。東フィンランド、ピエリネン湖岸で撮影。

らの進路を探すという運動にあふれかえっている。同じように、成長しているアリの巣の表面を見れば、そこが、アリたちが忙しく働いている場所であることがわかる［図6-2］。この意味では、マウンドは建物とは正反対のものだ。仮にヴィンシのつくった機械が、本当にアンチ機械であるとすれば、マウンドは真にアンチ建物だといえる。第四章において、他の者がその上に建てるために基礎をつくる人物という、建築家の古典的な概念を紹介した。建築的な建造物をつくる場合、連続する個々の部分は、慎重に静的な均衡が保たれる方法で設置される。その構造の永続性と完全性は、後年に新たな移動や配置換えの原因にならないように配慮される。その方法は、あらたな資材を建設中の建造物に隣接するように組み込んでゆくという方法である。たとえば、石のブロックで塔を建設する場合、ブロックの各層は、正確に先行する層の上から押さえつけるように積んでいかなければならない。先行する層は順番に、ひとつ前の先行する層に圧力をかけ、それと同じことが地面の基盤に達するまでつづく。固定した堅固な土台がなければ、どんな建設上のプロセスも開始することはできない。それゆえ、あらゆる建物は地上に置かれた土台に支えられているのだといえる。沈下によってであれ、振動によってであれ、その土台が崩れるならば、建物の構造自体が崩れ去るにちがいない。そして、その結果、石のマウンドができるかもしれない。

ところが、マウンドというものには土台がない。そして、それは完成されるということがない。いつでも新しいものを付け加えることができる何かなのだ。マウンドの大きくなる過程には、ヴィンシの機械が示すように、決して終わりがないのだ。高さが上昇すれば、基底面も拡大する。とはいえ、マウンドの粒のすべてが、ほかの粒の上に載っているのに、マウンド全体は地上にあるわけではない。この点で、ヴィンシのインスタレーションは、若干誤解を招きかねないだろう。展示という目的のために、それは室内のギャラリーにあらかじめ用意された床の上に設置されている。それゆえ、平らで固く均質な表面をした床の素材と、その上に形づくられたマウンドの素材は難なく識別できる。だが、どちらかといえば人工的だといえるこの状態が、もしも戸外で展開されていたのなら、マウンドがどこで終わり、マウンドが置かれた地面がどこからはじまるのか、誰も確信をもっていうことはできないだろう。なぜなら、マウンドが地面にあることは、おのずとそこが地面であることを意味するからだ。実際にひとがマウンドの外観に見出すことになるのは、物質が増大すれば堆積したものは順次葬り去られることになるという変質の絶え間ないプロセスである。今日積もった堆積物は、ゆくゆくは沈殿物の下に埋もれることになり、将来的には支持層の一部となる。堆肥の山やアリの巣のように、マウンドは大地になるのだといえるかもしれない〔図6−2〕。実際、マウンドがわたしたちに教えてくれるのは、大地自体は建設業者が思いこんでいるように、あらかじめ存在している頑丈な支持層ではないということだ。むしろ、それはあらゆる生命と成長の源である。植物は地面の上ではなく、地面の下で育つ。そして、人間を含む動物はそこから生存のための条件を引きだしている。生命のプロセスにおける新陳代謝によって分解され、地中から取りだされた物質はさらなる成長を活気づけながら、最後には大地へと還っていく。この意味において、大地は永久に成長をつづけるものだ。このことが、考古学者たちが過去の生活の証拠を発見するべく、発掘という作業を必要とする理由である（Ingold 2008a: 31）。大地になる生命的なプロセスの途上で形成されるマウンドは、地表に隆起して現れた成長や膨張とみなすことができる。だが、それは地上に建てられた建物というわけではない。

現在、世界中の多くの地域で、似たような規模や立地、構成をもつ隆起がある。それは先史学者たちに、それなりの理由によって、過去の人類がおこなった行為の結果だと信じさせている。正確にその行為が何だったのか、その目的が何だったのかは謎のまま残されている（Leary, Darvill and Field 2010）。つくることや建てることの行為は、形状《フォルム》を物質世界に投影させることだと確信する先史学者たちは、マウンドをあらかじめ構想されたデザインを具現化した土塁だと考える傾向がある。まるで小山《マウンド》を盛った者が土や石を積みあげながら、最終的にそれがどのような外観になるかを考えて、累積された物質の高さや直径、そして輪郭にいたるまで、彼らの予想に合致するように積みつづけたとでもいうかのように。思考実験をしてみよう。タイムマシーンを使って、いま円形のマウンドがある場所やその周辺に暮らしていた人びとを訪ねて、遠い過去の時代に旅するところを想像してみる[1]。そこで、彼らに一体何をしているのか尋ねてみる。おそらく死者を埋葬しているのだとか、何か問題が起きてそれを解決するために集合しているのだとか答えることだろう。もしかすると盛り土をして、大地の豊穣さを復活させる儀式をしているのだと答えるかもしれない。あるいは、ゴミを捨てているのだとか、無数の世代が過去にそうしてきたように、同じ場所で何かを建設し、再建しているのだというかもしれない。

しかしながら、自分たちは小山《マウンド》を建設しているのだという回答はまずありそうにない。現代にわたしたちが遭遇するマウンドは、長期間にわたって人間以外の手も加わった多くの活動の所産が累積したものなのだ。ミミズやウサギといった穴のなかで暮らす動物たちもまた、マウンドの発展において一定の役割を担っている。その小山に張りめぐらされた木の根や薮や草は、マウンドをその位置に固定することに一役買っている。雨のような天候はその内部や外部において、排水と流水のパターンをつくることで造形に手を貸す。見逃してはならないのは、こうした有機的な水循環のプロセスが、過去にもおこなわれてきたように現在も継続されていることだ。マウンドを観察するということは、現在のその成り行きを目撃することでもある。それは積みあげる行為において存在し

図6-3　成長を続けるマウンド。パースシャー・ピットナクリーの円形マウンドを南から望む。

ているといっていい。このことは、マウンドを或る基盤の上に立ち、その環境に対して立ちはだかり抗うように設置された完成された対象物だと考えることではない。そうではなく、地中から湧きでてきた物質が、天候の流れと混ざりあい、生命を継続して生みだしている成長と更新の場と考えることである。そのような小山《マウンド》にトンネルを掘ってみれば、その暗い密閉された内部のうちに何か秘密を発見することができると人は想像しがちだが、それはわたしたちに背をむけているわけではない。むしろ逆に、それは世界に対して開かれている。マウンドは、尽きることのないさまざまな力〔宇宙の諸力〕と生命を宿した物質との相互作用の結果として出現するのであり、建てられるのではなく成長するのだ〔図6-3〕。

マウンドとモニュメント

先史学の慣習において、円い小山《マウンド》は一般に古代の碑《モニュメント》として分類され、保存される。これはふたつの想定に基づいている。ひとつは、マウンドはそれを建設した人物、それを依頼した人物の努力の証を永久に残すためにデザインされ、建造されたということ。ふたつ目は、特定の歴史的瞬間に建造されたという理由から、何らかの古代の遺跡と見なすことができるということだ。原則として、それらがどのくらい歴史をもつのか知ることができる。こうした想定のどちらとも、まちがっていると思う。順番に考えていきたい。まず最初の問題について検討し、次に二番目の問題を取りあげることにする。

歴史を振り返れば、或る時代の歴史に終止符を打つ記念碑をつくろうとする試みには枚挙にいとまがない。建築家がその建物に不滅性を封じこめた数多くの建築物が、ときの彼方に埋もれ、忘れ去られ、失われたままになっている。その一方、国家建設という近代のプロジェクトに仕える考古学者たちによって再発見され、掘り出された建造物もある。それらは、たとえ英雄的な時代だったにせよ、過去は過ぎ去ったものにすぎないという常套句によって生き長らえているのだ。事実、記念建造物《モニュメント》のパラドックスとは、そのモニュメントの建設を計画した権力によって本来意図された目的が挫折して、はじめてモニュメントが記念物になるというものだ。「仮にそれに成功しようものなら」と人類学者ヴィンセント・クラパンザーノは指摘する。建築家が過去の記憶をその歴史の彼方に送りこむことをやりおおせるなら、その結果、モニュメントは永遠なるものとなる。未来の世代は、振り返ってそれがどうやって建造されたかについて驚嘆したりはしない[2]（Crapanzano 2004: 169）。永遠性と堅牢さという点では見事なモニュメントの構造は、それを建設した人びとによって、永久不変の生命を付与することを意図されたものではあるが、後にモニュメントに遭遇することになる人びとに対しては、過去は死、すなわち完全に終わってしまったということを意味する反駁できない証拠となる。浜に打ちあげられたクジラのように、歴史の波打ち際に座礁したまま、時間が過ぎていくのだ。そうしているうちに、失われた過去と鮮明な現在とのギャップは拡がっていく。なぜなら、モニュメントは記念する人物の名を声高に叫び、当の人物の肖像を保存しながら雄弁に物語る一方で、その時代に特有のいいまわしや口調の独語を発するからだ。モニュメントを訪れることは、もはや現代では完全に理解することができず、古物を専門とする研究家だけが理解できる過去の会話を盗み聞きするようなものだ。彼らはその時代に沈降し、わたしたちは現代に留まり続ける。

このことは、記念建造物《モニュメント》がわたしたちのために記憶を保持してくれることを否定しない。おそらくそれは、わたしたちが頻繁に訪れる場所にあり、そこはわたしたちの家族が何世代にもわたって通いつづけた場所なのだ。もしかすると、それを証明する古い写真も存在し、写真のなかの人物たちを食い入るようなまなざしで眺めて、「彼らこそ、わたしたち自身の姿だ」と声をあげるかもしれない。この種の記憶における作業は、わたしたちの人生のように、過去から現在へ継ぎ目なく流れる物語を語ってくれる。終始、碑《モニュメント》はその関心の対象として存在する。ところが、それが記録される段になると、わたしたちが語る物語はたわいのないものになりがちだ。わたしたちが記憶しているのは、以前にその場所を訪れた人たちがそうであったように、その場所を訪れたということだ。そして、わたしたちが話題にするのは、以前そこを訪れた人たちであり、モニュメントによって永遠の生を与えられた偉人たちのことではない。歴史家メアリー・カラザースが指摘するように、記憶するという行為と、人が自分の記憶を探るきっかけを与えるために利用するものとを取り違えることは、よくあるまちがいである（Carrathers 1998: 40）。カラザースは、転々と移動していた中世初期における巡礼者の典礼行列に注目する。こうした巡礼者たちには、それぞれの場所において、関係する人物やできごとの物理的な記録を残すことは重要ではなかった。彼らがそうした場所を決定的に信頼した理由は、そこで見いだされるものにではなく、記憶の作業によって手がかりを与えられる、その思考にあった（ibid.: 42）。巡礼の場は、記憶の作業を働かせる場であり、そこに永続的な遺物を保存するカプセルではない。その反対に、ずっと多くのモニュメントの運命が明らかにするように、そうした遺物に過去を封じこめることは記憶されるということに何の保証も与えない。

円形の小山《マウンド》が記憶をつかさどる場所であり、また、ずっとそうであったことには疑いをはさむ余地はないだろう。わたしたちは先人たちのように、マウンドの周辺を歩き、田畑を耕し、穴を掘る。記憶することは、わたしたちがおこなうそうした行為の内側で進行する。巡礼の旅における巡礼地のように、多くの場は神聖な場所として知られている。それは、しばしば太古から使用されてきた旅の経路《ライン》に沿って点在する。しかし、大部分の巡礼地は目立たないので、現代ではほとんど識別不可能であり、それらを見つけるためには訓練された土地勘のある眼を必要とする。歴史地理学者のケネス・オルウィックが述べるように、デンマークのユトランド半島の周辺一帯に出現したマウンドの非凡な特質は、それらが標識をもたない匿名性を保持し、モニュメントを特徴づけるような記号が不在であることだ（Olwig 2008）。ところが、それらのマウンドが記念碑的な記憶のカプセルにちがいないという思いこみから、数世代にわたる考古学者たちは内部の秘密（それが意味する核心は、最初のマウンドの建設者がそのなかに彼らの生命と活動の記録を残したというものだ）を執拗に探索してきた。マウンドの中心に何か目を引くものが見つかれば、それを建設した人びとやその理由を知ることになるといった具合に。しかし、発掘によって何かが発見されることは大抵なかった。マウンドは発掘すべき場所として注意を引くかもしれないが、他の場所で発掘したときの結果と大差なかったのである。現代の考古学者にとって、記憶の作業は探すことの内側にあるのであり、発見されたものの内側にあることを意味しない。このことは、過去の人びとにも同様に当てはまることにちがいない。おそらく何千年もかけてマウンドが形成されたのは、何かしらのものを探そうとする過程か、もしくは、何かしらのものを処分しようとする過程においてかのどちらかであったのだ。

ものの古さ

未来永劫残されるようにデザインされ、建設された記念建造物《モニュメント》が、結果として日々廃れてていく一方で、円形のマウンドは静かに控えめに積層をつづけていく。それは持続するのだ。このことが、わたしたちをふたつ目の想定へと導く。単刀直入にモニュメントがどのくらいの古さなのかと問うことに。わたしたちは、建築という完成された作品を創造するために、それまで概念としてしか存在していなかった形式《フォルム》が、不定形だった素材を集めて組み立てることで作品として統一された瞬間から〔モニュメントは〕存在している、と答えるだろう。その瞬間を決定づけるためには、多少の考古学的な追跡調査が必要とされるかもしれない。だが、そのような瞬間が存在したということに疑いの余地はない。それでは、同じ問いを「山」に関して発したらどうなるか。建前として、どうやって日付を確定しうるのか。というのは、山はつくられたものでも建造されたものでもないからだ。それは人間に気づかれないうちに、徐々に測り知れない地質学的な時間をかけて、それ以前から現在にいたるまで進行中である堆積、圧搾、隆起、浸食といった過程を通して形成される。こうしたプロセスは特定の時点ではじまるのでも、終わるのでもない。山はまだ完成されていないし、完成されることもない。したがって、地質学者がどんなに追跡調査をおこなったところで、その古さや年代を特定するのに十分でない。山について問うことは土台無理な問題であり、ましてや答えが得られるものでもない。モニュメントが古いということはあっても、山が古いということはあり得ない。

それでは、小山《マウンド》についてはどうか。それが、どのくらい古いものかいえるだろうか。一見したところ、山よりは人工的で、モニュメントよりは自然に近い。マウンドはそのふたつの中間に位置するように見える。しかし、まさにこの自然と人工の区別は、そしてそれにともなう古さの問題は、つくることの質料形相論的なモデルの原則に基づく。つまり、自然に与えられた生の物質＝素材《マテリアル》を、人工的な状態に引きあげるために純粋形式を無理やりあてはめることに基づいている。ところが、現象としてのマウンドはこの原則を受けつけない。それが確実に山と異なる点は、山よりも人間の尺度に近いということだ。疑いようもなく、その形成は山の形成よりも人間の労働や他の生物の活動によっている。それでいて山と同じように、その外形は力と物質の作用を通じて現出する。この議論をもう一度山にもどすと、最初はきわめて単純に思えた古さの問題が、ずっと複雑な様相を呈してくる。どうして、わたしたちはモニュメントが建設された瞬間から、年代を画定すべきなのか。これはものの寿命において、構成している素材の寿命において、単なる比較的で恣意的な点にすぎないのではないか。たとえば、モニュメントが石で建てられているとしよう。それらの石が配置される前、石は切りだされ、形を整えるために切られねばならなかった。そのような石工の作業が終了したあとも、モニュメントの構築物の全体は、風化、浸食、摩滅、裂開などの作用を受けつづける状態にあり、周期的な修復作業が必要とされる。第四章で確認したように、完成は決して完成されない。そうだとすれば、どうやってはじめの起源を求められるのか。むしろ成長する何かと同じように、つくられたものや建てられたものは、絶えず生成していると結論づけなくていいのか。

考古学はこうした問いに対峙しながらも、どうして、ものの古さの明確な確定に、あれほどこだわるのだろうか。思うに、こうした物体を遠い過去を記録しているものとしてあつかうことに、それは関係している。本質的にいかなるものでも考古学的記録の一部となりうるために、考古学は、世界全体が進行していくにつれて現在の地平から遠ざかっていく、起源の問題にしがみついていなければならない。それとは反対に、更新していくもの、何世代にもわたって経験するもの、あるいは単に成長するものは、記録の一部とはなりえない。それでは、それらが考古学の興味の対象にならないのかといえば、そんなことはない。それどころか、コーネリアス・ホルトーフが、もののの「古さ」の代わりに「過去性」と呼ぶもの（Holtorf 2009: 37）、わたしたちであれば「延続《えんぞく》」と呼ぶものに関心を寄せる考古学にとって、それは主要な関心の的ですらある。延続の考古学において重要なのは日付の確定ではなく、過去から現在へという時間の軌跡を通してものを追跡する能力である。地理学者トルステン・ヘーゲルストランドによれば、生命体から道具を経由して石にいたるまで、みずからの来歴をもっており、それぞれは歴史がつむぐ自然という大きなタペストリーの撚り糸である（Hägerstrand 1976: 332）。握斧はその来歴をもち、時計、大聖堂、円いマウンドもまた来歴をもつ。これら一つひとつが独自の方法で生を営み、各々はそのプロセスやできごとが生みだした記録なのである。

実際のところ、記録する record という語は、再び覆われた re-covered、再び巻かれた re-wound 紐（撚り糸、糸）のことを意味する。ものを回収して巻きもどすことは、ヘーゲルストランドのいう大きなタペストリーのひとつの撚り糸《ライン》を拾いあげて、現在にまで引き通すことである。しかし、こうしたものたちの記録（再び束ねること）を、記録的な物体に変えることは、持続する紐を切断することだ。切ったものが床に落ちるように、紐を落としてしまうことだ。記録とは、そうやって切りとられたものの集積であり、歴史のスクラップブックである。これらのスクラップブックが実寸大になり、三次元化したものが博物館だ。その内部では、日付を確定され、保存処理されたものが、日々の経過とともに古くなっていく。だが、経年劣化は人工的に阻止される。それに比べて、戸外にあるマウンドは、そのあいだもずっと堆積をつづけて年月を重ねるが、古びることはまったくないのだ。

土地のかたち

わたしたちは、紐をつくる実験を考えるときに、ふたたび記録の問題に立ちもどることになる（Chapter 8, pp. 120-121）。いま一度、円いマウンドを再訪することにしよう。ひとりの旅行者が、マウンドへと通じる使い古された小径の一本に沿って歩を進めている。彼の目前や周囲には眺望が開けて、下方には大地が、上方には空が、地平線で分割されている。視界に、マウンドが地平線上に目立たない隆起として姿を現す。すでに明らかなようにマウンドは建造物ではない。それは固い土台の上に直立するのではなく、むしろ横たわっている。衰弱して眠る人物のように、大地の上にあり地中にある。マウンドに到着した旅行者がその真似をして、マウンドと一緒に横になるところを想定してみよう。ほどなく地平線は視野の縁のむこうにいってしまい、まばゆい大空の光が視界をいっぱいにする。その一方で、彼の身体は湿り気を含んだ大地の抱擁に包まれる。こうして大地と空は、遠い地平線のラインに沿って分割されるどころか、旅行者の置かれた場所の中心でひとつになる。遠目には小さな点にすぎなかったものが、内側から押し開かれ、わたしが「大地と空の世界」と呼ぶ無限の空間が露わになる。もしマウンドに感覚や認識が与えられているのなら、実際に地中に埋められているものの経験がマウンドの経験ということになる。すべてではないが、数多くの円いマウンドには墓が組みこんである。故人の視点から、大地と空の下で眠るように設置されていることは明白だ。その場所で、彼らは考古学者に発掘されるまで、静かに空を見あげながら地中に埋められている。

このように、地平線上の虚空へむかう移動が、大地と空の世界における虚空と融合する視点に転換することは、生から死への移行と関連する。だが別の意味では、円いマウンドは生命それ自体の謎の縮図であり、インド=ヨーロッパ語族の宇宙論において、あらゆるものを生みだす不可知の無を意味する数字「0」を連想させる。オルウィグがいうように、マウンドの子宮のような空洞からコスモス全体が展開する（Olwig 2008: 33）。そうはいっても、マウンドの重要性は宇宙論だけでなく、政治的な場面にもある（あるいは、少なくとも政治的な場面にもあったといえる）。ユトランド半島の南スカンジナビア一帯では、多くのマウンドに「ものの丘」Tinghøj という名がついている。中世になっても丘 ting は集会所として存続し、周辺の住民は問題の解決のためにそこに集まっていた。文字通りの意味は、形づくられた土地 landskap である（形づくるという意味の古英語 sceppan、または skyppan に由来する）。当時の言葉の用法では、同じ丘に集まった人たちの慣習法の支配下にあり、慣行が義務づけられ、おおよそ境界を画定された広々とした区域のことを意味した。このように太古の昔から、風景とものには本来的な関係があった。つまり一方で、ものは生の進行と行為の道筋を束ねて、たがいを結びつけながら風景を包み込む。他方で、ものは法の源泉として風景へと広がり、それに導かれてひとは暮らし、居住し、土地を耕したのであった。

「包むこと」と「広がること」という関係においても、マウンドはモニュメントとは異なる。オルウィグが書くように、「丘」「Ting」では、法は生きた記憶に委ねられたが、モニュメントは字義通り死せる石に記憶を刻みこむことだ（ibid.: 33）。マウンドにおいて過去は、進行中の生命が継続するための母体として組み立てられる。だが、モニュメントにおいて過去は退けられ、遺物としてだけ生き残る。ものとしてのマウンドは、その堆積に参加するものとしてわたしたちを歓迎する。他方、モニュメントはわたしたちを閉めだすのだ。それは閉じられて、完成されている。既成事実として目前に建ち、わたしたちの調査に対してただこわばった外面を提供するだけだ。かつての「ものの丘」や「ものの場所」は、現代では古代のモニュメントと呼ばれる。そして、その最終的な形態だと考えられているものとして保存されている。そのような場所に、訪問者が彼らの来訪の徴や痕跡を残すことは、決してその設立に貢献しないどころか、保存に対する脅威となる。たとえば石塚は、ただの石の山であるにすぎない。そこを通過するそれぞれの旅行者が旅の記念として、道で拾いあげた石をひとつつけ加えることで、それは大きくなっていく。しかし、モニュメントとして後世のために保存されている石塚に、旅行者が気軽に触れることはないだろう。石を置いたり動かしたりすることは略奪行為と見なされる。

現代における土地形成を、その先駆けとしての中世的な土地形成から区別させるのは、マウンドをつねに進化しつづけるものとしてとらえる視点から、もうすでに完成されてしまったモニュメントとしてとらえる視点への移行にほかならない。中世において「形づくられた土地」landskapは、「丘」tingの法に則った農地や森での労働によって形成された。対照的に、土地を形づくることの現代的な意味のルーツは、農作業にではなく建築にある。すでに見たように（第四章）、建築家と大工を区別する際に、レオン・バッティスタ・アルベルティがいかに建築家の概念を実践的な職人の技芸から遠ざけたか。その代わりに、建築とは知識人が寄与する独立した方法であり、建設作業に先立つイデアだと考えたのだ。その後、風景の概念も同様の変化を経験することになった。すなわち、農民や木こりが土地を形づくる労働から、芸術家や建築家による遠近法的な投影へと変遷したのだ。ルネサンス以後の美学のヴォキャブラリーでは、風景は舞台と舞台背景を意味するのにすぎない。風景はモニュメントを建てるための固い土台や、背景として展示したり引き立たせたりする舞台の背景幕に成りさがった。モニュメントにしても風景にしても、それは完成され、形成された全体性を構成するものだと理解された。ここで質料形相論のモデルの規則に従うならば、土は物質的な実質として抽象的な形態のなかに収まり、土と形状《フォルム》の両者が一致することで土地が形づくられるのである。

屋外に出る

歴史家のサイモン・シャーマは、傑作の誉れ高い著書『風景と記憶』の序章において、次のような前提から書き起こす。「〔風景は〕岩の積層からできているが、同じくらい積み重なった記憶の層からも組み立てられている。……わたしたちのなかにあるものを形づくる感覚が、風景をそのもとの素材とは別のものにする」（Schama 1995: 7, 10）。もしかしたらこれを読んでいる読者もまた「四つのA」コースを受講する学生とわたしが教室から出て、屋外で散策することに加わりたいと思うかもしれない。わたしたちはシャーマがきわめて明確に述べている概念、すなわち、わたしたちの周囲の世界に形態を与えるのは知覚であるという考えを検証してみようと思う。いまアバディーンの市街地からさほど遠くない、ベナキーの丘の麓から歩きはじめたところだ。険しい斜面とでこぼこの頂上をもつその丘を、比較的なだらかな農地を通って登る。その丘はアバディーン州を背景に突きだしている地形だ。初心者レベルのワンダートレイルや、先史時代から続くような印象的な丘に囲まれた、ヒースで覆われた頂上への登山道が、登山者に好評を博している。

出発する前に、わたしたちは考古学者であるクリストファー・ティリーやスー・ハミルトン、そしてバーバラ・ベンダーの論文を読んでおいた。これらの考古学者たちは、コーンウォール地域のボドミン・ムーア〔広い荒涼とした大地に広がる奇岩石群で知られる〕にある数多くの丘の内のひとつ、レスカーニック・ヒルで研究していた。丘の側面にあたる地域には、かつて村落を形成していた痕跡が散見される。まちがいなく、約二千五百年前までひとが住んでいたのだ。が、村落は放棄されて、それ以降は荒廃が進んだ。いまその荒野を歩く訪問者は、一千年ものあいだ風化によって表面が浸食され、独特の質感をしているさまざまな形や大きさの岩石に出会うことだろう。現代人の目には、これらの石はすでに形づくられた土地において、定められた終の住処を見つけだしたように見える。ところが、この経験は、かつてその場所の住人が経験したものとはちがっている。彼らは岩石の多くを自分の家の骨組みに使ったり、自分の畑を囲む壁として取り入れたのだ。彼らにとって石は家を建てるために、そして、耕作という過重な肉体作業を通じて自分たちの力で形成した土地において不可欠な素材だった。ティリーと彼の同僚たちは、こうした先史時代の開墾者たちの風景の感覚を手に入れようと熱望した。彼らいわく、その目的はレスカーニック・ヒルを絵画を見るようにではなく、その内側から感じることであった（Tilley, Hamilton and Bender 2000: 60）。

彼らの実験のひとつは、かつて住家の戸口だった場所から外を眺めて過ごすことだった。村人が自分の家の正面玄関から、どのような風景を見て暮らしていたのかを知ろうとしたのだ。だが、約一メートルの高さの土台しか残されていないので、その心情を記録することは困難をきわめた。事をより簡潔にするために、研究者たちは長方形の木の枠組みで戸口をつくり、それを家から家へと運びながら、それぞれの場所でフレーム越しに見える風景の様子を記録した。報告によれば、この方法が彼らの見る行為に劇的で思いがけない効果を生んだ。視野を制限してコントロールし、輪郭をはっきりと際立たせ、風景がイメージに変換された。彼らの意に反して、風景をいわゆる伝統的な風景画のような方法で見ていたことに気づかされたのだ（ibid.: 53-55）。

ベナキーの丘の小旅行で、わたしたちはこの実験を試そうとした。そう遠くない丘の斜面をあがったところに、小作農の小さな居住地の遺跡がある。十九世紀の後半を通じて、土地所有の変遷が徐々に小作人の生活を困難なものにし、集落は次第に衰退した。丘に住み続けた最後の入植者が亡くなったのが一九三九年だった。近くの採石場から切りだされた、その土地の岩石でつくった彼らの小さな家々は、いまは廃墟になっている（Vergunst 2012）。或る廃墟のそばに立ち止まり、持参した小割り板でつくった薄いフレームを組み立てて、いまや瓦礫に姿を変えてしまった壁における裂け目が、かつてそこにドアがあったことを示している、その場所にフレームを置いてみる。わたしたちはフレームが風景を変化させるわけではないことに気がついた。反対に、それは廃墟を家屋に変化させる驚くべき効果を発揮した。建物の壁を横切ることは簡単だった。どこでも任意の場所で、石を跨ぎさえすれば良かった。だが、フレームはわたしたちを家の内側へ入るように誘う。そこを通過するときに、背中を丸めて頭を少し下げ、家屋が本来もっていた類の低くせまいドアを通って、わたしたちは文字通りなかへ入った。現在の廃墟は風雨にさらされているのだが、まさにドアをくぐるという運動が、居住者のための内部空間としての家という感覚をもたらした。逆に、わたしたちは即興のフレームを通って、入ってきた道を後もどりして外へ出た。

この実習によってわかったのは、家の跡を左右に横切るのではなく、そのなかに入ったり外に出たりしなければならない、内と外の関係性である。居住スペースは、建物の設計図においてあらかじめ与えられるのではなく、居住者の運動において創出される。つまり、それらは上演《パフォーム》されるのだ。デイヴィッド・ターンブルが書くように「人びとはあらゆる種類の目的を、ある種の二重の運動において遂行《パフォーム》する。とりわけ建物に関しては、その中に入ったり、その周囲を回ることによって。しかし、建物もまた人びとの運動を制限し、ひととその他の人びととの出会いを起こりやすくすることで、人びとを実演《パフォーム》するのだ」（Turnbull 2002: 135）。わたしたちの建築物における基本的な経験は、形式においては名詞的ではなく動詞的になる。ユハニ・パルラスマによれば、建築は物体との出会いによって構成されるのではなく、接近する、入る、覗く、外を見る、暖炉の前の暖かさを満喫するという行為によって構成される。パルラスマにとって、ドアノブは建物の握り手である（Pallasmaa 1996: 40, 45）。それによって、建物はわたしたちに歓迎のあいさつを述べる。まったく同じ方法で、マウンドが堆積するという行為において、それ自身になることをわたしたちは知っている。マウンドは堆積物とともに横たわるという運動を通じて、空の広大さと融合し、大地の湿り気に浸ってマウンドそのものになる。この経験によって、マウンドは建物のような対象として現れるのではなく、ものとして経験されるのだ。

哲学者のマルティン・ハイデガーは、有名なエッセイである「物」のなかで、ものと対象の区別をしようと努めている（Harman 2005）。ハイデガーいわく、対象はそれ自体で完成されたものであり、それが置かれた状況において、直接的な、まさに真正面からの対立的な対峙によって定義される（Heidegger 1971: 167）。わたしたちは対象を見て、それに触れることができるかもしれないが、その形成の過程に加わることはできない。対象とわたしたちとの相互作用がどんなに計量的に近づいたとしても、感情的には遠いままだ。対象がわたしたちに「対する」のだとすれば、「もの」はわたししたち「とともにある」。ハイデガーにとって、すべての「もの」は、素材が運動においてひとつに結びついたものである。「もの」に触れるにせよ、「もの」を観察するにせよ、そういった行為は、私たち自身の運動と「もの」を構成する素材の運動を、親密で情動的な一致《コレスポンダンス》へと導くことになる。マウンドの上に横たわる、石塚までの道のりで拾った石を上に置く。ドアノブをまわし、背中を丸めて木製の枠を通りなかに入る。そうした行為において、わたしたちはマウンドや石塚や小屋を「もの」として経験する。この点を強調するために、ハイデガーは ting（あるいは、ドイツ語におけるその同義語）から派生した、「もの」thing という語の起源を重視した。それは語の古い用法からきている「集める」という意味である（ibid.: 177）。「もの」を目にするためには、そこから締めだされてはならず、集まりに招き入れられねばならない。円いマウンドは、すでに見てきたように「もの」であり、「もの」によってかたちづくられた土地において、人びとの集まる場所である。家屋や石塚も同じなのだ。ハイデガーが書くように木や池、小川や丘もそうである。マウンドが辛抱強く堆積を続けるように、小屋、石塚、池、小川、丘といったそれぞれが独自の方法で持続し、「もの」たりえているのだ。そうしているうちに、おのずと世界が世界として生起する。ハイデガーが彼独特の方法で表現するように、集まりに加わることは「世界化する世界から現れた〝もの〟化する」「もの」と一致《コレスポンダンス》することである（ibid.: 181-182）。しかし、こうした「もの」をモニュメントへと、その風景の背景を特徴づけるものに変えることは、その万物照応《コレスポンダンス》を中断させることを意味する。そうなれば、わたしたちを招き寄せていたものは、行く手をさえぎる対象となってしまうのだ（Flusser 1999: 58）。

荒廃した家屋の実験結果に満足したわたしたちは、木製の枠組みをもって丘の頂上にむかった。その地方ではミザータップ〔アバディーン東部で最も高い丘陵地帯のベナキーの頂点のひとつ〕として知られる頂上は、近隣地域のパノラマを見せてくれた。はるか下方に、畑と森のパッチワークが見える。この光景を木枠を通して見たら何が起きるのだろう。もう一度、枠組みを長方形に組み立てて、今度は垂直線よりも水平線を長くし、戸口ではなく横長の窓のようにした。ふたりの有志が長方形の構造物を掲げるあいだ、残りの者が代わる代わるそれを通して風景を眺めてみた。風景を最小限にさえぎることを除いて、そのフレームがいかなる変化も生みださなかったことにみなが同意した。枠内に見ることができたのは、フレーム外と同様に絵画的な風景ではなかった。ところが、あとで撮影した写真を印刷してみたところ、体験との著しいちがいに驚かされた〔図6-4〕。その写真は、長方形の枠の外側の風景をとらえており、フレームの内側はまるで風景画のように見える。風景をイメージへと変換したのは、フレームではなく、写真印刷の平らな表面上に風景をイメージ化したことによるものだったのだ。写真印刷は、わたしたちがもっていた木枠を写真フレームへと変換した。その結果、その境界のむこう側にある現実と対立するもの、つまりは、表現されたもの〔表象〕として、フレームで切り取られたようにわたしたちに知覚させるのだ。

生活の細々したものに捕えられて、その結果、全体像を理解することができない人物を「木を見て森を見ず」ということがよくある。森を見るには、木々のあいだから外へ出て、何もない丘の上

図6-4　風景の上の窓。アバディーンシャー州ミザータップの頂上から長方形のフレームを通して見る。手前に、古代要塞（ヒルフォート）の再建された壁。

から、そうでなければ空中から遠景で見る必要がある。遠くから見ると森は、土地の輪郭を象りながら、その表面を覆っているモザイクのように横たわる。これはミザータップの頂上から見た森の見え方と同じだった。しかし、いまあなたがわたしたちに加わり、頂上の高みから下りて、ふたたび森に入ったとしよう。いま一度、あなたは森の細部に圧倒されるだろうか。森全体ではなく、一本一本の木を目にするだろうか。それどころではないのだ。いったん森に足を踏み入れれば、四方を木の幹や枝に取り囲まれていることに気がつくことだろう。こうしたことは、ただ単に遠景からクローズアップに焦点を切り替える経験を意味するだけではない。根本的に異なる世界の知覚を経験することなのだ。このような知覚において森は、一本一本の木の集合体として現れることをやめる。オックスフォード英語辞典が森を「木々が集団的に成長し、ひとつになること」〔図6−5〕と定義し

図6-5　いっせいに成長する木々：森の風の視点。

ているのは、ほぼ正確な定義であるのだろう。根や幹や枝がねじれて曲がり、節くれだち、もつれたりわかれたりしながら、それぞれの木はつねに雨、風、光、四季の移り変わりと同じように、隣人たちの成長の過程に反応しつつ、みずからの成長の過程をも証言している。森を内側から知覚することは、こうした進行中の生命の絡まりあいに浸されることだ。一本一本の木をひとつの分離した境界をもった個体とみなすのではなく、木の枝にきつく巻きついた、地上では樹冠や林冠として、地下では根茎として広がる繊維状の糸の束として見ることである。いまや森を見ることは、個々の部分をモザイクとしてではなく、糸の線《ライン》の迷宮として見ることを意味するのだ。

これらの線は幾重にも絡まりあっている

ので、どこまでが一本の木で、残りの世界がどこからはじまっているのか、確信をもっていうことは困難である。樹皮を木の一部だと考えていいのだろうか。そうだとすれば、そのなかに穴を掘って住んでいる昆虫や、そこからぶら下がる地衣類はどうなるのか。昆虫が木の一部だとすれば、そこに巣をつくる鳥もそうではないのか。独特のやり方で枝々をたなびかせ、葉々をサラサラと鳴らす風はどうなのか。種や葉が地上に落ちれば、そこから落ちた木の生命の物語が紡がれていくのではないか。それゆえに地面もまた、その上に木々が行進する兵士たちの一連隊のように立つ、単なる表面ではない。森のなかを歩くことは、一歩進むたびに灌木や群葉のなかで、落ちた小枝や落葉のなかで、土や石の沼地のなかで、みずからの足どりを意識することだ。そこでは成育する草木や、風や雨水の作用によって堆積されたもの、頭上の木から落ちてきたものを踏みつけて歩く。いってみれば、足下の地面は成長や浸食や風化のラインによって編まれた薄い織物である。地面は大地と空を上下に分割するのではなく、何世代にもわたる絶え間ない生命サイクルを通じて、大地と空が混ざりあう地帯なのである。

逆説的なことに、世界がわたしたちの知覚に対して十全に開かれるのは、森の深みにおいてである。なぜなら森の深みこそが高い地位の人びとが陥りやすい幻想、つまり、わたしたちが居住する世界が足下にモザイクのように広がり、その形態やパターンは自然の物理的な基質に刻印されているという幻想を退けるからである。哲学者のアンリ・ルフェーヴルが書いたように、森の深みが意味するのは、わたしたちがスペクタクルとして一瞬のうちに与えられる光景を目撃している、という虚飾を放棄することだ。「深く踏みこめ、木々をゆらす風のように」とルフェーヴルは忠言する（Lefebvre 2004: 80）。これは風の眼から、森の光景を手に入れることだ。風の眼は木々を見ることなく木々のなかでさまよい、わずかに木々を揺らし、その表面をくすぐり、視覚的な感触を生じるのを見守る［図6－5］。それは、パルラスマが「肌の眼」と呼ぶものと同じである。ものの表面や輪郭や周辺をなでる眼のことだ（Pallasmaa 1996: 29）。これらの眼は個々の物体を区別したり同定したりするためにではなく、光と影の微妙な変化や物体が露わにする表面の肌理を伝達することに焦点をあわせる。実際、それらが開示する環境はひとつの物体ではありえない。それはマウンドのような隆起であり、木のような成長であり、ボドミン・ムーアのごつごつした岩山やミザータップの岩の頂上のような露出であり、ベナキーの居留地やレスカーニック・ヒルの入植地の建造物をも含む「ものたちの環境」なのだ。わたしたちは物体の世界を占有しているのかもしれない。だが世界の内実は、あたかも占有者に対して背をむけるかのように、最終的な形態によって締めだされているようだ。それとは対照的に、世界に住まうとは、その形成のプロセスに参加することである。エネルギーや力や流れ《フロー》のダイナミックな世界に参与すること。そのような世界が大地と空の世界なのだ。

［1］たとえタイムマシーンがあったとしても、即座にすべての回答を手にできるわけではない。ギャヴィン・ルーカスが述べるように、ただ問題が別のものに入れ替わるだけであろう（Lucas 2005: 118-119）。

〔2〕ローマの詩人クィントゥス・ホラティウス・フラックスは、頌歌「私は青銅より永続する記念碑を完成した」において、完全なるモニュメントを次のように描写した。「それは侵食する雨も、荒れ狂う北風も、無数の年月の連続や逃げ急ぐ時間も、破壊することができない。わたしの存在の一切が死とともになくなるのではない」(West 2002: 259)。

第七章 流れる身体

生きていること

一九五三年のこと。英国の彫刻家ヘンリー・ムーアは「盾をもつ戦士」の制作をはじめた〔図7-1〕。ムーアが「盾をもつ戦士」の着想を得たのは、海岸で見つけた小石からだったという。その小石は、臀部から切断された脚の基部を思わせた。ムーアはのけぞるような姿勢の傷ついた戦士をつくろうと、はじめに胴体と脚、片腕を合体させた。続いて盾をつけ、ポーズを変更し、頭部を加えた。その頭部のことをムーアはこう表現した。「鈍く、雄牛のような力を持ちながら、もの言わぬ動物のように、痛みを受け容れ忍耐している」(in James 1966: 250)。一年後、いささか物議をかもす状況のなかで「盾をもつ戦士」はトロント・アートギャラリー〔現在のオンタリオ美術館〕に購入された。その一方で、一九八〇年代のなかばに「盾をもつ戦士」とあまり関わりのなさそうな或るできごとが起きていた。カワホトトギスガイの新種が、ひょんなことからアメリカ・カナダ国境のセントクレア湖に持ちこまれたのである。カワホトトギスガイは、黒海沿岸の港に停泊していた一艘、あるいは幾艘かの大陸横断交易船の船底にたまった汚水にまぎれこんでいた。カワホトトギスガイはプランクトンの豊富なセントクレア湖と隣のエリー湖がとても気に入って、みるみるうちに繁殖した。数年もするとエリー湖底の大部分を埋めつくし、密度は毎平方メートル七万個にまで達していた。そして一九九二年には、ミシガン湖を経由してミシシッピ湾にまで広がっていた。これらふたつのできごとを結びつけたのが、二〇〇六年にアーティストのサイモン・スターリングがおこなった芸術的な介入である。スターリングは、ヘンリー・ムーアの「戦士」と同一サイズのレプリカを鋼で制作し、オンタリオ湖の湖中に沈めた。レプリカは二〇〇八年のはじめまでずっと湖底に沈められ、引き揚げられたときには表面が貝でびっしりと覆われていたという。作品はその後、「寄生された作品（貝で覆われたムーア）」というタイトルで、トロントのパワー・プラント現代アートギャラリーに展示された[1]［図7-2］。

図7-1　「盾を持つ戦士」ヘンリー・ムーア作（1953-1954, 銅, 高さ155㎝）。

わたしにとって「寄生された作品」は、身体にとって生きるとはどういうことかを示す力強い宣言である。オリジナルのムーアの「戦士」は、文字通

図7-2 サイモン・スターリング「寄生された作品」(貝におおわれたムーア)、2007年8月撮影(銅、貝、寸法可変)。

り記念碑的であり不朽の作品だ。それだけで完結する不動の存在であり、わたしたちの眼は硬質なブロンズのその表面だけをとらえる。「戦士」は盾をぐっと正面に突き出して、わたしたちに「下がれ」といい放つ。ムーアも認めるように、その像は孤独であり、自分の痛みすら感じず、周囲の影響を頑として受けつけない。かの戦士はどこか別の場所と時代にあり、何千年も昔の戦に巻きこまれたか、火山の噴火に見舞われたかのようだ。彼はくぼんだ目で世界をじっと見つめている。自分の知らない、認識さえしていない世界を。その像はわたしたちに応えようとせず、わたしたちも像に応えられない。ところが湖の底で、像の表裏は実質的にひっくり返されることになった。水中でそれまで閉ざされていた表面が、生命と成長の素地に変化したのである。これを可能にしたのは、栄養の豊かな媒介物と物質の絶えまない交換だった。表面に寄生した貝を介して、像は自身を周囲の環境へと滲透したように見える。文字どおり孔という孔からじわじわと滲みだし、あたかも内側から押し開かれたかのように。こうして戦士は、満身創痍であるとはいえ、真の生きた有機体に変貌した。急性感染症か何かが原因で、かさぶたやミミズ腫れ、腫れものなどが体中にできたひとのように、貝に覆われた像をまともに見るのは身の毛がよだつことだろう。だが少なくとも像とともに見ること、そして悲惨な境遇にいくらか共感を覚えることならできる。それは、わたしたちの時代と場所にある。たしかに多くの点で、像は記念碑《モニュメント》というよりも、小山《マウンド》に近い存在となった。像は外皮形成のプロセスのなかで形成され、そのプロセスは、像が水から引き揚げられる瞬間まで続いたのだった。

　生きている有機体はいずれも「貝に覆われたムーア」のように、それ自体が〔他の有機体の〕寄生先である。つまり混沌とした入植地なのだ。そこでは生き生きとして、押し合いへしあいする素材が、代わるがわる半固体の小さな塊に圧縮され、単繊維に拡張され、互いに絡まり、巻きつき、驚くほど複雑な形状をとる。有機体の外見は平静が保たれているように見えるだろう。ところが蓋を開けてみれば、そこにあるのは解剖学者や心理学者が好んで想像する形状《フォルム》をもった構造体というよりも、堆肥の山のような何かだ。たしかに運動する物質が集まったものとして、その有機体は前章で挙げたような意味の「もの」に十分当てはまる。だが有機体は動く「もの」ではない。むしろ運動のなかで構成された《コンポーズド》（いや、むしろ堆肥と化した《コンポステッド》）「もの」である。つまりそれは根本的に生きている。だが、これを根拠にして「もの」が具体化されたと考えるのは誤りだろう。例えばムーアの「戦士」以上に具体化された像は想像しがたい。「戦士」は完全に自己完結していて、生き生きとした生命の残滓はみな静止している。一方、スターリングの「寄生した作品」は、表面が周囲の媒介に開かれているという点で生きている。ふたつの作品を比較したとき、いかに「生《アニマシー》」と「具体化《エンボディメント》」は互いに反対の方向に引き合うものであるかが鮮明になる。生は開いていく運動である一方で、具体化は閉じていくのだ。舞踊哲学研究者のマキシン・シーツ゠ジョンストンは次のように論じる。生ける命ある存在のわたしたちには「具体化」という用語は経験的にしっくりこない。むしろわたしたちは、自分や互いの存在を「パッケージ化された」ものとしては経験していない。むしろ周囲にあるものとの応答、つまり万物照応《コレスポンダンス》のなかで、ものを動かし、ものに動かされる存在として自他を経験しているのだ、と彼女は述べる（Sheets-Johnstone 1998: 359; Ingold 2011b: 10）。もちろん、わたしたちには身体がある。実に、わたしたちは身体なのだ。だが、身体に閉じこめられているわけではない。身体は容れ物《パッケージ》ではない。[2] それに、よくある別のたとえをもちだすなら、排水溝の沈殿物のように運動が静止した水たまりでもない。身体とはむしろ活動がめくるめく展開する激動そのものだ。舞踊人類学者のブレンダ・ファーネルによれば、このように身体とはそれについて考えるものではなく、身体から考えるものである（Farnell 2000: 413）。

ここで生じるパースペクティヴの変化は、先ほどの教えとちょうど一致する。それはつまりジル・ドゥルーズとフェリックス・ガタリの「物質に従え」（第二章）ということだ。物質から思考することは「物質–流れの意識ないし思考」を見いだすことだ、と彼らはいう（Deleuze and Guattari 2004: 454）。職人が素材から思考するように、ダンサーも身体から思考する。生きているダイナミックに構成された身体にあって、人間と有機体はひとつである。身体は有機体–人間なのである。だがすでに述べたように、身体は「もの」でもある。そうなると、人とものとの関係について、これ以上語るべきではないだろう。というのは、人間はものでもあるからだ。ジェーン・ベネットは、人間性とものの性の共通点を強調することは、わたしたちとそのものが、互いに入れ替え可能であることを認めることだと指摘する（Bennett 2010: 4）。あるいは、考古学者のティモシー・ウェブモアとクリストファー・ウィトモアが、最近の論文のタイトルで宣言するように「ものとはつまり、わたしたちのことである」（Webmoor and Witmore 2008）。これは人間を人間以下の存在にあつかうことではないし、むろん人間を主体ではない客体にたとえることでもない。むしろ、こうした厄介な二分法を乗りこえようとしているのだ。主体と客体が存在するのは、すでに完成して変更のきかない世界だけである。一方で、ものはできあがっていくことのなかに存在する。ものは存在するというより持続している。また、ものがそうであるように、人間も「プロセスである。生産されて存在し、進行中の（…）交わりを必要とする」（Pollard 2004: 60）。

この意味において、人間はちょうど陶器のようなものといえる［図7－3］。アルゼンチンの北西部で見つかった紀元前一千年の陶器に関する研究で、ベンジャミン・アルベルティはこんな主張をしている。陶器のことを、変化のない安定した物体だと決めてかかるのはおそらく誤りだろう。物質世界の「堅い」物質の上に文化様式が刻印されたもの、という風に（Alberti 2007: 211, see also Alberti and Marshall 2009: 354）。陶器は身体のようにあつかわれ、そこには身体に対する配慮と同じものがあったことを物証は示唆している。つまり慢性的な不安を中和し、長持ちするように器を支え、慢性的に不安定な状態を中和し、器の分解や変態の恐れとなる、つねに排出しやすい性質に抗して器が長持ちするよう支えることだ。生きている身体もこれに似ており、身体を維持できているのは、周囲の環境から絶えず物質を取りこみ、呼吸や代謝作用をつうじて、それらの物質を外界に放出しているからに他ならない。そして陶器の場合と同じく、それを生かしつづけるプロセスが同時に、物質をつねに分解へとむかうもろい存在にしてしまう。つねに注意を払わなければならないのはこのためであり、身体や他のものがお粗末な容物であるのも、これが理由なのだ。物質だけが取り残されると、収拾のつかない事態になるだろう。陶器は砕け散り、身体は分解する。ものを束ねるには努力と細心が必要である。それが陶器であれ人間であれ。

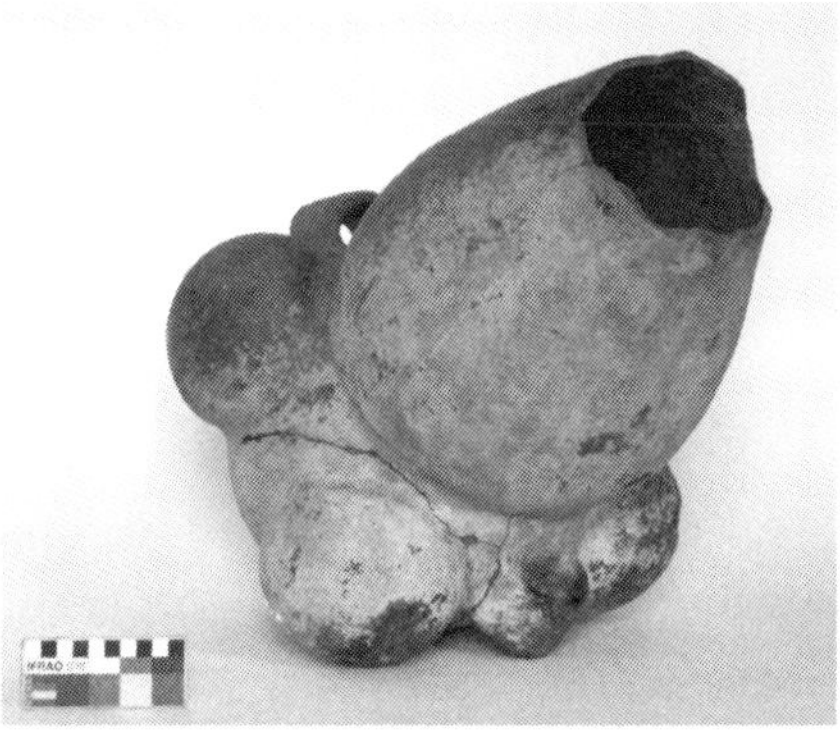

図7-3　バイオモルフの「突起」のあるラ・カンデラリア式の陶器。アルゼンチン北西部。紀元前一千年。

エージェンシーをめぐる騒動

次のように結論づけられるのかもしれない。ものが存在し持続できるのは、ものが滲透するからに他ならない。つまり、ものの周囲にある媒体とものを区別する表層をまたいで物質が交換されるからだ、と。有機体の物体やその他のものは、たえず滲みだし、生きていることはまさにこれにかかっている。すると、ものに生来そなわった滲みでるという性質と、表層を無きものにしてそこから滲みだす物質の流れは、物質のエージェンシー〔行為遂行能力〕をめぐる問いと大いに関係があることになる。この問いは、これまで散々に論じられてきた。この問いをめぐって蓄積されてきた、さまざまな深みをそなえた文献を吟味することは、あえて的外れな議論に接しようとすることであり、本稿の範囲を超えている（広範な議論は以下参照 Knappett and Malafouris 2008; Jones and Boivin 2010; Johannsen 2012）。ただ疑問が生じるのは、質料形相論のモデルを採用した結果、ものが対象に格下げされることについてである。生き生きとした物質の流れからなる生命維持のシステムから切り離されると、ものはムーアの「戦士」の像と同じ運命をたどる。ものは息を詰まらせて死んでしまう。理論家たちがものにもう一度命を吹きこむために、対象のエージェンシーなる概念を躍起になって訴えたのもうなずける。彼らがエージェンシーをもちだすのは、いうなれば具体化《エンボディメント》の論理、つまりものがそれ自体で完結した存在であるということの当然の帰結である。この論理を一切無効とすることは、具体化したエージェンシーの亡霊を追い払い、ものに生き生きとした命を取りもどすことを意味する。果てしなく展開する力とエネルギーの場に存在する、いくつもの可能性の束としての身体が〔何かを〕動かし、また動かされる。それは、内に宿した容れ物のなかに封じられた、エージェンシーに突き動かされたためではない。むしろ身体は、それ自体で束になり、絡まりあうかぎり、ほどけることも巻きもどることもなく、永遠に息を吸ったり吐いたりし続ける。

対象化の圧力がもっとも顕著にみられるのが、最近のほとんどの議論の発端となったある論考である。それはアルフレッド・ジェルの『アートとエージェンシー』(1998)だ。ここで問われているのは、ジェルがためらいもなく「アートオブジェクト」と呼ぶものにエージェンシーを帰属させることだ。その前提は次のようなものだ。「アートオブジェクト」の制作においては、アーティストのうちにはじめに生じた企図が素材《マテリアル》に投影される。したがって企図は原因であり、芸術作品《アートワーク》は結果である。そして作品を観る者は、作品の内部や背後にあるエージェンシーを見抜くはずだ、と(Knappet 2005: 128)。しかし、第二章で紹介した、レンガづくりでのシモンドンの例を思いだしていただきたい。そのシナリオでは、任意の始点(アーティストの心のなかにあるイメージ)と、任意の終点(いわゆる完成した作品)に焦点がおかれ、始点と終点のあいだに起こることがすべて省略されている。ところが生きている芸術作品は、対象《オブジェクト》ではなく「もの」である。また、アーティストの役割は事前に浮かんだアイデアを実現させることでもなく、作品を生みだす物質の力や流れに従うことだ。作品を観るとは、アーティストの道連れになり、作品がこの世界で展開していくのを作品とともに見ることである。背後にある完成形としての作品のもとになった企図を見ることではない(Ingold 2011a: 216)。そういうわけで、芸術作品の生命は作品の素材に根ざしている。なぜならすべての作品は、いまだかつて真の意味で「完成した」ことはなく、生きつづけているからだ(作品の完成を必要とするキュレーターやバイヤーの目にはそのように映らないのかもしれないが)。

実に、エージェンシーをめぐる問い全体が誤った前提を根拠にしているようだ。人間が行為できるのは、彼らがエージェンシーを有するからだと仮定しよう。そこで生じた疑問は、これらの人間のかたわらにある対象《オブジェクト》がいかにして、なおも「行為で応じる」ことが可能であり、さもなければ対象がしそうにないことを行わせることになるのか、ということだった。

この疑問に対する安直な答えは、対象もエージェンシーを有するというものだった。たとえば、スピードバンプ〔減速帯〕がエージェンシーを所有するのは、それが運転手を減速させるからだ（Latour 1999: 186-190）。しかし、行為の原因をエージェンシーに帰して、行為をエージェンシーの結果だとするのは誤りであり、それは人間についても当てはまる。たとえば、思想家のジェーン・ベネットは、わたしたちのように物質が本来的に生き生きとしたものだと堅く信じている。だが彼女は、エージェンシーの語法にとらわれ、どうしてもそれを捨て切ることができない。「アッサンブラージュのエージェンシーについて話すのはなぜなのか？」と彼女は自分に問いかける。一体なぜなのだろう。そして、次のように認める。「本当は誰も知らないのだ。人間のエージェンシーとは何か。また、エージェントとして行為するといわれるとき、人間がそこで何をしているのかを」。それは「謎めいたもの」のままなのである（Benett 2010: 34）。だがしかし、この奇妙なほど曖昧な議論のなかで、ベネットは次のように考える。エージェンシーとはどんなものか、またエージェンシーは人間にどのように働きかけるのか、わたしたちは何も知らない。それゆえ、人間以外のものにはエージェンシーがないという演繹的な根拠もまた見当たらないのだ、と。だが、わたしたちの目的がベネットのように人間例外主義に異を唱えることであるならば、それとは反対の主張をしてみてはどうか。つまり、そもそも人間にエージェンシーがあるという理由など、まったくもって存在しないのだ、と。わたしたちの目を覆っている羊毛を取り去るほうが、それ以外の世界に羊毛を被せるよりも理にかなうことではないか。

かつて、哲学者のアルフレッド・ノース・ホワイトヘッドがこんな発言をした。人間を含む全ての生き物は、生まれる前ではないにせよ、生まれたときから永遠に「行為に没頭する」ことは確かである（Whitehead 1938: 217）。みな、混乱し途方に暮れている。しかし、この行為をエージェンシーという、行為による結果だとされる何かに帰するのは、すべてをあべこべにするようなものだ。なぜなら、すでにおこなわれた行為をふりかえって再構成すること、つまり原点とおぼしきところへさかのぼることによってのみ、わたしたちはその行為において生じたとされるエージェンシーの由来を知ることができるからである。さもなければこうだ。人間はエージェンシーを所有しない。エージェンシーはむしろ行動に所有されているのだといっていい。カレン・バラッドもこれに同意して次のように論じている。エージェンシーとは「行うことであり、何らかのものや何者かが所有するものではない」（Barad 2003: 826-827）。この主題に関して、アンドリュー・ジョーンズとニコル・ボワザンも次のように認めている。「因果関係は人間主体に起因するものではない……。むしろ行為の反復する性質こそが、エージェンシーと因果関係を生じさせる」（Jones and Boivin 2010: 351）。だがしかし、帰納的にわたしたちが行動からすでに読みとったことを、再度、演繹的に行動に読みこみ直すことは、明らかな堂々めぐりである。エージェンシーはそれ自身が原因と結果の両方になってしまう（Alberti and Marshall 2009: 346）。ここでふたたびベネットに登場してもらおう。ベネットは、彼女が重要だと考える人間以外のものについて、「エージェント」と「エージェンシー」のどちらの語を使うのがいいか、潔く決めようとした。そして彼女は次のように告白せざるをえなかった。「ふさわしい語はどちらかと悩んでいると、原因の所在と結果の所在に関して、「エージェント」と「エージェンシー」という用語のもつ奥深い両義性が、わたしたちの前に立ちはだかる」（Bennett 2010: 108. 151 fn. 37）。だが、この両義性と両義性から生じる複雑さは、成長や生成のプロセスを、それとはまったく合わない因果関係の語法によって表そうとしたこと（そして、それは失敗に終わった）の結果に他ならない。前述のように、行動を生じさせる力は生き生きとした生命に宿り、物質の活力にこそ宿る。必要なのはエージェンシーではなく生命の理論なのだ。この生命の理論は、バラッドが表現するように「物質を、世界の生成のために能動的に参与する一員としてあつかう」ことなのである。

走る、凧を揚げる、考える

もちろん〔人文科学の世界で〕伝統的に、そのような存在として認められてきたのは、物質ではなく精神や心の方である。それでは、物質の流れに重きをおくと、精神と物質が袂を分かつのはどこであるのか。考古学者のクリス・ゴスデンが提唱するように、心という概念さえも葬るべきなのだろうか（Gosden 2010）。あるいは、グレゴリー・ベイトソンが考えたような、「精神の生態学《エコロジー》（「観念《イデア》または観念の集合体である「精神《マインド》」についての新しい思考」）」ならばわたしたちは保てるのだろうか。精神の生態学は、物質の生態学の傍らでそれを補完しつつ、情報をつかさどり、物質の生態学はエネルギーと物質の交換の循環をつかさどるのだ（Bateson 1973）。ベイトソンに触発された認知理論家のアンディ・クラークは、これをさらに前進させて「拡張された精神」という理論で図式化した（Clark 1997, 2001; Clark and Chalmers 1998）。クラークの理論が仮定するのは次のようなことだ。心は、脳とははるかに異なる広がりをもっている。心はつねに周囲にあふれでて、身体の外のあらゆる対象や人工物の協力を得て作用する。すると、人工物の世界はある種の「ワイドウェア」（Clark 1998）、あるいは「拡散された精神」（Jones 2007: 225）に変わる。クラークの理論は多くの考古学者にとって思いがけない朗報となった。彼の理論は、考古学者がおこなう物質文化の研究が、過去に生きていた人たちの認知プロセスを、直接的に理解する助けになることを示唆するからだ（Malafouris and Renfrew 2010）。ランブロス・マラフォーリスが主張するように、仮に、認識が本来的に世界に関わるための手段であると認めるのならば（with Clark 1997: 98）、そして、その意味において認識が行動から分離できないものだと仮定するのなら「物質文化は心と本質的に同一である」のだ（Malafouris 2004: 58）。

マラフォーリスにとって、心は世界を映す鏡ではない。心は「外に」あるものや、あるはずのものを表すのではなく、実践の最中《さなか》に脳や身体、ものの協同的な連結をつうじて現われる。とはいえ、ここに議論の落とし穴もある。なぜなら「物質文化」としてものを区別するとき、マラフォーリスは図らずも心と世界の区分、すなわち彼がまさに解消しようとした区分を再度つくりあげているからだ。物質的なものが認知プロセスのなかに加えられるためには、文化的な形式をとる必要があるのだろうか。どうして人は人工物のことばかり考えるのか。空気や地面、山々や小川、他の生きものについてはどうか。物質はどうだろうか。また、マラフォーリスが主張するように（ibid. 59）、認識が本当に作用するならば、それは生命それ自体とどこがちがうというのか。思考は、脳や身体とこの世界のものとの「相互作用」のなかにあるのか。それとも、物質の流れと感覚的な覚醒との応答《コレスポンダンス》にあるのか。ドゥルーズとガタリの言葉を思いだすならば、そこでの意識は「物質―流れの思考」であり、物質はこの「感覚の相関物」であろう（Deleuze and Guatrari 2004: 454）。

　後者の質問の答えを見いだすべく、わたしは学生と「四つのA」のコースでもうひとつの実験をした。今回の実験は、凧をつくって揚げることだ。薄いカード、竹製のマッチ棒の軸（支柱用）、新聞紙（吹き流し用）、麻ひも（ハーネス用）を用意する。そして、それらの材料を簡単にのりと粘着テープで接着して凧をつくる。完成した凧は、伝統的な人工物《アーチファクト》の定義を十分に満たしているようだった。物質文化の目録があったとしたら、そこに収まっているにちがいないと思える出来映えである。ところが、手製の凧をドアの屋外にもっていくと、不思議なことが起きた。凧がふわりと舞いはじめたのだ［図7―4］。わたしたちは走った。走れば走るほど、凧はぐんぐん空の高いところへと揚がっていった。手にしたナイロン製の糸をぴんと張りつめて、わたしたちは精一杯の速さで糸をたぐった。凧の行動はもちろん、空気力学的に簡単に説明することができる。すなわち、凧が

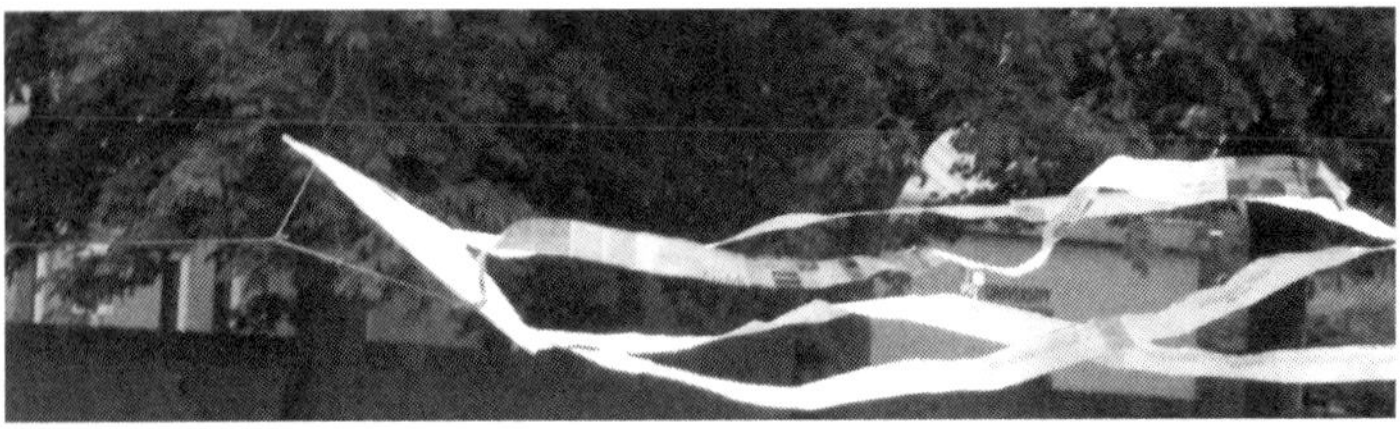

図7-4　飛行中の凧。左手に見える糸が凧の主要部をつなぎ止め、そこから新聞紙を細く切ってつくった吹き流しが、右手に向かってはためいている。

揚がったのは、空中で引っ張られていたからだ。凧の先端は水平よりもわずかに上向きの角度で傾斜しており、気圧の差が平面の上部と下部のあいだに生じる。これが重力に対抗するのに十分だったのだ。ところが、こうした力学的な解説ができるのは、せいぜいその程度である。というのは、凧の空気工学的な仕組みは、まさに砲丸の軌跡のような、原理的に測定することや描くことのできる直線的な物体の運動として、見た目に明らかであるだけではない。それはわたしたちが心で感じたものでもあるからだ。わたしたちは凧の揚がる様子を、自分たちが走るのを感じるのと同じように感じていた。それは自分の動作を感じる身体感覚を介してであり、その身体感覚はひと言でいうと運動覚である。

　自分たちの行動に注意深くなり、次第に即興性が高まるにつれて、凧揚げは、シーツ＝ジョンストンのいう「運動のさなかの思考」の例と思しきものになっていった。「運動のさなかの思考」とは、運動をつうじて考えることを意味するのではない。また、思考を運動に置き換えることでもない。むしろ、思考は運動なのである。「考えることは、ダイナミックな流れに身をまかせることだ。思考とは本来、動的なのである」（Sheets-Johnsone 1998; 486）。わたしがちょうど引用した箇所の文脈では、シーツ＝ジョンストンがダンスの即興について語っている。それでは、凧揚げもまた、ある種のダンスだといえるだろうか。哲学者で科学社会学者のアンドリュー・ピカリングなら、きっと同意することだろう。彼は科学的調査のなかだけでなくもっと一般的なこととして示そうとして、「エージェンシーのダンス」という造語をつくり、人間と人間以外のものが代わる代わる優位に立ち、一進一退しながら物質世界に関わるさまを描出しようとした（Pickering 2010: 194-195, see Pickering 1995）。それでは試しに、ピカリングが提唱する流れにしたがって、状況を分析することにしてみよう。

走るひとと空を舞う凧。その二者は糸で結ばれている。こうしてひとと物質的なもののあいだに相互の交流が生じている。ある瞬間は、凧揚げをするひとが走り、背後にある凧はそのひとに引っ張られている。ところが次の瞬間には、凧は逃れようとするかのごとくそのひとの手を引く。なるほど、これはピカリングのダンスの描写、ダンスとは「両者の能動性と受動性が相互に絡まりあったものである」（Pickering 2010: 195）と一致するようだ。だが、これでは全容を伝えられない。というのは、もしも凧が凧揚げをするひとに作用するように、そのひともまた凧に作用しているというなら、仮に凧－ものがひととダンスをしているというのなら、凧にある種のエージェンシーが授けられたことになる。そうなると、このエージェンシーはどこからやって来たのか。凧は室内にあるあいだは、ずっとぐったりとして元気がなかった。では何かの魔法の力によって、外に出た瞬間にエージェンシーの力が突然凧に宿ったのか。むろん、その答えは風に吹かれているからだ。風は目に見えないので、わたしたちはしばらくその存在を忘れていたのである。今やすべては明らかだ。凧が飛ぶのは、

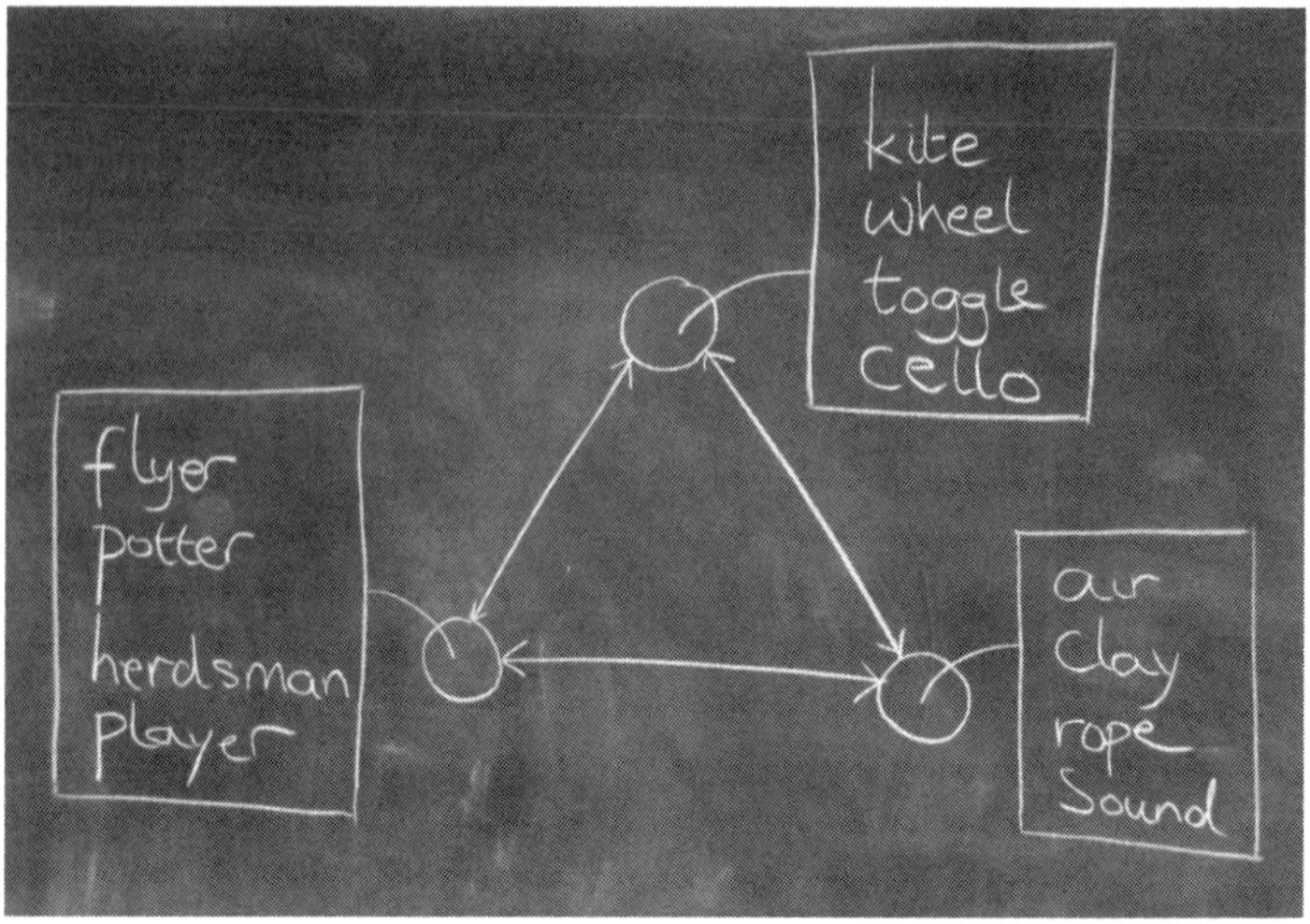

図7-5　三者関係で表した生のダンス。構成員はそれぞれ、凧を揚げるひと—凧—空気、陶工—ろくろ—陶土、演奏者—チェロ—音。黒板の上にチョークで描いたもの。

凧揚げをするひとと凧と風の相乗効果によってである。エージェンシーのダンスでは、三者が一組になる。それぞれが他の二者に作用し、他の二者からの作用を受ける［図7－5］。欠員がひとつでも生じれば、パフォーマンスは成立しない。凧は外気のなかにあっても、凧揚げをするひとがいなければ揚がらない。凧揚げをするひとがいても、外気がなければ揚がらない。凧揚げをするひとが屋外の外気のなかにいても、凧がなければ、凧は揚がらない。ということは、外気は凧に活力を与えていたミッシングリンクであり、凧の構造それ自体にすでに内在する可能な行動は、外気のおかげで運動のさなかに表現されるのである。

　実践者が物質世界のものに関与することで、心がどのように生じるのか。マラフォーリスは、そのありようを表そうとするなかで、エージェンシーのダンスなる概念と戯れる。その鍵となる例として彼が挙げるのが陶芸だ。彼はこのように書く。陶工のろくろの上で「脳、身体、ろくろ、陶土が、互いに関わり交流している。これは陶芸のさまざまな段階で一貫してみられるものだ」（Malafouris 2008: 19）。しかし陶工は、ろくろあるいは陶土、またはその両方とダンスをしているのか。奇妙なことに、マラフォーリスが最初にこの考えをあらわしたとき、彼の描いた陶工はろくろとダンスをしていた。そのろくろは「陶工の計画を包摂して活動に輪郭をあたえる」こともあれば、「陶工の制作目的のために彼らの意のままになる道具として仕える」こともあるのだった（2004: 59）。いうなれば、ろくろは、陶工の行動を左右することもあれば、陶工の行動に左右されることもある、ということだ。しかし、その後の議論では、陶工はろくろとではなく陶土とダンスをしていると書き加えられた。陶工か陶土のどちらがリードするにせよ、ダンスは「平等なパートナー間」でおこなわれる。マラフォーリスはこれをつねに強調する（2008: 25）。この説が有効なのは、たとえば陶工がはじめに陶土の塊をろくろの中心にすえるときや、陶土をつかんで指で触れるときの手の所作においてである。こうした所作はちょうどダンスに喩えられるのかもしれない。それらはある種の振り付けにしたがうのだ。また、第二章でとりあげた冶金術の例のように、この所作のようなダンスは、物質の変化と対になっている。だが、これをエージェンシーのダンスと呼べるのだろうか。図7–5に示すように、陶工・ろくろ・陶土は、凧揚げをするひと・凧・空気が構成する三者と相似形をなすのだろうか。

生のダンス

　ここで凧揚げの例[3]にもどろう。ピカリングにならって、わたしたちは目にしたものをみな、ひと（凧揚げをするひと）と人工物（凧）の相互作用だと考えてきた。そこで生じた疑問は、凧がどのようにして何らかのエージェンシーを発揮することができるのかである。これを説明するために、わたしたちは空気を導入しなければならなかった。わたしたちの結論はこうだ。「第三者」である空気を迎えないかぎり、ひとは凧とダンスすることは不可能である。ところがこの論には思わぬほころびがある。どうすれば空気をエージェントと考えられるか、だ。すでに述べたように、エージェンシーという概念はまさに具体化の論理によって、すなわち、ものをそれ自体に閉ざす論理によって導かれた帰結である。だが、空気を閉じこめることはできない。哲学者のリュス・イリガライが教えてくれるように、他のどのような要素にも増して、空気は「それ自体が開かれた存在」なのだ（Irigaray 1999: 8）。空気の流れ、つまり風（アネモス）であり、命の息吹は、具体化したエージェンシーの対極にある。だが、空気がみずからを閉ざすことができないとすれば、これまで見てきたとおり、生きて呼吸する有機体―人間も同じであるはずだ。したがって、たとえわたしたちが、凧揚げをするひとが凧を揚げるときに空気とダンスしていると考えたとしても、それはエージェンシーのダンスではありえない。それは生のダンスとしかいえないのだ。このダンスのなかで、凧揚げをするひとと空気は、応答《コレスポンド》するといえるほどの相互作用はしていない。凧は実質的には、凧揚げをするひとの生き生きとした運動と、その人の周囲にある媒体である空気の流れとのあいだに応答関係を生じさせている。凧と相互に作用するために風が必要なのではない。むしろ、空気と応答するために凧を必要とするのである。

さらに考えてみると、陶工のろくろにも同じことがいえる。レンガづくりの類例（第二章）でもそうだったが、こちらも物質に型を押しつけることを意味しない。所作をおこなう手と湿った陶土のそれぞれに内在する、等しく正反対に作用する力が、ろくろが回転するおかげで対置される。そうなると、ろくろと相互作用するために陶土が必要となるのではなくなる。むしろ陶土と応答するために、ろくろが必要となるのだ。陶芸と凧揚げの例はいずれも、実践者の注意深い、丁寧な身体の動きが一方にあり、物質の流れと抵抗が他方にある。このふたつが対位法的に互いに応えるのだ。他のどんなダンスでもそうだが、これは横方向（つまり前後）に解釈されるべきではない。むしろ、構成員が代わる代わるリードしたりリードされたり、音楽用語でいうなら、主旋律を演奏しそのリフレインを演奏する運動として、縦方向に読まれるべきである。生のダンスにおいて、身体の運動感覚は、それを取り巻く形態発生の力の場のなかで、物質の流れと対位法的に絡まりあう。

凧といえば、思いだすことがある。わたしがフィンランドのラップランドで暮らす、トナカイの牧夫のフィールドワークをしたときに親しんだものだ。それは「ラッソ」といった（Ingold 1993）。ラッソの構成部分でもっとも重要なパーツはトグルである。見事につくられたトグル、ときに美しい装飾がほどこされたトグルは、サーミ族の文化の博物館における所蔵品や展示品にしばしば見ることができる。トグルは伝統的には鹿の枝角を彫ったもので、穴がふたつあいている。片方の穴は小さく、もう片方の穴は大きい。小さい穴で長いロープの端を固定し、長いロープを大きな穴にとおして輪をつくる〔図7-6〕。トグルを使うときは、いうまでもなく、ロープがなければお話にならない。もちろん、牧夫もそうだ。彼らがラッソを投げるときの手の所作は、習得に何年もの練習を要し、牧畜のレパートリーでもっとも称賛に値するもののひとつとされる。非常に高度の集中を要する技なのだ。だが、ラッソを投げるときの集中力に、わたしたちはひと（牧夫）と人工物（トグル）の相互作用と、ロープによって〔トグルに〕授けられたエージェンシーを見てとるだろうか。もちろん、そんなことはない。このような議論は次のように主張するのと同じくらいおかしい。すなわち、陶芸はつねに陶工とろくろの相互作用をともない、それは陶土の介入によって可能になる、と。むしろ、次のようなのである。ちょうどろくろによって、陶工の身体動作が輪郭を形成されつつある陶土に引き継がれるように、トグルのおかげで、牧夫の卓越した技は今まさに現れようとする輪縄の形に投じられる。

図7-6　ラッソとトグル。

もうひとつ、この議論に片をつけられそうな例を挙げよう。わたしは不器用にラッソを投げる趣味の他に、チェロを弾く趣味ももっている。ラッソとチェロにはよく似ているところがある（Ingold 2000: 413-414）。まず、どちらも研ぎすまされた手と身振りの技巧を必要とする。どちらも繊細さを深めていくものであり、その繊細さは動作それ自体と周囲の動き（指揮者や他の演奏者の動きや、囲いのなかに駆り集められた動物たちの群れ）に対する注意深さに内在している。また、ラッソもチェロも波形を生じさせる。すなわち音楽のフレーズや、宙を切る輪縄がそうだ。それらの波形は、今まさに起きている活動の流れのなかを浮遊している。それにつけ加えて、牧夫のトグルと同じくチェロも人工物である。チェロは物品として非常に美しく、その制作には計り知れないほど見事な職人技を必要とする。だが、音楽を奏でることは、チェロと相互作用をすることではない。少なくとも、それだけではない。音楽を奏でることは、音と交感することだ。演奏しているとき、演奏者の身体動作は旋律を描きだす。それでは、チェロはどんな役割を担っているのか。チェロは何をしているのか。それと同じように、トグルは何をしているといえるのか。爪はどうか。あるいは、陶工のろくろはどうだろうか。

変換と延続

いずれの場合も、答えは同じである。生のダンスにおいて、チェロ、トグル、爪、ろくろはみな、わたしたちが変換装置《トランスドューサー》と呼びうる何かの一例[4]である。いいかえると、それらのものは、運び《ドウリタス》、つまり所作の身体的な性質やその流れや運動を、身体の運動感覚から物質的な流れへと登記《カテゴリー》変更をおこなう。弓が触れた弦の振動は、サウンドボックスを介して増幅し、チェロ奏者の手の仕草は聞き取ることのできる何か、つまり旋律に変換される。トグルをさっと滑らせるとき、牧夫の投げる動作は、放たれたロープの輪の形になる。ろくろを回すとき、陶工の手や指の動作は、やわらかな陶土の輪郭に表現される。凧については、木々のあいだを飛ぶ矢じりのごとく空気を切り（第三章参照）、振動やうねりにしたがって凧を揚げるひとの走りは、凧が飛行する線となる。いずれにせよ、変換装置は時間軸に沿ってすべり、それはロープのついたトグルのように、ものが今まさに姿を現そうとするところにいつもある。こうしてつねに存在することが、変換装置に不変の雰囲気を与える［図7－7］。

次のことも考えてみよう。ビョルナル・オルセンは或る短い声明文のなかで、ごく自明のことを述べている。「ものは思考よりも持続する。ものが発話や身体動作よりも長いあいだ持続するのは明らかだ。ものは具体的で安定している……」（Olsen 2010: 158）。変換装置について、三つの説はおおむね正しい。変換装置はまだそこにあり、何らかの変化をこうむっている。しかしそれは、それらの変換装置が仲介したパフォーマンスが終わってから、つかの間のことだ。トグルはラッソを投げる動作より、長いあいだ存在する。チェロはコンサートの時間より、長い時間存在する。しかし、アート作品は変換装置ではなく、そこから生みだされるものに存在する。また、そのようなアート作品の場合、持続性をめぐる問いは容易に見いだされない。さて、ろくろを前にした陶工に話をもどすことにしよう。陶器は、その形を生みだした手の動作よりも長い時間、存在する。それは単に、陶器が陶土のような物質的なものでつくられているからではない。陶器がその形状《フォルム》をとどめるのは、形成のあとの乾燥と焼成の行程で硬化するからだ（Ingold 2000: 418）。アーティストのクレア・トメイ

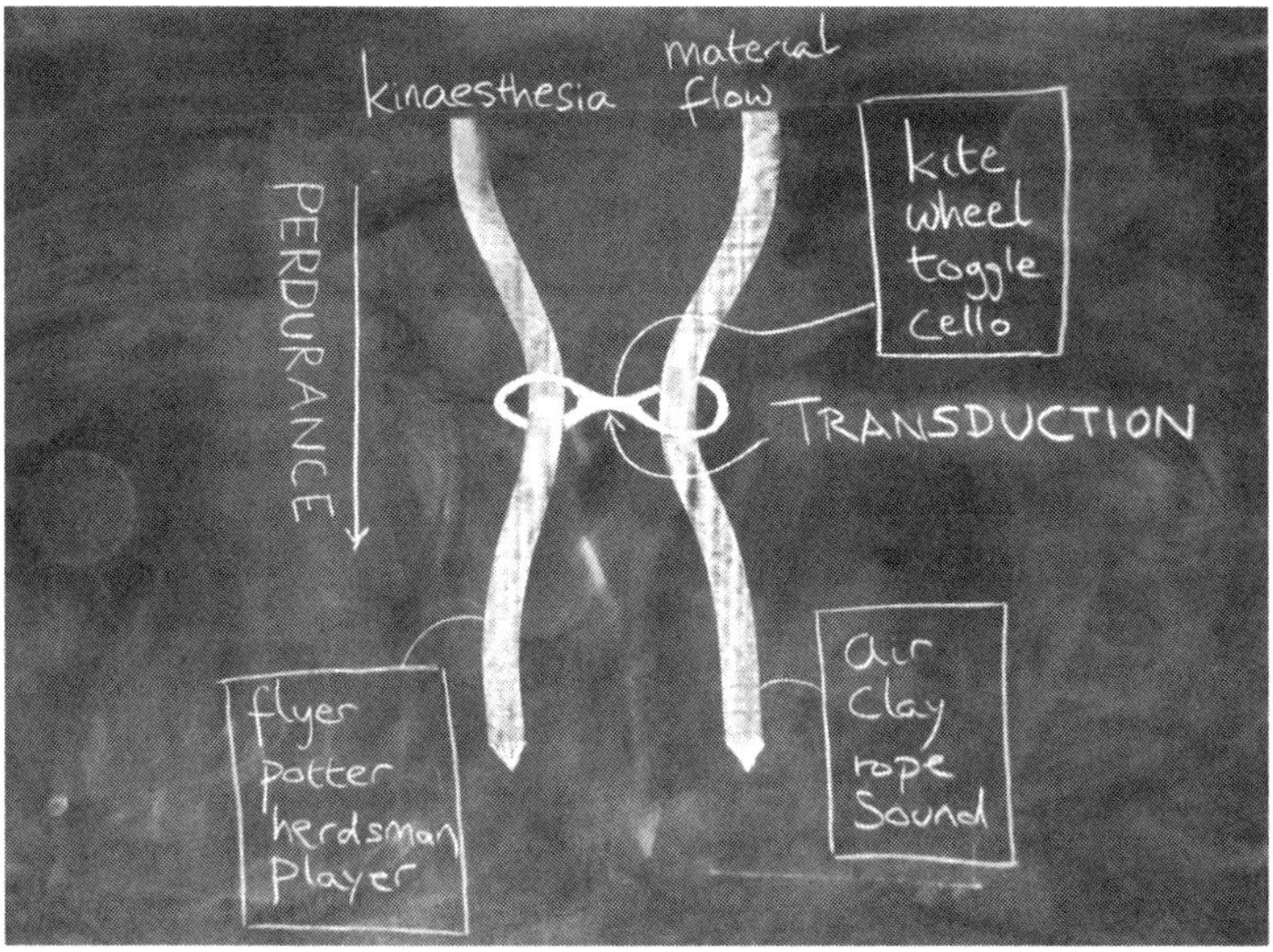

図7-7　変換と永続性。運動覚の動き（それぞれ、凧を揚げるひと、陶工、牧夫、演奏者）は、変換装置（それぞれ、凧、ろくろ、トグル、チェロ）によって、それに応答する物質の流れ（それぞれ、空気、陶土、ロープ、音）に変換される。この表に関していうと、意識と物質の永続性——あるいは「持続すること」——は下方向に進み、変換がこのふたつを連結させる。黒板の上にチョークで描いたもの。

のインスタレーションでは、複数のテーブルの上に土でつくった陶器が何列も並べられる。陶器はろくろの上で形成され、まだ焼成されていない状態だ。並んだ陶器のなかは、水差しから注がれた水で満たされている。鑑賞者の目の前で、陶器に歪みが生じてひびが入り、壊れていくさまを見せる。まるでスローモーションのように。陶器はテーブルや床に水を垂れ流し、ひたひたと水滴の落ちる音がそれにともなう。また、テーブルの上には新たな陶器が次々と追加される［図7－8］。この行為のなかで、陶器はいずれも命あるものと化す。つねに補充され続ける使者として、すでに決められたデザインが変わることのない最終形態を完成さ

図7-8　「狂気か美か」アーティストのクレア・トメイによるインスタレーションのクローズアップ写真。アーティストの声明文によれば、この作品のパフォーマンスのなかで「焼成していない器に水を注ぐという動作をたえまなくくり返し、器が壊れる。それは、人間の条件における行動と、継続する希望の概念とを分離する。

せたというよりも、究極のはかない希望として、陶器はそこにある。

この例が示すように、多少の「物質性」を根拠に、陶器を不変のものと決めつけることはできない。前史時代のアルゼンチンの北西部の陶器に関する、アルベルティの研究はすでに――オルセン（Olsen 2003: 88）やその他の論者の意見とは異なるが――物質世界には本質的に「ハードなもの」など存在しないということをわたしたちに教えてくれた。たしかに古くから陶器をつくり、それを使っていた人びとにとって、陶器は「その他の発話のような表現と比べても、それより不安定で脆弱なものと考えられていたかもしれない」とアルベルティは示唆する（Alberti 2007: 219）。それでは一体、他のうつろう様相のもの――会話や身ぶりや話し言葉といったもの——と比べると、陶器はどれほど長く持続するのか。身体はどれほど長く持続するのか。ムーアの「戦士」と、貝の寄生した「戦士」では、どちらが長く持続するか。仮に持続性が形を維持することであると考えるのなら、ムーアの「戦士」に軍配があがるのは当然である。しかしプロセスの持続性——ものの永続性や寿命——に配慮するのなら、まちがいなく「寄生された作品」に軍配があがる。なぜなら「寄生された作品」が水底にいたおかげで寿命を延ばしたのに対して、「戦士」では彫刻が完成した瞬間に命が尽きたからだ。こうしてトメイの陶器にもふたたび命が宿る。つかの間とはいえ、陶器に水が注がれるときに[5]。

ジョシュア・ポラードは、現代の環境アートのアーティストたちが、変化しやすく、はかない作品を制作することによって、人びとがものの持続性に抱く前提を揺さぶろうとするさまを描出する（Pollard 2004: 51-53）。例えばアンディ・ゴールズワージーは、ひとつかみの棒切れを宙に投げる。そこで生じる作品は、それに命を吹きこんだ身体動作以上に持続せず、写真記録にとどめておくことしかできない。しかし躍動する素材、つまり棒切れと空気の集合体であるそれが存在することはまぎれもない事実だ［図7-9］。ゴールズワージーにとって作品の強度とは、まさに物質が発散する「エネルギー」にある。その「エネルギー」は、物質が運動し、変化し、腐敗し、また寄せ集まってひとつになろうとする、このわずかな瞬間に発散される（quoted in Friedman 1996: 10）。これは永遠に持続する物質のことであり、それらの物質が投じられた、うつろいやすい形のことではない。投げるという行為は、ゴールズワージーが示すように、あるいは凧揚げの実験が実証したように、具体化したエー

図7-9　宙に投げられた一束の枝。フィンランド東部のピエリネン湖岸にて。

ジェンシーの作用が目に見えるかたちで表れたものというより、生き生きとした存在が世界に溢れだすときの推進力である。たしかにこれこそが生命の推進力そのものなのである。

相互作用と文通《コレスポンダンス》

手書きの文字の痕跡がすべてキーボードに仕え、Eメールが紙上の手書きの文字にとって代わる前、人びとは手書きの手紙を送りあったものだ。ひとはそうしたやりとりのなかで身の上話や近況を語るとともに、一番最近に受けとった手紙に表わされた回想や感傷に応答した。このように長いあいだ続いた手紙のやりとりは、慣習的に「文通《コレスポンダンス》」と呼ばれていた。「コレスポンダンス」は、これまで自説を展開する上で、数多くの点で頼ってきた言葉である。わたしがこの言葉にこめる意味をより詳しく説明することによって、この章を締めくくろう。手紙を書くという事例は、わたしがコレスポンダンスの中心的なものだと考えるふたつの側面に光を当ててくれる。第一に、それがリアルタイムの運動であること。第二に、この運動が感覚をともなうことである。第一の点、手紙を書くことは時間を要する。手紙が届くのを待つこと、手紙が届いてからそれに目を通すというように。文通《コレスポンダンス》はリレーとかなり似ている。リレーの参加者はみな、順番にバトンを手にして次のひとまで届ける。他の参加者は、しばらく静止したまま、自分の番が来るのを待つ。彼らはもちろん永遠に待ちつづけることもあるだろうが、そんなときには、次第に望みを失ってしまうことだろう。つまり、途切れた文通《コレスポンダンス》が再開するのか、それがいつ再開するのかは、まったくわからない。こうして手紙が往来するあいだ、文通には始点も終点もない。それはただ続いていく。第二の点。文通の軌跡は、感情の軌跡であり、感覚の軌跡でもある。それは、手紙の文面に選ばれた言葉（だけ）にではなく、書くときの手の身ぶりと、それがページに残した痕に現われる。手紙を読むことは、単にその書き手について読むことを意味しない。むしろ、その相手とともに読むことである。あたかも書き手がページから語りかけてくるように、読み手であるあなたはその場で耳を澄ませるのだ。

ずいぶん前に、社会的現実の現象学者であるアルフレッド・シュッツが、社会生活の特徴を「ともに成長していくこと」だと表現したとき、彼もこれとほとんど同じことを考えていた。シュッツはこう主張した。ある時代の共同体を共有するなかで、社会を構成する者はみな、変化の途上にある他の一人ひとりの生に参加する（Schutz 1962: 16-17）。彼は有名な論文で、この参加のあり方を音楽を奏でることに喩えた。弦楽四重奏の演奏者たちは、互いの音楽的な見解をやりとりするわけではない。その意味では、彼らは相互作用していない。だが、彼らはみな一緒になって身体を動かす。演奏しながら聴き、聴きながら演奏する。そのすべての瞬間に、互いの「生き生きとした存在感」をともに味わいながら（Schutz 1951）。日常的な歩行に関する研究で、同僚のジョー・フェアグンストとわたしは、これと非常によく似た結論にたどりついた（Lee and Ingold 2006）。わたしたちの理解では、並んで歩くことはとりわけ親しい行為のあり方として経験される。会話のときでさえしばしばそうするように、並んで歩くときにわたしたちは、めったに相手の目をじっと見たりはしない。せいぜい相手の方に頭をむけるくらいだ。そうやって、動作に敏感な周辺視野において、互いの足どりやペースを合わせていく。その一方で、相手を真むかいから見ることは、段ちがいに非社交的な行為である。両者の大きな差異はこうである。並んで歩いているときには、互いがほとんど同じ視野を共有している。その反対に、面とむかうときは、互いに相手の背後にあるものを見ており、それは嘘やごまかしの可能性につながる。互いの顔を見つめ合い、歩みを止めて互いに相手の行く手を阻むとき、彼らは一種の対決をすることになる。互いの視界はもはや共有されず、あちこちに動いて定まらない。

ところで、社会学者のゲオルグ・ジンメルは、一九二一年に発表された古典というべき論文「感覚の社会学：視覚的相互作用」のなかで、次のように論じている。目と目を合わせるアイコンタクトは「人間関係のあらゆる領域で、もっとも完璧な相互作用のかたち」を表すもので、それに関わる人びとに或る種の一体感をもたらす。この一体感が「保たれるのは、目と目の合う最も短く最もまっすぐな線においてのみである」とジンメルは考えた（Simmel 1969: 146）。それでは恋人たちは、互いをまっすぐ見つめ合うだろうか。いや、そんなことはない。ジョン・ダンならそのようにいうだろう。ダンは、今から三世紀前に書いた「恍惚」という詩のなかで、恋人たちの視界をこのように表現している。

我々の手のひらは、滲みでる
香油で、しっかりと接合され、
我々の視線は、重なり合って、
目と目を撚り糸で結んでいた（in Grierson 1947: 16）

詩の冒頭に登場するのは、恋人たちだ。ふたりは手をつないでいるが、完全に離ればなれである。互いに近づいたり拒んだりして、「あたかも墓地の彫像のように」じっと身を横たえている。彼らは手をつないでいるが、ひとつにはならない。恋い焦がれる結合を果たすためには、ふたりの魂は肉体的なよりどころから起き上がり、目から流れ出なければならない。そこからふたりの魂は互いのあいだにある空間で、まるで対立しあう軍勢のように「彼女とわたしの中間で動けず」絡まりあう。視線が交わる一方、ふたりの体はじっとしたままだ。そして彼らはついに結合を果たす。それ

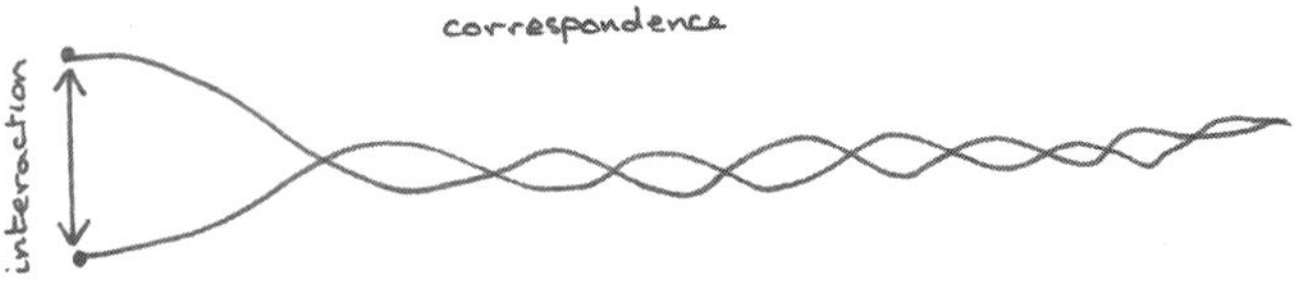

図7-10　相互作用と応答

ぞれの魂がもう一方の声をもって語ったかのように。こうしてふたりが結合を果たすときだけ、ふたつの魂はもとの身体に降りることができる。望んでいたように身体と魂が結合し、愛の完成とそれにつづく恵みのなかで果たされる。

複雑でいくらか神秘主義的なダンの抽象論に賛同せずとも、彼の下した区別の確かさはわかっていただけるだろう。それは、防腐処理をほどこしてかたく結ばれた体が、面と向き合うこと《オーバーアゲインストネス》（ダンが使ったのは、結び合わせる《エンターグラフト》という語である）と、はかなくうつろな魂がからまりあうことの区別である。わたしたちの用語でいいかえるなら、これは相互作用とコレスポンダンスの区別、つまり、エージェンシーのダンスと生のダンスの区別である〔図7−10〕。ふたつの点のあいだに引かれた直線は、ジンメルのいう目と目を合わせるアイコンタクトであり、点はそれぞれ静止し、無感覚なままである。このような接触は合理的ではあるが、感覚的ではないだろう。たとえば、不和が生じて互いにむかい合う歩行。「ヴィス・ア・ヴィス〔向かい合わせの意〕」で知られる四輪車に乗りあわせた乗客たち。そしてもちろん、ダンの恋人たちが手をつないでいるところ。ムーアの「戦士」でさえ、これ以上進むことはできまい。相互作用《インターアクション》の「インター」という接頭語が含意するのは、関わりあうもの同士がぴったりと寄り添うさまである。あたかも何らかの連結手術によって繋げられたかのように。そのような手術はいずれも本質的に非時間的で、運動や生成の道筋に沿ってそれに加わるというよりは、それを横断する。対照的にコレスポンダンスでは、点は運動の最中にあり、対位法の旋律のように互いに絡まりあう線を描く。旋律が織りなす弦楽四重奏を考えればよい。演奏者たちは、互いにむかい合って座り、身体はひとつの場所に固定されている。しかし演奏者たちの動きと、それにともなって発せられる音は融合しようとする。それはダンの詩のなかの恍惚にある魂のように、ここにあるのでも、そこにあるのでもなく、それらのあいだに生じる。

　コレスポンダンスなる概念は、なるほど或る種の神学的な因習とともにある。たとえばそれは、十八世紀の神秘学者であるエマニュエル・スウェデンボルグの思想の中心であった。彼にとってコレスポダンスとは、自然界や精神世界、地上のものや天上のものを含むすべての事物の、相互関係や調和をあらわす言葉だった。そこから、コレスポンダンスという言葉は、シャルル・ボードレールの作品に紛れこんだ。ボードレールの有名な詩、「万物照応《コレスポンダンス》」に登場する人物は、自然界に入りこみ、いくつもの多声的な声とたくさんの目に囲まれる。そこでは「香り、音、色が、応答《コレスポンド》している」(in Aggeler 1954)。おそらくそれは、ヨハン・ヴォルフガング・フォン・ゲーテが、太陽光と視覚の関係について書いたときに、心の片隅にあったことだろう。「目が太陽のごときものでなければ、どうして我々は太陽を見ることができようか」(Luke 1964: 282)。ゲーテは、目は太陽に似ている、といったのではない。目は、光に反応することができるほどの形を与えられている、といわんとしたのだ。一九四〇年の「意味の理論」で、エストニア生まれの生物学者ヤーコプ・フォン・ユクスキュルは、これをひっくり返しにして次のように論じた。「太陽が目のごときものでなければ、どうして空で輝くことができようか」。彼はこういいたかったのだ。天空、そして太陽という天空を照らす天上の光が存在しうるのは、目のある生きものの現象世界——彼は環境世界と呼んだ——においてのみである。これとまったく同じように、ミツバチは花粉をたくわえた花と交感《コレスポンド》し、クモはハエと交感する。フォン・ユクスキュルによれば、生きものの生命は対位法的に展開していく。それぞれの生きものが、みずからの存在をいくらか他の生きものの特性と認め、他の生きものと交感できるようになっている（von Uexküll 2010: 190）。

これと同じ主題に関する近年の思索では、ラース・スパイブルックが次のような光景を心に描いている。野原を歩いていると、石が小さく集積している場所があり、石と石のあいだには苗木が生えている。彼はその様子が気に入った。

明らかに、これらの石はとある交感《コレスポンダンス》によって、調和しているとまではいえないにせよ、ここに横たわっている。それは風や水が石を動かし、地の上を転がしたからである。そして、それらの石たちに感じさせ、小さなグループを形成し、植物が安全に成長できる小さな巣を作らせたのだ。とはいえ、これの何がわたしの心をとらえるのだろうか。わたしだけがこうして主観的に、この光景に満足しているのだろうか。もしくは、これは（……）拡張した交感なのか。わたしは石や植物のすぐそばにいる。そのあいだに交感して（……）。なにが（……）流れこみ、そして流れ出ているのか。これらの石の喜びのように？　感覚がそうだ。すべての関係は「感じられた」関係なのである（Spuybroek 2011: 152）。

この章でわたしが論じたことも同じだった。陶工の感覚は、陶土と応答《コレスポンド》するなかで流れこみ、そして流れでていく。牧夫は宙を舞うロープと呼応する。凧揚げをするひとは、風とともに走る。チェロ奏者の弓さばきは、音の調べと呼応する。[6]「寄生されたムーア」でさえ、オンタリオ湖の水への感覚を育んだのだ。つまり、世界と応答することは、それを描写することでもなければ、表現することでもない。むしろ、それにいいいい応えることである。変換装置が仲介役を引き受けてくれるおかげで、世界とコレスポンドすることは、あるひとの感覚的な意識と、生気にあふれた命の流れやほとばしりが混ざり合うことである。このような結合では感覚と素材が互いに結びつき、撚り合わさって、恋人たちの視線のようにお互いの区別がつかなくなってしまう。このような結合こそ、つくることの本質なのである。

［1］この作品の存在を思いださせてくれたジャニス・チョイに謝意を表する。
［2］例えばポール・コナトンは次のように論じている。彼のいう「習慣の記憶」なるものが形成されるとき、姿勢

や身体動作は「身体構造のなかに蓄積されていく」（Connerton 1989: 94）。

［3］凧を揚げるときにどんなことが起きているのか理解しようとしたのは、決して今回が初めてのことではない。（例えばこちらを参照されたい。Ingold 2011a:214-215）。わたしは長いあいだ不思議に思っていたのである。ところが今回の実験によって以前の試みは刷新された。よってそうした観点から読まれる必要がある。

［4］変換の概念は、最近のステファン・ヘルムリッヒの研究によって人類学にもちこまれた。ヘルムリッヒは音響学の分野からその概念を借用している。「音響学における変換とは、音のシグナルをひとつの媒体からもうひとつの媒体へと転換させることである」（Helmreich 2009: 214）。この概念は、ギルバード・シモンドンの哲学でも中心的な役割を果たしている。シモンドンにとって変換が示すのは「ひとつのプロセスである。それが物理的、生物学的、精神的、あるいは社会的なものであれ、ある活動がみずから発動し、それが作用する領域全体を異なる区画に構造化しながら、所与の領域に伝播していく過程なのだ」（Simondon 1992: 313）。そのひとつの例が、溶体のなかで全方位に拡がり成長する結晶だろう。控えめに言ってもシモンドンの語法は特殊なので、本稿ではそれに従わないこととする。

［5］同様のことは第六章で論じたラウラ・ヴィンシの「世界の機械」についてもいえるだろう。その機械のつくる、粉末状の大理石でできた山は、絶えず変化にさらされているとはいえ、機械は、少なくとも原理的には、永久に動きつづけることができる。一方で、堅い大理石を彫ってつくられた彫刻物は、永久にその姿をとどめるであろうが、実質的には死んだも同然の存在となっている。

［6］セザル・ヒラルド・エレーラ（パーソナルコミュニケーション学専門）は次のことをわたしに思い起こさせてくれた。ラテン語のコギト cogito という単語は、co《コ》（共同性や同時性を示唆する）と agito《アギト》（生じさせる、導く、率いる、または気に留める）の合成である。よって、cogito とは、字義どおりに理解すれば、co-agitate（co［共に］と agitate［かき回す、煽動する］）、つまり導くと同時に導かれる、かき回すと同時にかき回される、見守ると同時に見守られるということである。また、古くからあるデカルトの格言 cogito ergo sum［我思う、ゆえに我あり］もこう訳せるかもしれない。「我応答す《コレスポンド》、ゆえに我あり」と。

第八章　手は語る

個人的な知識

「これは事実である」。マイケル・ポランニーは、暗黙知の次元に関する連続講座の冒頭でこう述べていた。「すなわち、わたしたちは語りうることよりも多くのことを知ることができる」(Polanyi 1966: 4)。ポランニーが述べていたのは、経験や技の実践をとおして育まれる知識や行為のあり方のことである。それは実践者そのひととあまりに分ちがたく、解明や分析が難しい。ポランニーは次のように主張した。この種の知識で形式立てて表現できるものや、自分の意識で明らかにできるものは、その下にひそむ膨大なノウハウの蓄積に比べれば氷山の一角にすぎず、そのような蓄積がなければ実質的には何もできないだろう、と。ところで、ポランニーの第一の関心は、知ることとは何かだ。これに対してわたしが関心を寄せるのは、「語る」とはどういうことかである。個人的な知識の本質について考察するなかで、ポランニーは次のような前提に立っていたようだ。「語る」とは、理解したことを話し言葉あるいは書き言葉を使って言語化することであり、「詳記」(詳細に表すこと)と「分画化」(分割して区画すること、明確に表わすこと)のふたつをともなう。こうしてポランニーは、判別不可能な知識の一部については、「欠陥ある分画化のために言い残された残渣」とみなす（Polanyi 1958: 88）。しかし、この章では次のように主張したい。わたしたちは、実践や経験から知りえたことを語ることができる。なぜなら、語ること自体が、明確化や詳細化になじまないパフォーマンスのあり方のひとつだからである。それに、個人的な知識はポランニーが考えたほど黙してはいない。部分的な問題は、「暗黙の」という語の意味に濃淡があることだ。それは口を閉ざしている沈黙から、はっきりといわないことまでさまざまである。まだ言葉にされていないことは、これからも沈黙しつづける必要があるわけではない。記述がないからといって、書いた痕跡をまったく残してはならないわけではない。さらに、解明されていないことも、書き言葉や話し言葉をつうじて表現する方法がこれから見つかるかもしれない。すぐれた技術をもつ実践者と活動した経験のある人類学者なら誰しもわかるように、調査対象の職人は大抵、自分の技術を大きな声で包み隠すことなく、懇切丁寧に説き明かしてくれる。何をしているのですか。どのようにするのですか。そう尋ねると、だんまりを決めこむ寡黙な職人のイメージ。その多くは、話し言葉や書き言葉に対する学問の世界の独占支配を守ることで、既得権益を得る者たちが支えてきたフィクションなのだ。〔英語の〕テル tell という動詞は、関連するふたつの意味をもつ。一方は、世界に関する物語を伝えることであり、他方は、自分がいる環境にある些細なヒントを察知して、みずからの判断や予見でそれに応じることである。例えば狩人はいずれも優れた語り部であり、周囲の状況や動物が残した痕跡からその動きを判別《テル》することもできる。考古学者は、かつての村落で暮らしていた人びとについて語《テル》ることができるとともに、地面のわずかな変色を手がかりに建物の木柱が以前立っていた場所を見分ける《テル》こともできる。手紙の書き手は、自分の個人的な話を伝《テル》えつつ、手書きの筆跡の抑揚からこれを書いた文通相手の感情を察《テル》することができる、など。「語《テル》る」のふたつの意味は密接に関わっている。なぜなら、耳をそばだて、注視し、読みとる者たち——そこにはもちろん、参与観察をおこなう人類学者も含まれる——にとって、物語を語るという行為は注意のむけ方を教えることだからだ。初心者は語ることをつうじて事物を指し示されることで、そのひとは自分がいま臨んでいる状況において、その物語がどのような意味をもちうるかを自力で見いだせるようになる。自分より優れた見識をもつ人びとの群れのなかでどうにかこなしつつ、そうした人びとの話を耳にしながら、先達の知識に親しんでゆく。そのプロセスは、指南される再発見というべきものであって、複製や受け売りのようなメカニズムから出来合いのものを受けとることを意味しない（Ingold 2011a: 162）。つまり、語《テル》ることは、世界をつまびらかに解明することではない。また、完璧な詳記にひとしい情報を提供して、実践者を目指す者たちが、みずから疑問を抱く必要がないようにすることでもない。むしろそれは、他のひとたちにも追えそうな道すじをたどって行くことなのだ。だから、追跡の物語のなかで育まれる狩人は臭跡をたどることができる。訓練された考古学者は遺構《カット》〔過去に掘られた穴。溝や竪穴などの遺構において、ほかの埋納物が取りのぞかれた状態〕をたどり、すぐれた読解力のある読者は文章の伏線をたどることができる。

物語の重要性は、実践者に対して、自分が知っていることをそれと特定することなく伝《テル》える手段であるという点にある。物語には、行くべき場所や見るべきものを指し示す、矢印のように暗号化された情報は多く含まれていない[1]。物語が教育として優れているのはこのためだ。一方、完璧に詳細にわたった助言は何も教えてくれない。たしかにそれは機械や電気製品によく添付されている、すでにその操作につうじた人間でなければ理解できない、技術的な仕様書のように素人を困惑させるものだ。指南をしてくれない詳細な助言に代わって物語がもたらすのは、詳細な助言のない指南である。このちがいはまさに、わたしたちが第五章で紹介した「予測的な洞察力」と「予期的な洞察力」の例と似かよっている。前者が生じさせるのは計画だろう。しかし、後者は実践者に実践しつづけることを許可する。あるいは、ポランニーがいうように、課題を成し遂げようとするなかで、実践者が「みずからの道を勘で探り当てる」ことを許可するのだ（Polanyi 1958: 62）。詳記することは、詳細に表されたものについての情報をもたらす。例えば、使用する素材、部品、寸法、その動かし方などだ。それらがプロジェクトに輪郭を与える。ところが、物語は語る行為のなかで、運動体や生き生きとした素材から生じるものだ。物語には進路がある。なぜなら、物語の知識と実践はともに放浪する性質があり、実践者は物語を語る行為のなかで、知識と実践をたがいに出会わせる《コレスポンド》ことができるからだ。握斧をつくるときに、わたしたちが第三章で見た石を剝がしていくプロセスは、あらかじめ決められた全体の部品を組み立てるというよりも、進路に沿って前進していくことを意味する。第四章では、中世のカテドラルが、ジグソーパズルを完成させるというよりも、いかにパッチワークキルトと似ているかを考えた。握斧の形状は個々の作業の連続から生まれるものではないし、カテドラルの構造もバラバラになった部品の集合体ではない。握斧もカテドラルもこの意味において「組み立てられた」ものではない。

ここで分画化することの問題が生じる。なぜなら、精密部品の集合や結合といった連結部分がボルトで固定されより大きな全体を成すものが、まさに分画化の意味するものだからだ。たとえば、言語学者のいう「明瞭な発話」とは、話者がそれを声で表現する前に、頭のなかであらかじめ組み立てたものを指す。音素を組み合わせて形態素を形成し、形態素から語を形成し、語からフレーズを、フレーズから全文を、全文から構文の連なりを形成する。しかし、発話が皆こうであるならば、物語も神話も詩も存在しないだろう。どんな言語芸術も生まれえない。また、つくることがすべてこうであるのなら、握斧もカテドラルもつくられなかっただろう。そして思考がすべてこのようであるなら、わたしたちが共感を覚えることはないだろう。分画化、あるいは昨今「組み立てられた思考」という名でとおっているものは、おそらく理性と相性がいいだろうが、感性にとっては敵なのだ。それは感情を拭い去ってしまう。それゆえポランニーが的確に認めた分画化された知識と個人的な知識の不整合とは、より根本的な次元でいうと、横方向に統合した相互に関係する言明と、縦方向に呼応《コレスポンダンス》する絡まりあった運動とのちがいである。分画化された知識は知りえたことについての表明という体裁をとる一方、実践者の意識とかれらが向き合う素材の応答からなる感覚の領域から成長し、その領域のなかで発展する。分画化された知識と比較するとき、個人的な知識は心の奥底に眠っているのではなく、意識の前面に引きずりだされている。氷山の一角のたとえが示唆するようには、個人的な知識は水底に沈んではいない。むしろ個人的な知識は、分画化された知識が結んでいる島々のまわりや、そのあいだを巡っている。すぐれた技術をもつ実践者は、通路を通りぬける方法を心得ている。そのようなノウハウを無意識的だと考えるのは見当ちがいもはなはだしい。それでは、実践者が実際は高度な集中を要する仕事をしているのに、まるで「考えずともできる」と見なすことになる。第五章で出会った、歯車とバネに囲まれた時計職人の事例を思い起こしていただきたい。彼は目と指を使って思考する。他のどの職人もそうだが、彼もまた島々のあいだを行く者なのだ。

そのようなわけで、ポランニーが個人的な知識と分画化された知識を区別したこと自体には異論はない。不服があるとすれば次の点だけである。それは、彼が分画化することと語ることを同一視し、分画化されなかったことは語られずにいる、暗黙の何かだと推測したことである。ところが実際は、語ることは分画化することの真反対なのだ。なぜならTellingはその両方の意味において──物語を口語的に関連づけるという意味にせよ、感覚的な気づきと素材の変化を結びつけて考えるという意味にせよ──応答《コレスポンダンス》の実践なのである。個人の次元では、知ること《テリング》と伝えること《テリング》は同一である。これは内面から知るという次元の知であり、第一章でみた四つのA、すなわち人類学、考古学、芸術、建築をひとつに結びつける。ここでわたしが主張したいことは、四つの領域を教え、学び、研究することができるのは、存在を内面から成長させる知のあり方が、実践者を黙ったままにはしておかないからだ。この主張こそ、わたしが四つの領域をひとつにしようとするあらゆる努力の源である。何かを制作するひとが一般にそうであるように、四つのAの学者たちは、自分たちの知っていることを「伝える《テル》」ことができる。そう、彼らはすべてを伝えられるのだ。しかし、彼らにもできないこと、もしくは非常な困難をともなって意味をなさない可能性のあることがひとつある。それが分画化することである。

手の人間性

目は見ることができ、耳は聴き、鼻は空気をかぐことができる。これらの感覚器官はいずれも頭部にある。これらのおかげで、tell が意味することのひとつである、何が起きているかを知る《テル》ことができる。だが、もうひとつの意味の tell となると、これらの感覚器官はたいして役に立たない。鼻も耳もストーリーを語ることはできない。目も同じであった。ジャック・デリダが、目の本質的な用途は見ることではなく、泣くことだということに気づかせてくれるまでは（Derrida 1993: 126-128）。デリダはいう。視界をくもらせる涙のヴェールの陰から目は伝える《テル》ことができる。悲しみ、喪失、苦しみを。そして、愛、喜び、高揚も。盲者でさえ涙を流す。目はときに、前者よりも後者の意味でより多くを語ることができる。目は涙でくもっているかもしれない。しかしその目をのぞきこめば、ストーリーがそこにある。肖像画家たちはいつもそのように心得ていた。しかし、よりふさわしい器官を目にしようと思うなら、もっと下に目をむける必要がある。頭部から咽頭へ。人間の声帯のもつ認識の器官としての役割は、隅に置かれるばかりで顧みられることがない。声帯は耳と連携して反響定位《エコロケーション》のシステムを構成し、そのシステムのおかげで、わたしたちは自分がどこにいるのか識別《テル》することができる。真っ暗闇のなかでも、広々とした場所にいるのか、閉ざされた空間にいるのか、を。だが、話したり歌ったりできるのは、声があるからだ。昔は声のおかげで文字を読むこともできた。中世における読書は、現在のようにすでに文字の形をしたものを見ることはできなかった。当時の人びとは、音楽家が楽譜を基に音を奏でるように、ページに記されたものを基に発話しなければならなかった。そうすることによって、言葉は姿を現し、声にだすというまさにそのプロセスをつうじて、言葉は飛び出し、耳で聞きとれる存在となった（Saenger 1982: 384）。そして、このような文字を刻んだのは読者の声ではなかった。それは写本を記した者の手だったのだ。

　一方の目、耳、鼻と、他方の咽頭。これらの器官と比べると手は独特の存在だ。なぜなら手はテリング〔語ること、識別すること〕の両方の側面を兼ね備えているからである[2]。目は表情豊かになると視界がすぐれない。よく見えるようになると、伝えることが乏しくなる。だが、手にこのようなトレードオフの関係は存在しない。手は触覚の器官として卓越しているばかりか、この世界についてのストーリーを語ることもできる。ジェスチャー、手が生みだす書き言葉、線描が残す軌跡によって。あるいは織物やレース編み、刺繍のような糸をつかった手芸をつうじて。なるほど、手ぶりを使って手をもっと生き生きとさせると、手はいっそう敏感に感じとるようになる。解剖学的にみると、手は驚くほど複雑な組織である。それは皮膚、骨、筋組織、神経から成り、手首の動脈から脈打つ血液がめぐっている。だが、手と頭をあまりに対極的にとらえるのはよくない。手は、脳の指令や脳内のコントロールセンターに遠隔操作される道具ではないのだから。解剖学者のフランク・ウィルソンはこのように説明する。「頭脳は、形質上はそこにあるのだが、頭のなかで生きているわけではない。頭脳は胴体に拡がり、胴体から世界に拡大しているのだ」(Wilson 1998: 307)。脳はこのように指先まで下り、その先へと拡張していく。手は脳の延長であって、脳から隔離されてそれに操作される器械ではない。だがしかし、ウィルソンがさらに主張するように「脳は手であり、手は脳である」のだとしたら、どうだろうか。すると、哲学者や心理学者を大いに悩ませてきた問い――心と脳は同じものか、ちがうものなのか。また、ちがうとすれば一方はどのように他方に比べて優位にあるのか――は、手についても問われなくてはならない。わたしたちは、ウィルソンの主張を採用して「心は手であり、手は心である」といえるのか。人間の手は脳の延長だろう。だが、手の人間性とは、わたしたちの心理的な現象ではないのか。

人間の手はどのように進化したのか。それはたびたび話題になる話だ。手は二足歩行にともない、加えて道具の使用の増加と、最終的には大脳皮質の拡大によって進化した。その先をここでくり返すつもりはない(Napier 1993)。他の霊長類の動物の手や、いうまでもなく前足、かぎ爪、猛禽類の爪やその他の動物目の同じような部分と比べると、人間の手に匹敵するものはまず存在しない。それには三つの理由がある。第一に、人間の手は五指を自在に動かせる。第二に、かぎ爪ではなく爪があるため、指先の繊細な部分をより自由に動かすことができる。第三に、もっとも重要なことは、鞍関節のおかげで、両手の親指を回転させられることだ。そのため親指は、指先を曲げた人差し指と完璧にむき合い、長さも人差し指を受けとめるのにちょうどよい。この第三の性質のおかげで物を正確につかめるのだが、この能力は人間の手のみに備わり、ほとんどすべての技巧を要する制作活動に使われるものだ（Tallis 2003: 267）。エディンバラ大学で外科手術の教授をつとめたサー・チャールズ・ベルは、一八三三年のブリッジウォーター叢書に、次のような言葉を記している。

人間の手には（……）道具としてあらゆる完成度の極致がみられる。手の素晴らしさは、広範囲で多様な動きをともなう特性の組み合わせとしての能力にある。その能力は、四指と親指の形態や、関連性、敏感さや、摑む、引く、紡ぐ、織る、組み立てるという働きのなかに見いだされる。このような特性は、他の動物にも見られるが、これらの特性が合わさることで手はいよいよ完璧な道具となるのである（Bell 1833: 209）。

だが、このように述べつつも、ベルの信念は揺らがなかった。人間性の真髄は心にあり、手にはない。手は単なる道具として心に奉仕し、心のあらゆる願望や命令に素直に従うものなのだ。ところが、一九四二年から一九四三年にかけて、フライブルク大学でおこなった『パルメニデス』の連続講義で、手について考察したマルティン・ハイデガーは、この議論における頭脳に関する見方をひっくり返してみせた。ハイデガーにとって、手はただの道具ではない。手の役割は、たとえば手が物を「もつ」ことが可能であるように、まさに何らかの手段になりうるという、その可能性にこそある。人間の手は正確にものをつかめるという点で、特徴が際立っている。ところが、ハイデガーの主張は次のようなものだった。手の人間性は言葉によって所有されることにある。「人間が、両手を〝持つ〟のではなく、手が、人間の本質を保持するのである。というのも、手の本質領域である語が、人間の本質根拠だからである」（Heidegger 1992: 80）。こうして、手は言葉からなり、人間は手からなっている。言葉のおかげで、また手を介して、世界は人間の前に開かれる。だが動物に対して、世界はそのように開かれることはなく、また開くことはできない。ハイデガーが人間の独自性に関して、みずからの率直な立場を明らかにしたのは、「形而上学の根本諸概念」に関する連続講義の冒頭であった。この講座はフライブルクで一九二九年から一九三〇年に講じられたが、一九八三年になって初めて出版された。ハイデガーによれば「動物は世界貧乏的である」のに対し、人間のみが「世界形成的である」（Heidegger 1995: 177）。動物は何も知らない世界に捕まり、あるいは「とらわれて」（ibid.: 239）、その性向にしたがってふるまうことしかできない。動物は本能的な衝動の奴隷であり、世界は彼らの解放のきっかけとなる「抑止解除」（ibid.: 255）の環境でしかない。対照的に、人間は動物が捕らえられている縄目から解放されている。しかし同様の理由で、単に与えられたものではない世界のなかに、それが何であるかを明らかにし開示すべきものとしての世界のなかに、人間は投じられている。この開示の前兆が手である。手はハイデガーが、世界に対する「振る舞い」（ibid.: 237）と呼んだものを行使し、それは世界のなかの行為とは区別される。手の人間性と、言葉による手の所有のおかげで、人間だけが「手先が器用」になり、世界を形成することができる。つまり、開示することや明らかにすることという意味で語る《テル》ことができる。だが、まだ他にもある。人間はもうひとつの意味でのtell、すなわち回想することもできる。つまり、書くことができる。しかもハイデガーにとって、書かれたものが回想する《テル》のは、手で書かれた場合だけである。わたしたちの眼に語りかける《テル》文章は、書字というかたちをとる。それゆえ「書かれた文字としての語は、手書きのものなのである」(Heidegger 1992: 80)。これは重要な点なので、この章の終わりにもう一度考えたいと思う。ここではもうひとりの思想家に頼ることにしたい。手の人間性について詳細に論じてきたその人物とは、先史学者のアンドレ・ルロワ=グーランである。

身ぶりの知性

ルロワ=グーランとは、第三章ですでに出会っている。わたしたちは彼を次のような問いで困らせたのだった。彼のいう「アルカントロピアン」の握斧のつくり手たちは、知的にデザインする能力があったのか。それとも彼らの技術的な活動は、単に身体から滲みでてきたものなのか。もしそうだとすれば、ルロワ=グーランは、疑問を解けなかった言いわけに、ホモ・サピエンスである彼の頭脳の限界を認めたことになる。わたしたちの結論はこうだった。これらの限界は、古典的な二律背反のなかで問いの枠組みをつくることに関係している。自然と文化、身体と魂、物質と形式。この枠組みが自然界を或る領域に囲いこむ。そして、その限界を完破することのできる幸運(あるいは不運)は、人間だけに与えられているようなのだ。技術は、境界線の一方では種の遺伝上の要請に従うとみられ、他方では社会的集団の伝統上の要請に従うとみえる。ルロワ=グーランが『身ぶりと言葉』[3]（Leroi-Gourhan 1993）で表明したのは次のようなことだ。進化を遂げた人類が、いかにして純粋な動物的存在の段階を脱したのか。人類が社会的生活や象徴文化の領域へと拡大したこと、その結果として、手と顔の関係が再構成され、手は技術的なことを担い、顔が言語や発話をつかさどるために解放されたこと。ルロワ=グーランは次のように書いている。「種の特徴のひとつに道具が現れたということは、動物と人間の間の境界をしるすものであり、長い過渡期をへて、ゆっくりと人間の動物学は社会学に取ってかわられる」（ibid.: 90）。では、そのような者たちの技術を理解するにはどうすればいいのか。彼らはわたしたちの祖先であり、過渡期に淘汰されてしまったというのに。このように考えると必然的に、この過渡期を生き延びた者たちが、例外的な動物的–社会的な存在のハイブリッドとして出現してくる。それは動物的な存在でもなく社会的な存在でもない、要は矛盾に満ちた存在である。彼らは知的だが、その技術は創造的な思考を欠いているようだ。道具の形は彼らの体格に制約されつつ、彼らの心のイメージを映しだすものでもある。

こうした矛盾を挙げればきりがない。そして、その矛盾が残すのは、根本的な、まだ答えのでない問いである。わたしたちは、技術の歴史が文字どおり先天的な能力の土台から離れたとされるときの、ルロワ=グーランのいう「動物学上の種として生物学的な進化曲線における決定的なターニングポイント」（ibid.: 137）なるものを識別することができるのだろうか。実証的にはもちろんのこと、そもそも原理的に可能であるのか。ルロワ=グーランは「識別できる」と考えた。そしてターニング・ポイントを頭蓋の進化、つまり大脳皮質の拡大とそれにともなう眼窩上隆起の消失にくり返し認めるのだ。眼窩上隆起とは、眼窩の上の骨ばったひさしのような部分を指し、類人猿の頭蓋の凸面と顔面を区分する。たしかに眼窩上隆起は、後から考えると測り知れないほど、ルロワ=グーランの説にとって重要なものである。眼窩上隆起は単なる頭蓋骨の突起ではない。眼窩上隆起は障壁であり、それが消失することによって象徴的想像力の水門が開かれ、完全な社会的生活なる潮流が、人類のもとに押し寄せたことになる。この「前頭葉的な事件」こそが最終的な解放だったのだ。とはいえ、ルロワ=グーランの説には矛盾がある。なぜなら「人間が動物学的な世界と社会学的な世界の両方に属しているという本質的事実」を明言するやいなや、ルロワ=グーランは、彼のいうところの「第三の道」を歩んでいくからだ。その「第三の道」によれば、人間と人間以外の動物の生を維持するのは「一連の〝伝統〟である。伝統を支えるのは、本能でも知性でもない。程度のちがいはあっても動物学的であり、かつ社会的なものなのである」。そしてこのように示唆する。わたしたちはそうして初めて、過去二百年にわたって科学的思考を支配してきた「自然的と文化的という区分を求めること」を越えて前に進むことができるのだろう。そして、動物心理学とエスノロジーという学問領域上の壁を解消し、「動物性や人間性」(ibid.: 220) を真に理解することができるようになる。

『言葉と身ぶり』の第二部には、「記憶とリズム」というタイトルがつけられている。ルロワ=グーランがまず注目するのは、「第三の道」説があらわれる、技術を要する活動の基礎をなす遺伝子上のプログラムや知的なデザインではなく、技術を要する活動にはリズムがあり、実践者はそれを諳んじているという特徴である。ルロワ＝グーランによれば、特定の手の動作を規則正しく反復することは、非常に多くの〔技術的な〕作業にみられるものだ。たとえば槌で叩くこと、縫うこと、削ることなど。職人の心のなかにつくるものの完成形のアイデアがあろうとなかろうと、実際の物の形はリズミカルな動作のパターンから生じるのであって、完成形のアイデアからではない。実際そのような見立ては、民族学者のフランツ・ボアズが、古典的な研究書である一九二七年の『プリミティブ・アート』においてすでに示唆していた。ボアズは、熟練した職人が隅々まで抑制の効いたリズミカルな動作で、均一な形を狂いもなく生みだす様子を丹念に描出しようとした。「剥離、手斧による削り、ハンマーによる打撃、巻き上げによる土器作りに必要な規則正しい回転と押圧、籠をつくるための編みでは、均整のとれたかたちと同一の動作のリズミカルな反復は必然的に関連している」（Boas 1955: 40）。ルロワ＝グーランは、偶然にも同じような結論にたどりついたようだ。これは第三章ですでに言及したことである。つまり「リズムは……形の創造者である」のだ[4]（Leroi-Gourhan 1993: 309）。とはいえ、道具や素材をあつかうときにくり返されるリズミカルな動作は、振り子やメトロノームの振幅のように機械的なものではない。ここでいうリズミカルな動作は、実践者がみずからの動きを、自分が関わる環境の構成物に内在するリズムにたえず順応させることによって生まれるからだ。ルロワ＝グーラン自身は、人工物《アーチファクト》の美学的価値を分析する際の、機能と形式の関係をめぐる一連の議論で次のように述べている。「製作というものはすべて、製作者と素材との対話である」(ibid.: 306)。この対話は質疑応答のやりとりに似ている。いずれの所作も職人を目標へと導く助けとなるような、素材の反応を引きだすことが目的である。つまり応答《コレスポンダンス》なのだ。その最終的な姿は、つくり手がずっと心のなかにあたためてきたものを素材に押しつけるのではなく、作品が完成したときにはじめて全貌をあらわすのである。

さらに、こうもいえるだろう。技術的な知は、脳にも、手にも、そして手のなかの道具にも見あたらない。ある物体は道具として使用されるが、その物自体は、不動の石や樹木や金属が特定の形をとったものにすぎない。同様に解剖学的な観点からは、前述のとおり、手も皮膚や筋組織の配列であり、脳も神経細胞が果てしなく絡まったものにすぎない。脳や手、道具それ自身を考えると、知性はいずれのものにも属していない。むしろ知性は、技術的な行為、これらのものをひとつに結び合わせる身体動作に備わるのだ。ルロワ＝グーランは力説する。「ヒトの手は人間的である。それは手そのものが人間的なのではなく、手が成すもののためにそうなのである」(ibid.: 240)。いいかえれば、人間の手は人体のひとつの器官だが、手の人間性はさまざまな能力の集積である。それぞれの能力は手が使われる多くの作業と、それにともなう動作に特殊なものである。熟練者の手には、そのひとが過去の実践で習得した運動と感覚の能力が凝縮されている。ここに技術の記憶的側面がある。たとえば、のこぎりを持てば手はどう引けばよいかを知っている(Ingold 2011a.: 58)。ナイフとフォークを持てば、手は食べ物を細かく切って口に運ぶ方法がわかる。ペンをとれば、手はどうやって書くかを知っている。また、一字一字の文字のつづり方や、それをどう隣り合わせるかも。技術の面で効果的であると同時に優れた感覚をともなう知的な身体動作において、手や道具は規則正しくくり返されるリズミカルで俊敏な所作のパターンに組みこまれることをとおして、〔人間に〕使役されているというほどには使われてはいない。またこのように〔手や道具を〕使うすぐれた知恵は、個人の心の能力としてそれだけで孤立した、技術的な行為に先立つものではなく、むしろそれは全体的な「形を生みだすシステム」(Leroi-Gourhan 1993: 310)の新たな特性として生じるものである。「形を生みだすシステム」とは、人間、道具、素材の身体動作における連携から成る。つまり、手は知る―語る《テル》ことができるのだ。展開する課題の状況への手の注意深さと、手の生みだす身体動作や記述の両方において。ルロワ＝グーランは、そのような徴《しるし》を取りあげる。その徴は、器用な手の動作によって持続性のある軌跡が堅い素材に刻みつけられたもののことだ。一般には図示表現《グラフィズム》と呼ばれる。図示表現については、次章であらためて触れたい。

握ることと触ること

それでは、手にできることとは何であるのだろうか。思うに、この質問の答えは「ほとんどすべて」である。哲学者で内科医のレイモンド・タリスは次のように述べる(Tallis 2003: 267)。「手は全能で、有益と思われる方向へいかようにも能力を伸ばすことができる」。学者たちは折にふれて、手にできることのリストをつくろうとした。にぎる、つかむ、わしづかみにする、手のさまざまな使い方。しかし、リストの中身はてんでばらばらになった。たとえば、ルロワ＝グーランが挙げるのは、爪で傷つけること、指と手のひらでギュッとつかむこと、指と指のあいだで挟むことだった（Leroi-Gourhan 1993: 328）。その上、槍投げのように手と前腕を同時に使って、てこの力を使うことも加えている。このリストには特定のジェンダーバイアスがあることに気づかされる。引っかく。強奪する、傷を負わせる、突き刺す。ギリシアの古典文学からそっくり抜けだしてきた理想の男性像を体現するかのようだ。それでは「搾る」はどうだろう。雌牛の乳搾りから洗濯物を搾ることまで、その動作はあらゆるところで見られる。または、生地や粘土を練るときの「打つ」はどうか。あるいは、根菜の根株を取り除くときの「掘りおこす」はどうか。これらは多くの社会で女性たちが担ってきたものだ。近年では、リチャード・セネットが伝承技術の研究で、手を人間らしいものにする重要な能力として、握ることと触ることに光を当てている（Sennett 2008: 151）。セネットは、形質人類学者のマリー・マルツクの研究（Marzke 1997）に触れて、物をにぎる動作には主に三つの基本的な方法があるという。親指の先と人差し指の側面のあいだで物を挟むこと（これは物を正確につかむことと関係している。たとえば、針の穴に糸を通すことなど）。何かを両手でそっと抱えるようにもって、親指と他の四本の指で押したりさすったりしながら、手のなかで転がすこと。親指と人差し指をむかい合わせるようにし、手を丸めるように物をもつこと（手をお椀のような形にすること）。

だがしかし、この分類も完璧とはいいがたい。たとえば、先に挙げた三つの持ち方は、いずれもペンの持ち方を満足に描写するものではない。それはこのような具合である。はじめに、ペンの下軸を中指と薬指の指先のあいだに置き、ペンの上軸を親指のつけ根と人差し指のあいだの鞍部に置く。そして、親指と人差し指の指先を、物をしっかりと挟める位置にもってくる。だが、その指ではペンを持たずに、上からペンを押さえるようにする。もちろん、このような指示は一般的なものにすぎない。指示とは、とるべき道を示すものであって、事前に決めた最終目的地を定めるものではない。実際の動作では、どの類の手の動きにも無限の多様性が存在する。よって、線を描くにせよ字を書くにせよ、わたしたちには各自のペンの持ち方があり、いずれも微妙に異なっている。筆跡をみれば書いた人物を識別できるのはそのためである。同じく、わたしたちの誰もが、声でその人とわかる。音声学者や言語療法士であれば、特定の母音や子音を発するために必要な身体動作や、舌や唇の状態を指示することができるだろう。だが実際に話すときは、一人ひとりに自分の声がある。声は顔や物腰のように（とりわけ筆跡のように）、誰のものかが即座に識別可能であり、他人のものと区別することができるものだ。

さて次に、にぎることから触ることへ、手の為すことから手が感じるものへと目をむけてみよう。おそらく第一印象はこうだろう。手が物に関わるときは一般に指が優先される。最初に触れるのは指なので、手の触覚をつかさどるのは指である、と。わたしと同じくチェロ奏者であるセネットは、指先の触覚の「誠実さ」にかけては一家言があるようだ（Sennet 2008: 157）。セネットの所見は直感に反しているように見えるが、わたしの経験に照らしてもなるほどしっくりくる。実践者にはよく、道具や材料と絶えず摩擦が起きる指や手のひらの部位に、皮膚が厚くなったマメができる。同じように、裸足で歩けばそのような部位にマメができる。主に親指の腹やかかとがそうで、この二ヶ所が地面ともっとも接触するからだ。マメができると触覚が麻痺すると思うかもしれない。少なくとも鈍くなるとは思うだろう。つまり、マメは裸足で歩き慣れたひとにとって、靴を履いているひとの靴底に似た働きをするのだ、と。ところが実際は、セネットが示唆する（ibid.: 153）ようにその正反対である。マメは触覚をもっと研ぎすませてくれる。なぜならマメのおかげで、あまり躊躇せず、足が前方へと探りを入れたり、前に踏みこめるようになるからだ。チェロ奏者が、心を落ち着けて指板に指を置き、弦に全力を傾けられるのは、痛みが心配で怖じけづいたりしないからだ。それだけではない。奏者は、自分の指を同じポーズでもち上げることができる。そうして澄んだ音階を維持し、ほかの音と混ざらないよう保てるのだ（ibid.: 151）。同じように、足にマメができると、普段なら靴を履いていても身の毛がよだつような場所に、靴を履かずとも臆せず足を踏みこめる。そうして全身の力でしっかりと地面に立つことができる。船を漕ぐときもそうだ。最初にマメができるのは、手指のつけ根のオールをにぎる部分である。頑丈な当て布をしてもマメはできるが、おかげで悠々と水面を漕ぎすすめることができるのだ。

　船を漕ぐときのみならず、乳搾りや洗濯、大工仕事や石工仕事など、数えきれないほどの多くの動作において、手の触覚は指先にとどまることなく、手のひらと手の甲の全体におよんでいる。樹木の枝が部位によって風雨にさらされ節くれだつように、熟練した実践者の手は骨の折れる動作が何年もくり返されてきたことを証している。そのうえ、手は触覚や身体動作によってのみ、知《テ》る——伝える《ル》のではない。手は隆起やしわで知《テ》る——語《ル》ることもできるのだ。過去の行動の履歴から、吉凶を占うときは未来を予言することもできる。手はしわを通じて、しわとしわが重なり閉じる位置を伝えてくれる。深い洞察力をもってすれば、占い師はそのしわの線に入りこみ、しわの線が迷宮の糸口であるかのように、それをたどっていく。そして、手の持ち主が今までどこに居たのか、そのひとがこれからどこにむかっていくのかを告げるのだ〔Hallam 2002〕。

紐をつくる

わたしと「四つのA」の受講生たちは、手の秘められた能力をもっとよく知ろうと、紐のつくり方を習得することにした。およそ人間の技術がもたらす成果のうち、紐ほど広い範囲において見られながら評価されていないものはない。わたしたちの祖先はいつ紐をつくりはじめたのか。それは誰にもわからない。なぜなら紐の材料となった有機繊維は保存が難しかったからだ。だが、握斧をつくることのできた者たちに、紐をつむぐ能力がなかったわけはない。今日の大型類人猿のように、わたしたちの最初の祖先は、道具の使い手となる前は繊維を使っていたようなのだ。それは紐で結び目をつくる程度のものだっただろう。なぜなら、このような技術は、人間の身近で生息しているものに限られるとはいえ、サル〔類人猿〕にも見られるからだ〔Herzfeld and Lesel 2005〕。ウィレク・ウェンドリッチは、古代エジプト時代からほとんど変わらない技術を要する、エジプトの伝統的な籠づくりに関する民族考古学の研究において、渦巻き状の籠のつくり手がとなりの巻きに縫い合わせるときに使う紐を撚る方法を詳細に描出している〔Wendrich 1999: 298-300〕。紐の材料は、ナツメヤシの葉からとられた葉脈を水に漬けて下処理したものだ。その紐はシンプルであるが、驚くほどの強度がある。二本撚りで、それぞれの撚り糸は、互いが撚り合わされているのと反対の方向に繊維が束ねられている。このように撚り合わされたものが、反対方向に絡まり合うおかげで、紐は絡まっても解けないしくみになっている。撚り糸だけが、紐をもっときつく締めることで紐の撚りを解くことができる。また紐だけが、撚り糸をもっときつく締めることで、撚り糸の撚りを解くことができる。紐と撚り糸は、いずれも撚りを解こうとし、そうすることでもう一方をきつく撚ることになる。

さて、わたしはシュロの葉をとってきた。シュロは荒涼とした気候で風の吹きすさぶアバディーンでも育つ植物だ。しかも、わたしたちの庭にシュロの木が一本あったのだ。二〇〇九年から二〇一〇年にかけてと、二〇一〇年から二〇一一年にかけて、きびしい冬が立て続けに二度も来たせいで、もう枯れてしまったのだが。さて、わたしはシュロの葉を左手の親指と人差し指のあいだにもち、その端を右手の親指の爪と中指の腹でつまんだところだ。爪を使って葉の端を細く裂き、幅一ミリほど、葉の全長と同じ長さに剝いでみた。そうやって十分な量の切れ端をつくり、一晩バケツの水に浸して、翌日「四つのA」のクラスにもっていった。わたしたちはヴィンドリッヒのエジプトの紐づくりの描写をずっと読んでいたし、籠職人が作業する様子を撮った付属のヴィデオもみていた。これらを手がかりにして、自分たちのシュロの葉の繊維を使って作業をはじめた。手順としては、それぞれ撚り糸となる繊維の束を二束、左手の手のひらを開いてその上に置き、平らにした右手の手のひらをそこに重ねて、左手のつけ根から指先にむかってすべらせる。こうしていると、二本の撚り糸が巻かれて撚り合わされる。だが、右手が滑走台〔左手〕の端にきたときに、右手の親指と人差し指で撚り糸の末端をつまんで、それを基部のポジション、つまりは手首の近くに引き寄せる。そうして、本来の基礎となる撚り糸を端へとスライドさせるのだ。このことの効果は、ふたつの撚り糸を反対の方向へハーフツイストさせることだ〔図8−1〕。手をすべらせて丸め、つまんで寄せるという最初のふたつの動作を何度もくり返し、必要に応じて撚り糸の束に繊維を追加する。いうまでもなく、わたしたちは苦労するばかりで、出来はお粗末だった。なので、ヴィデオに映っている籠職人の姿に羨望のまなざしをむけるばかりだった。彼らは手からたやすく紐をつむぎだしているように見えた。巻いては引き、巻いては引く。その安定した動きは、眠りに誘うようなリズムを刻んでいる。とはいえ、わたしたちの紐は完成した〔図8−2〕。完成したその紐の強度と柔軟性は驚くべきものであった。

さて、わたしたちはここから何を学んだのだろうか。それは四つのことであった。手はどのようにして段々と素材に親しみ、あるいは、その「感じ」をつかむのか。手がその動きを反復することを通じて、いかにリズムをその素材に伝えていくのか。それから、素材がいかに手の技をその身に帯びていくのか。また、こうした動作をとおして素材に伝えられる、束ねられた力やエネルギーが、素材と素材を結びつける様子。つまり、反対方向にねじる摩擦によって素材と素材が固定されること。そして、つくるときの素材間の応答《コレスポンダンス》である。このセクションの締めくくりに、この四つの教訓を手短に説明したいと思う。

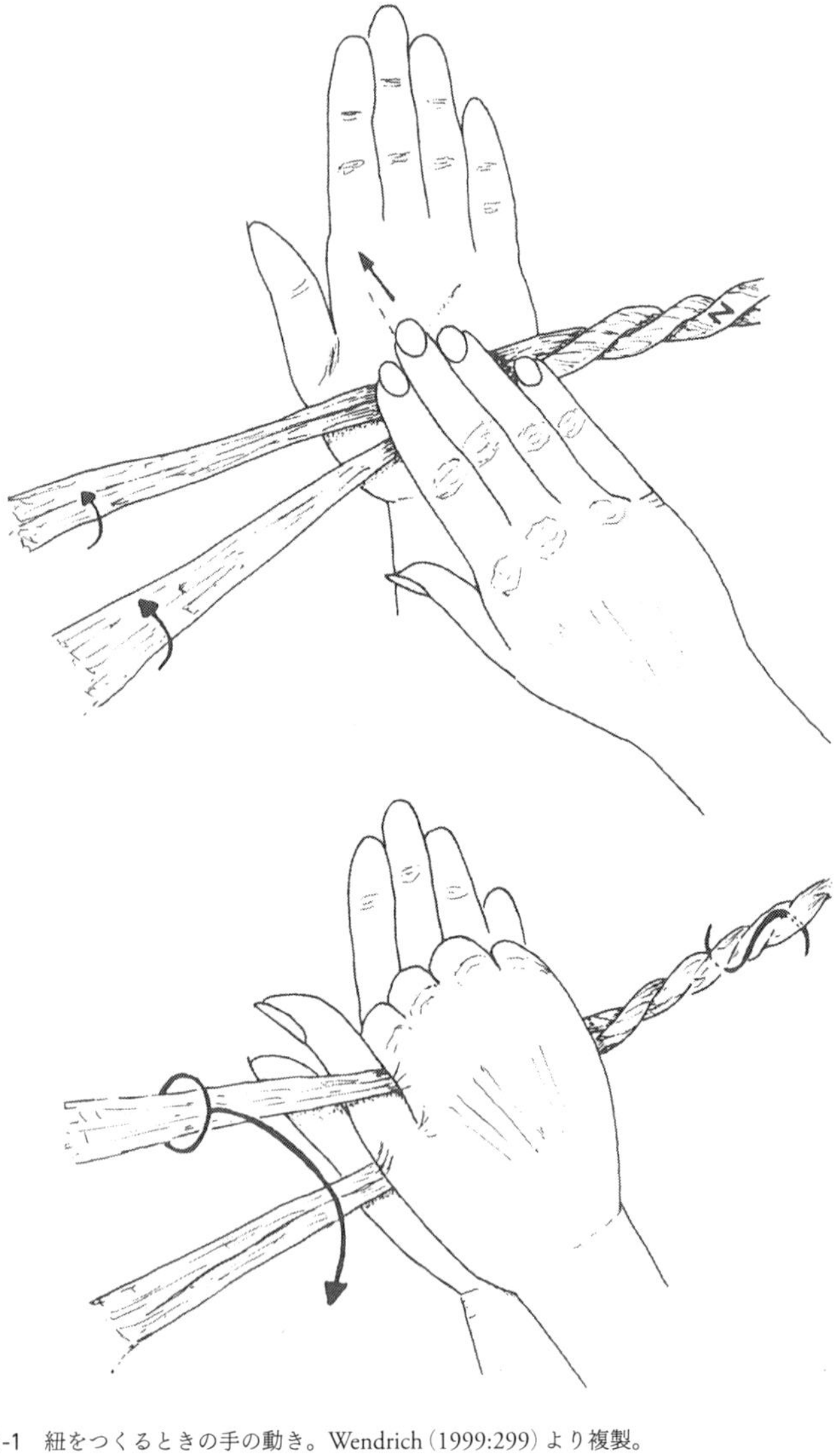

図8-1　紐をつくるときの手の動き。Wendrich (1999:299) より複製。

図8-2　ヤシの葉の繊維を撚り合わせてつくった紐。

第一に、わたしたちの実験は、目隠しをして物体や人工物を触ってみる場合とは、かなり異なる触覚の体験をさせてくれた。目隠しをして物体や人工物を確かめたときは、物体を精査する指先の役割はその形状を抽出して心のなかにイメージを描くことである。だがこの実験では、手全体（しかも片手ではなくて両手）と手のひらが機能している。また、そこから得られる印象も形状ではなくむしろ質感であり、身体感覚と素材の屈曲との同調作用のなかで連綿と続いていくことだ。このちがいについては、第二章でおこなった物体と素材の実験のくだりで描写しているし、紐づくりの実践もこのちがいを強調するだけである。どうして紐づくりが、わたしたちにはあれほど難しく感じられたのか。わたしが考えた理由のひとつは、学者や学生の手はきびしい農作業に慣れておらず、滑らかすぎるということだ。だから、手のなかの繊維の束を巻きとれずにすべり落としてしまう。それゆえ、摩擦は技術的に効果のある触覚にとって必要不可欠なものである（Wendrich 1999: 300）。第二に、わたしたちは自分たちの体験から、ボアズとルロワ＝グーランがそれぞれにたどりついた結論、つまりリズミカルな動作とそれによって現われる形状の関係性を、まざまざと実感することができた。そこには、セネットが観察するような「集中にともなうリズム」があった（Sennett 2008: 176）。それは、丸暗記した習慣の単調なルーティンとはまったく異なる。集中が保たれ、リズムが乱れることなく一定であるかぎり、紐は一様となる。だが、ひとたび調子が狂ってリズムが乱れ、拍子が噛み合わなかったりまちがえたりすると、紐はよじれて弛みが生じる。このように紐は、その傾向や性質、規則性や不完全さの点において、それをつくりだした動作の完璧で確かな記録である。紐からは何ひとつこぼれていない。記録《レコード》するという単語のなかの「コード」の部分が教えてくれるように、また第六章でも触れたことだが、一本の紐には記憶装置が備わっている〔図8－2〕。思いだすこととは、紐を巻きもどすことを意味するのだ。

　第三に、わたしたちの籠づくりの実験でもそうだったが（第二章参照）、紐の撚りはある種の力場《フォースフィールド》〔物体にはたらく力が物体の位置によって一義的に定まる空間領域〕に生じている。その力場にあるのは、わたしたちの手の動作から放たれる力と、素材そのものに内在する力の両方である。繊維には本来、撚りが生じる性質はない。紐がほどけないのは、素材の慣性ではなく、ねじりの強さと素材に加えられた手の摩擦の正反対の力のためである。紐をつくることは、ふたつの螺旋をひとつに撚りあわせることである。ふたつの螺旋は、より大きな螺旋の一部で、大きな螺旋はふたつの螺旋とは反対の向きに撚り合わされている。このねじれによって力学的な均衡が保たれるのだ。身体もまた同じように、撚り合わされ、結び合わされている。DNAの染色体から渦を巻く消化器官まで、声帯から心の琴線にいたるまで、身体はあらゆる次元でねじれた繊維からなる組織である。ちなみにラテン語で心臓を意味するcor《コル》と、コードや紐を意味するchorda《コルダ》は、古来からの語源的なつながりがあり、どちらも、たとえば巻き戻す《リワインディング》ことや諳んじる《ラーン・バイ・ハート》ことのように、記憶の形成と関係している（Carruthers 1990: 172）。形態についていえば、心臓《ハート》はひとつの管がねじれてできた結び目である。それと同時に、心臓は感情の源として、前章で詳しく触れたダンの恋人たちの絡み合う視線を思わせるものでもある。これが第四の教えであった。なぜなら、その視線はこんなことを示している。つまり、物体をイメージとして投影するというよりも、素材と意識の絡み合いのなかに存在する認識、つまりこの意味において視覚的というより触覚的なものは、触覚の様式にまったく制限されないということだ。ここでジル・ドゥルーズやフェリックス・ガタリの言葉が思い浮かぶ。「眼もそれ自体で視覚的な機能以外の機能を持つだろう」（Deleuze and Guattari 2004: 543-544）。もちろん、逆に目隠しをして物体を手探りするときのように、両手は視覚的な機能をも果たすだろう。手を使うにせよ目を使うにせよ、投影することは視覚的であるが、識別《テリング》することは触覚的である。それは全身全霊で感じとることなのだ。わたしたちの紐の片撚り糸は、たがいに絡まり合い、応答《コレスポンダンス》するときは互いの存在を感じていた。それは視線や心の琴線でも同じことだ。これらは単に、同じ現象の仲間なのである。感覚の言葉は適切なのであって、文字通り、その通りのことを意味する。それは絡まり合った紐にも、交錯する恋人たちの視線にも同じように当てはまる。

手の退化

近頃、ほとんどのひとは既製品の紐を買うことだろう。その紐を紡ぐのは機械である。人間の手ではない。しかも十中八九、素材も合成のものを使っている。さらに、紐そのものの出番さえ少なくなっている。というのは、他の物もまた既製品となっており、紐がなくても互いにぴったりかみ合うように、あらかじめ設計されているからだ。まだ全体の一部とはなっていない、しっかりと結びつける必要がある物のために紐は存在している。部分部分からなる世界にあって、物を結びつけることのためにある。だが、すべてがすでに組み立てられた世界では、玉巻きの紐は時代遅れに映る（原理的にはそうかもしれないが、実際に時代遅れというわけではない）。そして、家庭の引きだしのどこかに眠ってしまっているのだ。かつて石工や大工が土台の図面を引くために使用した紐（第四章）は、ずいぶん前に機器で投影する方法に取ってかわられた。近頃は、紐を使うことが禁じられてさえいる。紐で小包を結わえると、郵便局が荷物の仕分けに使う機械に引っかかる可能性があるからだ。自分たちで紐を撚る必要がなくなり、紐自体すら要らなくなって、たしかに時間は節約できるし、そのあいだに他の用事を足すこともできるようになった。そうはいえど、わたしたちは何かを失ってしまったのではないかと思う。かつて或る記事が「手で書かれた《メイド・バイ・ハンド》」というときは、内容が明白なことを意味していたようだ。いったい手の他に何をつかって記事を書くのだろう。まさか足だろうか。ところが今日、「手製《ハンドメイド》」は優れた品質をあらわす印である。この言葉は一種の真正さや献身を含意している。人びとが能動的な市民というより、ますます受動的な消費者の役割を演じるなかで、そういったものが今の自分たちの生活に足りないと感じるのだ。市民権は道徳的な責任とともにある。しかし、既製品という姿で現われる世界に対して、わたしたちはどのように責任をとれるというのか。全世界にすぐ指の先で触れられるまさにこの瞬間も、それはまったくわたしたちの手に負えないようなのに。

　ここで思い起こすのは、ハイデガーの主張である。いわく「手は人間性のゆりかごである」。手がペンを握るゆえに、手こそが人間性を握っているのだとハイデガーは考えた。ペンが文字をしるすとき、手は語るのだ。ペンは感覚的な存在のあり様を明らかにする。ところが「現代人」は「タイプライターを〝使って〟書く」。ハイデガーは嫌悪感をあらわにして、そう述べる（Heidegger 1992: 80）。彼は「使って」という語に括弧をつけて、タイプライターで書くということは、実際はそれを「使って」書くというにはほど遠いことを示している。タイプライターは、文字をただ機械的に紙面に転写するものにすぎない。こうした転写によって失われるのは、手の運び《ドゥクタス》それ自体である。

ペンを握ったときに、手が語りだすあの身振りというものは、タイプライターのキーを叩くようになったときに消滅してしまった。その方法では、手はページに一切の痕跡を残さないからだ。こうして身体動作と記述の、手と線との一致《コレスポンダンス》は破綻する。タイプした文字は、どのように行動するか、どのように感じるかさえ、人間であるあなたに伝えることだろう。まるでダイアグラムのように指示を与えてくれるはずだ。ところが文字の羅列でしかないタイプした文字の形は、それが紙面に転写される際の、何かを叩くような印象的な身体動作とは何の関係もない。タイプの文字は生気なく静止しており、人間味がない。なぜならタイプライターで紙面につづられた文字には、人間の手の動作や感情がこもっていないからだ。ハイデガーはこのように表現する。「タイプライターは、手の、つまり語の本質的領域から、文字を奪う」(ibid.: 81)。タイプした文字と手書きの文字はいくらもちがわないという意見は、言葉の本質を理解しそこねることだ、とハイデガーはいう。つまり、手で書くことは、世界のなかにわたしたちを存在させることなのだ。そして、世界のなかに存在するときに、わたしたちは真に感じることができ、そのことによって、わたしたちは語ることができるのである。ペンによって汲みとられ、手書きの線の抑揚へと変換される、人間が存在し、何かを感じ、何かを語ることという一連の流れ。タイプされた文字はその流れに入ることなく、タイプライターの操作によって単なる「コミュニケーションの手段」におとしめられ、その役割はコード化された情報を発信することになってしまう。

むろん、ハイデガーは度しがたいほどの悲観主義者として、テクノロジーが人間の人間たる由縁を蝕んでいく様子をつぶさに観察していた。対照的にルロワ=グーランは、テクノロジーの進歩を楽観的に眺めて、次のような考えにふけった。人間がだらだらと進化することをやめ、長いあいだ自分たちを限定づけてきた生理学的な身体を捨てて、その存在を自分たちのつくった機械やコンピュータを利用した装具で「外化する」のだとしたら、人間は一体どんな存在になるだろうか、と。そのとき人間は、動物学上の種の系譜に終止符を打つことになる。だが人間存在の中心が、身体から超身体的な器具へと移行してしまったら、その存在には何ができることになるだろうか、と。とはいえ、ルロワ=グーランもまたハイデガーのように、人間が物をつくることに対して深い尊敬の念を抱いていた。それは、彼が日本でおこなった初期の民族学的な研究のなかで、刀職人や陶工の仕事ぶりを観察したことによるところが大きい。このことが、人類文明の黎明に関する主流の議論の支えてきた考え方、つまり頭は手よりも優位にあるという前提に対して疑問を抱かせ、最後にはルロワ=グーランを「第三の道」のアプローチに導いたのである。「第三の道」のアプローチにおける考え方では、ものの形状《フォルム》を決めるのは、型どおりの作業よりも優位とされる知的発想ではなく、リズミカルな手の動作がものを生みだしていく可能性である。ハイデガーにける人間存在は、文字による素朴な抱擁に包まれているのに対して、ルロワ=グーランの考える人間は、つねに何かを企図するのだ。彼が道具を使うときも、話すときも、身ぶりで伝えるときも、書くときも、ただそのあたりを歩くときでさえ。だが、とりわけ職人たちの手仕事にこそ人間性の真髄が見いだせるはずだ、とルロワ=グーランは考えた。

ところが見いだせるものは、それを見失うこともある。ルロワ=グーランは、技術の進歩を、素手で操作するもの（手にもつ道具のように直接動かすものや、滑車もしくはクランクを使用して間接的に道具を動かすもの）から、水力や風力、あるいは動物の力で動かすモーターを作動させるものへの移行ととらえ、ついにはプログラムされたプロセスを開始するためにボタンを手で押すだけの道具までを説明して、このように結論づけた。技術の進歩の終わりには、確かになにかが失われるが、同時に得られるものもある。たとえば、寄木張りの床のために、基準板を製造する機械を想像してほしい。おそらく木目や節に注意を払わなくても、ひとが機械に木片をくべることでできるだろうし、そこから適切な形に削られた木片が出てくるはずだ。このことは「ごく重要な社会的利益である」とルロワ=グーランはいう（Leroi-Gourhan 1993: 254）。ところが、彼はこのように続ける。機械が人間にもたらす選択肢はこのようなことである。つまり「サピエンス《人類》であることをあきらめず、何かしらより良い存在、少なくとも何か現在とは異なる存在になることを求めつづけることである」。それはポスト・ヒューマンのことを意味するのだろうか。たしかにそのようなニュアンスもあるようだ。「〝十本の指で考える〟必要がないというのは、正常な系統発生学的な意味で、人間的な試行が一部欠落するということである」。つまり、自動機械を操作する指先は手の一部であり、それは解剖学的には人間であるにもかかわらず、何らかの人間性を喪失しているのだ。ここに手の退化の問題がある。技術性は「手から離れた」（ibid.: 255）のであると、ルロワ=グーランは断言するのだ。

　文字を手で書くひととタイピスト。前史時代に握斧をつくった人びとと、寄木張りの床のための機械をボタンで操作する人びと。両者を比べたときに、技術の進化の傾向は、総じて手から指先へとむかってきたのだと思うかもしれない。ハイデガーは、一九五一年の論文「思惟とは何を謂うのか」にこう書いた。「手は保つ」。そして「手は担う」(Heidegger 1993: 381)。両手のおかげで、わたしたちは物をしっかりと持つことができるし、持ち運ぶことができる。さらに、わたしたちは他のひとの手を握ることもできる。そうやって、生活の営みのなかで、誰かを導いたり誰かに導かれるのだ。これが中世の修辞法でいうところの、「手で導く《マニュダクション》」ことである(Candler 2006: 5)。物を持ったり運んだりする手は、辛抱強くて思いやりがある。対照的に、指先はものに触れることはできるが、ものを持つことも運ぶこともできない。少なくとも親指の助けがなければ不可能である。しかし、この対比では、まだ十分に正確であるとはいいがたい。問われるべきは、手や指先が「感じる」かどうかである。チェリストが指で弦を押さえるときに、ピアニストが指で鍵盤を押さえて叩くときに、それを感じずにはいられない。このとき、技術的に効果的な身体動作とそれにともなう音は、途切れることなく連続している。[5] それではフォークリフトの運転者は、持ちあげた荷の重みを感じているのだろうか。寄木張りの機械の操作者は、材木を薄切りにするとき、ノコギリの歯が食いこむのを感じているだろうか。タイピストは、タイプしている文字の形の違いを感じているのか。いずれも答えがノーならば、指先の触覚は、それがいかに繊細で的確であろうと感覚をもっていない。指先は、ボタンや鍵盤といった「インターフェース」をとおして、機械と相互作用する。だが、指先の動作は、物質の動きやそれにともなって生じる痕跡と呼応《コレスポンド》していない。指は「突き棒」でしかなく、指がインターフェースに接触するのは「的中すること」である。目と目を合わせるアイコンタクトのように、的中することがつくる関係性は、触覚的というより視覚的であり、感覚的というより合理的である。

技術の向上は、手で語ることの感覚的な応答《コレスポンダンス》を、指先の触覚の繊細さに代えようとしてきた。こうして手が指先にとって代わられるなかで、手で操作《ハンドリング》することや、手を届かせること、ギュッとつかむことは、それ自体の生き生きとした動作というより、身体の感覚をモデル化したさまざまな理解のためのメタファーとなっている（Johnson 2007: 161; Brinkmann and Tanggard 2010: 249）。たとえば、アイデアを「操作」して、コンセプトを「つかむ」ことによって、或る水準の知識に「到達する」ことができる、という場合がまさにそうである。それによって、手で何かをつくり上げたわけではないのだが。同様に、わたしたちのような大学人は、アイデアを議論するためにいわゆる「ワークショップ（作業場）」を好んで開催するが、熱心にキーボードを叩いて視覚データをプロジェクターで投影する他は、手仕事などまったくおこなわれていないことはご承知のとおりである。大学の経営者側はといえば目先の利益にとらわれて、学術の場を破壊する行動をしている。教室から黒板やチョークを一掃し、つるりとした白いスクリーンに場所を譲るよう命じているのだ。そうなると、手で語《テル》ることの最後の可能性さえも一掃されてしまう。わたしたちは、素材に手をつっこんで汚すことを禁じられている。たとえ自分たちがそうしたいと願ったとしても。そのようになったとしても、わたしたちは感受性と感知、触覚と感応の比率を逆転させる必要はない。たとえば、接触感知式《センシティブ・タッチ》のキーボードがあるからといってペンを活用しないのではなく、絶妙《センシティブ》な書き味のペンで手書きすることが、わたしたちにはできる。このようにすれば、両方の世界から恩恵を受けられる。技術が高める感受性。手がみずから素材に関わるところにもたらされるこの感受性は、人間性の領域を狭めるというよりも、むしろそれを真の意味で広げてくれるのではないか。

---

［1］物語はわざとひとを困惑させる謎かけの形式をとることがよくある。その謎なぞを解く唯一の方法は——素材の事例（第二章参照）で触れたように——そこにあるものをよくよく観察することだ。わたしの論文（Ingold 2011a: 172-174）も参照されたい。

［2］不公平なことであろうが、わたしは舌については触れなかった。舌は味覚の器官であるとともに、発話と密接な関わりをもつ。舌はもっとその功を認められて然るべきである。

［3］この研究をより詳細に検討したものについては、Ingold（1999）を参照のこと。

［4］ルロワ＝グーランが、ボアズに依拠せず、独自にこの結論に達したのかは判断しがたい。『身ぶりと言葉』の参考文献には、ボアズの著作は一切挙げられていないが、ルロワ＝グーランは自身の博士論文のなかで、アメリカ北西海岸部の原住民の芸術とデザインに触れており、ボアズの研究におそらく親しんでいたはずである。

［5］ビブラートは、大半の弦楽奏者がほとんどの演奏で使用するテクニックで、弦の押さえている一点を越えて指先を動かしつづけることによって、聴き手が感情を豊かに感じとれる音を表現する手法である。対照的に、ビブラートをかけずに演奏すると不気味で無機質な音となる。まるで応答《コレスポンダンス》がいっさい存在しない、死せる魂の世界に足を踏み入れたかのように。

第九章　線を描く

描くことと語ること

　これまで見てきたとおり、手は語り、感覚をもち、線を描く。では、ドローイングはすべて、手が語る手段なのだろうか。答えはイエスでありノーだ。それは何をもってドローイングとするかによる。さらにいうと、ドローイングを他のどんなものと比較するか、つまり、何をドローイングではないものと区別するかによるのだ。たとえば、ドローイングと言語的な記述を比較しようとするとき、おそらく関心は言語や構文の限界にむかう。言語的な記述と非言語的な記述を、はっきりと区別できるか否かによるだろう。ドローイングと彫刻とを比較する場合には、線を用いた表現と面や量感《ボリューム》を用いた表現とのちがい、あるいは、面に線を刻みつけることと面を削りとることの差異に着目するだろう。ドローイングと絵画との比較では、面の上に線で印をつけることと〔カンバスなどの〕面を〔塗料などで〕覆うことのちがい、あるいは、線と色彩のちがいについて考えることになる。一方で、それを写真と比べる場合は、ひとつのイメージを成り立たせるために必要なものが何かについて、また、ドローイングがもつ時間性というものと、それと対照的な写真の瞬間性について考えざるをえない。ドローイングと音楽を比較する場合では、表情豊かな身体動作とその持続性に注目することになる。だが、同時にそれは、身体動作が持続する痕跡をまったく残さない場合はどのようなちがいが生じるのか、という疑問を生じさせる。いずれの比較も、ドローイングにいくつかの特徴づけをしてくれるはずだ。それらの特徴は、科の類似性を共有するかもしれないが、ドローイングを単一の本質的な定義にまとめようとするのは現実的ではない。

わたしは、語りの手段としてのドローイングに関心がある。だが、はじめからそこに含まれないドローイングというものがある。語らない、語ろうとしないドローイングの類があるのだ。それらがしようとするのは「詳記すること」や「分画化すること」ことである。たとえば、建築家や技師における技術的なドローイングがそれにあたる (Henderson 1999)。そのようなドローイングは、これからつくろうとする製品や建築物の詳細を、寸法や角度によって伝える。建築的なドローイングとは「輪郭」の集合体であり、建設作業に先んじて頭のなかに思い浮かび、建物の形状や外観を細部まで完璧に表すものである、とレオン・バッティスタ・アルベルティが定義づけしたとき、彼がいっていたのはこの類のドローイングのことだった。また、これらの基礎となるのは、ジョルジョ・ヴァザーリ (第四章参照) のようなルネサンス時代の作家の作品にみられる、線描《ディゼーニョ》としてのドローイングという考え方である。このようなドローイングの重要性はいくら評価しても足りないくらいだ。パトリック・メイナードは次のように述べている。ドローイングなくして「どのように現代世界がありえたのか想像がつかない」。世界においてつくられたあらゆるもの、機械で大量生産された物品はいずれも、最初はきまってドローイングとして描かれたのだ（Maynard 2005: 7）。メイナードはさらにドローイングを次のように定義する。それは「たとえば、指先、チョーク、鉛筆、針、ペン、筆など、何かしら尖ったものであり、わたしたちが〝先端〟だと考えるものだ。その先端が面の上の通り道を意図的に通り、しばらくのあいだ持続的に移動する（描かれる）ことだ。この行為は、面に先端が通った跡として何らかのしるしを残す。そうすることが、この行為の目的でもある」（ibid.: 62）。

　そうなると、手によって描かれたの線はいずれも身体動作の痕跡ということになり、たとえそれが定規やコンパスやステンシルを頼りに、線の行く手を操縦したとしても同じである。だが、あらゆる線がことさらに、そうした身体動作を伝えようとするわけでもない。みずからのドローイングの実践を研究するために他人の作品の模写を試みる、アーティストのパトリシア・ケインは、「身体動作的な線」と「非身体動作的な線」と自分で名付けたものを区別する必要があることに気づいた。これは実践の上でというよりも、意思の上での区別だった。身体動作的な線は、それを生じさせた身体動作の痕跡である。一方、非身体的な線の場合、痕跡はいずれも副次的なものにすぎず、本来の目的である詳記に付随して生じていた（Cain 2010: 126）。非身体動作的な線からなるドローイングは、実質的には表明《ステイトメント》のことである。そうしたドローイングは、これからつくられるべきもの、あるいは、今までつくられてきたものについて述べる。同じ理由で、身体動作的な線からなるドローイングは、陳述的ではない。そのドローイングは（身体を含めた）物から生まれるのであり、物について述べることではない。一般的にスケッチとして知られるドローイングは、それら両方の意味において「語るドローイング」だといえる。語るドローイングは、綿密で注意深い観察を要し、あとから他人がたどることができるように道筋を描く。ユハニ・パルラスマは、スケッチを描くことは触覚的な行為だという。「静物や人物、風景の輪郭をスケッチするときに、わたしはまさにその表面に触れて感じているのだ」(Pallasmaa 2009: 89)。

建築家や技師は頻繁にスケッチを描く。スケッチを描くことは共同作業になることが多く、アイデアを練る段階でおこなわれる。彼らにとってスケッチは、デザイン段階において必要不可欠なプロセスである(Henderson 2007: 8)。また、こうもいえるかもしれない。スケッチは表明にいたる途中段階であるのだ、と。ところが、スケッチが技術的なドローイングに屈するならば、その時点で、すべての運動は静止してしまうだろう。技術的なドローイングの線とは、どのように動くべきかという指示を暗号にしたものであるが、線それ自体は動きを伝えない。それと同じ理由により、技術的なドローイングにも感情というものがない。その線が世界と築く関係は、触覚的というよりは視覚的なのだ。これら二種類の異なったドローイングが混同されるとき、つまり、スケッチが詳細に表現されたものだと受けとられた場合に、どんなことが起きるのか。その事態をあざやかに伝えるのが、建築家のアドルフ・ロースがこぼしたこんな言葉である。建築がグラフィックアートに近い存在と化してしまい、「くだらない図形《グラフィック》にすぎないものを、レンガ積み職人や石工は文句もいわずに丹念に削ったり修正したりするはめになった」とロースは嘆く(Loos 1985: 105-106)。つまり、彼はこういいたかったのだろう。建築家は自分のドローイングに固執するあまり、自分の殻に閉じこもるようになった。他方でみずからの手で建築作業にたずさわる者は、建築家のスケッチを詳細な指示だと受けとり、建築家が描いた線のニュアンスを、鉛筆の濃淡で表現された陰影や綾目模様の感触にいたるまでを、素材を使って余さず表現しなければならないものだと考える。そうやって、たどり着くのは愚にもつかない結果である。

ドローイングはイメージではない

パトリシア・ケインとのインタビューにおいて、彫刻家であり製図家でもあるリチャード・タルボットはこんな発言をしていた。「わたしは自分がイメージで思考しているのだとは思いません。しかし、ドローイングは（……）わたしがドローイングを描こうとするときに、前もってイメージが浮かぶわけではないのです（……）ただ勘が働くのです」（in Cain 2010: 89）。四章で前述したとおり、タルボットは他の場所でもドローイングを描くときの自分のアプローチを中世の大聖堂の建設にたとえている。いったん地面に設計された建物の形状が、意図や実用主義《プラグマティズム》、偶然や野心のもたらすさまざまな結果として、いかに「有機的に発展していったか」について書いているが、自分のドローイングも同じことだとタルボットはいう。「仮にドローイングに意味があるとして、それはわたしがコントロールできるものではないのです」（Talbot 2008: 56）。これは他の多くのグラフィックアーティストも自分の作品についていわざるを得ないことだ。ところが、これはとりわけ芸術を専門とする歴史学者や人類学者といった非実践者たちにおける一般常識、つまり、ドローイングの本質は内面の精神的な心象をページの上に投影させることであるという考えに真っ向から逆らっている。学者たちはわたしたちに次のように思いこませる。或る対象を描くときに、目に射しこんでくる光にしたがって製図家は心のなかにイメージを抱き、視覚的な記憶としてそれを書き記す。それとは逆に、心の外に光を放出する際は、イメージをページの上に照射し、イメージの輪郭を描く。たとえば、フィリップ・ローソンはこう確信している。子どもたちがドローイングを描くときは、「決まって心のなかの記憶から生じたイメージを紙面に投影するのだ」と（Rawson 1979: 7）。このことは、大人のアーティストも基本はまったく変わらないのだと彼は考える。異なるのはイメージの深さだけである。すぐれたアーティストのドローイングは重層的な意味をあらわすのに対し、子どものドローイングは「ひとつのコンセプトの厚みしかない」（ibid.: 8）。このように、いわば一回だけの行為で表現を完成させてしまう子どもとは異なって、アーティストはイメージの要素である記号によってイメージを組み立てて、あらゆる記号が全体との関係性のなかで意味をもつ集合体を創造しなければならないことになる。何よりも重要なのは「全体のイメージだ」とローソンは言う。なぜなら、これこそが、アーティストが「観る者の心に植えつけたいと願うもの」だからだ（ibid.: 22, 29）。

これは、大きなまちがいであろう。ひとつには美術史家のノーマン・ブライソンが強調してきたように、ドローイングは画面全体を網羅しようとするものではない。絵画と異なってドローイングは「全体のルール」（Bryson 2003: 151）に従うわけではないし、ドローイングの線は完成した全体との関係においてのみ意味をもつのでもない。むしろ反対に、ドローイングはそもそも全体を指向せず、持続することに専念している。ドローイングにおいて完成とは漸近線のことであって、決して手の届かないものなのだ。「わたしたちが〝出来た〟と口にするのは、そのドローイングの固有性《アイデンティティ》に限りなく近づけたことをいうときだけです」[1]（in Berger 2005: 130）。もうひとつ、アーティストが鑑賞者の心に何らかのものを植えつけることを意図する、というのは本当だろうか。アーティストが作品に、そこから育つ種を用意することはあるにしても、鑑賞者は自由に作品の成長をたどり、それとともに見るのであって、それを見るのではない。そして成長の一部始終をずっと見守るなかで、作品は他でもない、そのひとが実際にたどった道となることだろう（Rosenberg 2008: 123）。ドローイングを描くことは、はじめに頭のなかを満たしていたものを、手をつかって空にすることではない。つまり心から紙に全体像がそっくり転じることではないのである。むしろ手と頭は、ともに作品がたえず生成するあいだ、ずっと共犯関係にある（Roque 1994: 46, Badmington 2007）。ローソン自身も認めるとおり、視覚芸術におけるドローイングの独自性は、時間と運動の表現にある。「アーティストの手の動きが残した痕跡を、時間に沿ってたどらないのなら、われわれは大切な点を見落とすことになるだろう」（Rawson 1979: 24）。この意味で、視覚芸術の分野の伝統的な分類法はさておき、ドローイングは、たとえば絵画や写真より音楽やダンスに近い。作家で批評家のジョン・バーガーはいう。写真は時間を止めるが、ドローイングは時間とともに流れる。バーガーはまた、こんな提案もしている。「このように考えることはできないだろうか。ドローイングとは、時間の流れの表面に生じる渦なのだ」（Berger 2005: 124）。語るドローイングはイメージではないし、イメージを表現するものでもない。それは身体動作の痕跡である。

さて、語るドローイングが音楽に似ているのだとしたら、鉛筆やその他のしるしをつけるための道具は楽器に似ているのではないか。近代抽象芸術の偉大な始祖であるワシリー・カンディンスキーは、そのエッセイ「点・線・面」において明快な比較をしている（Kandinsky 1982: 612）。たとえば、わたしがチェロのような弦楽器を演奏するとき、弓毛が弦と触れあうことで、弓をあやつる腕の動作から旋律的な音の流れが生まれる。鉛筆の線の流れも同じである。つまり、手の運び《ドゥクタス》が紙面にみずからの道筋を見いだすのだ。また、弓にかかる圧に応じて弦の振幅が変わるように、製図家の筆圧によって線の濃淡も変化する（Ingold 2011a: 188）。このように製図家の手のなかの鉛筆は、わたしのチェロのように変換装置として仕えている。[2] 第七章での定義を思いだそう。変換器は身体動作の運動的な性質——つまり、その運び《ドゥクタス》——を、身体的運動と意識の記録から、物質的な流れの記録へと変換する。したがって、鉛筆は投影のベクトルなのではない。パルラスマのいうところの、建築家にとっての「想像《イメージ》する心と紙上にあらわれるイメージとの架け橋」ではないのだ[3]（2009: 17）。まさに同じことは、考古学者が使う鏝《こて》にもいえる。器用なひとの手のなかの鏝は、単に心に描いたものを発掘現場に変換したり、その逆のことをするのではなく、むしろ遺構《カット》に従うのだ。それはちょうど製図家の線に似ており（ibid.: 111）、遺構はときに予想どおりの方向に続いていくこともあるが、「そうでない場合には、予想と大胆に異なる方向へ行くこともある」（Edgeworth 2012: 78）。建築についてもまさに同じことがいえる。たとえば、サイモン・アンウィンは次のように指摘する。「すべての建造物は線画《ドローイング》なのである。それは、線画であったものが実際に建てられたという意味ではない。建物それ自体がドローイングであるのだ」（Unwin 2007: 108）。建物の壁や通路といったものは、建築や移築のプロセスをつうじて描かれるのである。そうすると、考古学者の場合と同じように、建造者の手のなかで鏝は変換装置として仕える。建築家にとってのみ、鏝は最初のデザインと完成した建物を橋渡しするものだ。建造者にとっては、自分の下を流れる危険な水を導くためのものである。

ここから結論までは、すぐ近くである。語るドローイングは、身体美学的な意識とほとばしる線の応答《コレスポンダンス》である。この応答においては、ブライソンがいうとおり、「紙上のしるしは導かれたものであると同時に導くものでもある」（Bryson 2003: 154）。心に線を縫いこみ、心を線に縫いこむことを交互にくり返しながら、ドローイングを描き進めるにつれて、この縫い合わせる動作はますます力強いものとなっていく。このように、ドローイングとは心に浮かんだものを目に見えるかたちに映した影ではない。それは思考のプロセスであって、思考の投影ではないのだ。[4] 投影《プロジェクト》は前方に向かって投げること、つまり未来に投じることだ。一方で、ドローイングは集めること、すなわち近くに引き寄せることを暗に意味する（Phipps 2006: 4）。パルラスマはこのように書いている。「思考を書き留めるかわりに、思考のプロセスは、待つこと、聴くこと、コラボレーションや対話といった行為に転じる。その行為をつうじて、ひとは次第に自分の仕事と共同して働く術を学んでいく」

(Pallasmaa 2009: 111)。自身の仕事と共同して働く。これこそ、コレスポンダンスにぴったりの定義ではないか。この思考、この想像は、頭のなかと同じように手指のなかでも続いていく。それは行為の線のなかから生じるものだ。セルジュ・ティスロンはいう。「創造的な人間は、確かなものがなくとも敢えて目の前にほどけた糸をたどる。アリアドネーの糸のようにたどって行き、その糸は落ちてクモの巣のようになる」(Tisseron 1994: 37)。思考とは、まさしくクモの巣のことではなかろうか。または、ジョン・バーガーのいうように「ことごとくもつれた糸」(Berger 2005: 133)ではなかろうか。いや、それだけではない、とバーガーはいう。このドローイング＝思考のなかで、あなたは自分の描いたものになる。姿かたちではなく情動という意味において(ibid.: 126)。あなたはその変化を内側から知る。そして自分の身体動作をとおして運動を追体験していく。ドローイングには変容をもたらす力がある(Cain 2010: 76)。

これらのことを念頭に置きつつ、いま一度、この本の冒頭で紹介した人類学と民族誌《エスノグラフィ》の区別にもう一度触れておきたい(第一章)。わたしの主張は次のようなものであった。民族誌の目的は描写することであり、人類学の目的は変容をもたらすことだ。さて、語りのドローイングは線を刻む。これは図象で表現する行為であるが、その線は何かを描いたものではなく線そのものだといえる。そして、その線は変容をもたらす。線は、製図家に作品と取り組むことを通じて変容を起こさせ、線をたどる人びとをドローイングとともに見ることをとおして変容させる。したがって、ドローイングを通じて世界と応答《コレスポンド》することは、民族誌の実践ではなく、図形的《グラフィック》な人類学の実践なのである。造語をつくるのなら、それはアン、ソ、ロ、ポ、グ、ラ、フィ、ー、とでもいえようか。

ドローイングと手書きの文字

第八章では、手の動作から生じる持続的な痕跡について表すために、アンドレ・ルロワ＝グーランが図示表現《グラフィズム》という用語をどのように選んだかについて触れた。ルロワ＝グーランの選択は賢かった。彼は同時代の人びとがまだ誰も気づいていないときに、図示的な記述の起源において、文字の音声化とそれをアルファベットで示すことという、その発展の後期に生じたドローイングと記述の区分を仮定することの誤謬を認めたのである。そしてその区分は、印刷技術の現代的な意味に依っている。この話は複雑で、ここでの関心から逸れるのでくり返すことはしない[5]。だがしかし、第八章冒頭で取りあげた沈黙をめぐる問題については、もう一度改めて論じてみたい。そこでは、言葉で表現されないものに声を与えられる可能性について考えた。同様に、文字として記されなかったものも、線で描くことができるかもしれない。歌や発話が声で語る手段であるように、ドローイングを描くことや文字を書くことも、手で何かを語る手段である。はるか昔は、発話が声の抑揚から、文字が線の屈曲から明瞭に区別されていなかっただろう。当時は、それぞれ口や手の身ぶりから生じた、音声化と図示表現だけが存在した。音声化と図示表現はたがいに相手を評するか、たがいを増幅させていた。だが、そのような時代は終わってしまった。そして現在、わたしたちに発話行為と歌が別のものとしてあるように、記述とドローイングが別々にある。それでは、記述とドローイングはどのように区別されているのか。図示表現の同じ仲間として、記述とドローイングはどこに差異をもっているのか。

次のような主張もあるにちがいない。読みとることのできない絵は存在しない。そして、見てとることのできない記述も存在しない。だが、読むことと見ることを同時におこなうことは、不可能ではないにせよ困難である。この記述に関する説を提議したのは、文学者のジャン・ジェラルド・ラパシェリーである。彼は「或るテキストをひとつづきの文章として読みながら、同時に印刷された〔一つひとつの〕文字／記号に注目することは不可能である」と書いている（Lapacherie 1994: 65）。一方では、これらの文字は言語の単位（音韻）をあらわすサインとして、他方では図表《グラフ》として、つまり固有の独立した意味をもつ記号／文字として眺められるのだ。だが、印刷された記号／文字の表情豊かな形状や書体といった体裁に注目しようと立ち止まるとき、読むことは妨げられ、話の流れがわからなくなるだろう。反対に読むことに集中するときは、活字の体裁に注意をむけにくい。絵画についても、ジェームズ・エルキンスがこれとよく似たことを論じている（Elkins 1999: 91）。ちょうど、非言語的な意味と無縁であるような「純粋な記述」というものが存在しないように、「純粋に視覚的な絵画」もまた幻である。絵画をつねに構成しているのは、読解可能なサインである。これらのサインは整然として整備されてはいない。または、互いに重なり合っているため、ほとんど識別すらできないかもしれない。だが、それらのサインはあるべくしてそこになくてはならない。さもなければ、絵画のイメージには何の意味もないことになる。同様のことを、ローソンはとくにドローイングに関してこう力説している。言語もそうだが、ドローイングという芸術にも文法や文構造がある。そういった知識のおかげで、精通した鑑賞者は、ドローイングが同時に伝える多くの異なる意味を解読することができるのだ（Rawson 1979: 11）。すると、わたしたちが遭遇するしるしは、みな絵画的なものと記述的なものが混ざり合ったものということになる。ふたつの割合は、実質的にはありえない純粋な絵画という極と、純粋な記述という極の連なりのあいだで、さまざまな様相を呈する。エルキンスは「視覚的な人工物をよく見さえすれば、それらは読むことと見ることの混合体であるとわかる」と結論づけている（Elkins 1999: 84）。

　ところがこの連なりにおいて、見ることは何かを注視することである一方、読むことは全体を部分に解体し、部分をあるべき文構造の順番に整えることを意味する。これらの行為はいずれも、投影や詳記することのちょうど正反対である。前者は心から世界に投影されたものを、世界から心へとさかのぼって投影し、後者は詳記されたものをばらばらに解体して、ふたたび結びつける。八章で論じたように、投影も詳記することも物語と対立する。では、次のように問うてみよう。もしわたしたちが、見ることを、伝えることとともに見る（もしくは、見守る）ことに代え、読解することを、書かれたものの線を解体してその断片を再構成するのではなく、その線をなぞろうとする感受性に代えるのだとしたら、その連なりにどんなことが起きるのか、と。その答えの手がかりを得るためには、これとよく似た歌と発話の例を考えればよい。歌を聴くとき、その歌に歌詞がついていたとしても、聴いているのは歌であって、言葉とメロディーという二本の平行線ではない（現代の西洋の慣習に従って認識される場合に限るが）。また、歌詞を聞き取ろうとしても、メロディーがわからなくなるわけではない。その逆の場合でも同じだ。なぜ、こうなるのか。どうして読むときにわたしたちを悩ませる問題が、聴くときには消えてしまうのか。その答えはもちろん、聴くことが音の流れに意識を集中させることであるからだ。これは聴覚における、何かとともに見ることや見守ることのアナロジーであり、何かを観察することとのそれではない。また歌詞は、この流れにしたがって発せられた声をつかった身体動作である。歌を聞くことは歌詞／言葉を聞くことでもある。なぜなら歌詞／言葉は、独特の調子や抑揚をもった音であるからだ。同じように、手書きの言葉や書は、独特の調子や抑揚をもった文字の線であり、それを書いた器用な書き手はその線をなぞることができる。読むことはその線を再びなぞることである。もう一度、その形をつくった運動を「くり返す」ことなのだ。[6] ところが、線や、線がよじれて輪をつくった文字や言葉は、ドローイングを描くときに生みだされる。ちょうど歌を口ずさんでいると歌詞が生まれてくるように。したがって語るドローイングは、手書きの文字とのあいだを容易に行ったり来たりすることができる。そこには超えなくてはならない高い壁など存在しない（Tisseron 1994）。またドローイングは、実際的には合わせることのできないふたつのもの、つまり、見ることと読むことを同時におこなうことを求める混合体としてあるわけでもない。すべきことはたったひとつ、手が描いた線をたどることだ。もし、その線が文字をあらわした線であるならば、言葉はそこから「こぼれ落ちる」ことだろう。

ところが多くの論者にとって、視覚は不思議と盲点である。彼らは、見るという行為は一種類のものでしかないと決めてかかっているようだ。つまり、何かを「観る」ことである。彼らの前提では、視覚とは光学的なものであり、決して触覚的なものではない。そして、目に見えるもの以外に視覚はないということだ。これがマーティン・リードを導く考え方である。リードは、記述とドローイングをテーマとする論文をいくつも紹介しながら、文字として読み取れることと可視性のあいだには対立があるのだと力説する。あたかも「轍を踏みはずして」（Reid 1994: 7）、ドローイングに逆戻りした記述（たとえば、いたずら書きや走り書き、欄外に描かれた素描やごちゃごちゃとした装飾文字など）は、突然可視の領域に入り、記述が文字として読みとれるときは不可視の領域に沈んでしまうとでもいうかのように。それでは、通常の記述でさえ、わたしたちが読んでいるときは不可視のものならば、見えないインクで書かれた記述はどれほど目に見えないものなのだろうか。上述のとおりラパシェリーも、リードの論考集への寄稿で同じ前提に立ち、ひとは見ることと読むことを同時におこなうことはできないと主張している（ibid.: 65）。それでは、まるで読むときに視力が要らないといっているかのようだ。だが、ページに書かれた文字を見つめるために、読むことを中断しなければならないのだとしたら、耳の聞こえない人びとが使う手話はどう考えたらよいのか。手話／サインを注視するために、それを静止させることはできない。では、手話／サインは目に見えないものなのか。そうならば、耳のきこえないひとたちはどうやって意思疎通を図っているのだろう。エルキンスにとって、すべてのイメージが備えているのは、提示することと伝えること、すなわち「純粋な視覚」と「読みとりやすいサインのシステム」のはざまにある揺れである（Elkins

1999: 81）。両者は互いに反対方向に引き合っている。あたかも、目はイメージを凝視するという仕事だけをしてサイン〔記号〕の読解をしないかのように。なるほど、エルキンスは、わたしたちがみなある程度盲目であると考えている（ibid.: 222）。わたしたちが目覚めているときに目にするものが〔わたしたちの意識から〕抜け落ちていくように、それはわたしたちが「最終形態」と呼ぶようなかたちで記憶にとどまることもない。よく似た調子でジャック・デリダも、読者の目だけではない。筆者の手もまた盲目であるのだと主張する（Derrida 1993: 3）。「手は探り、触り、書きこみ、また愛撫する。（……）まるで一つの目が、目蓋なき目が、指先に（……）爪の先に開いているかのように」（ibid.）。描くときでさえ、しるしをつけるための尖った道具をもった手がページの表面を進むときは、夜でなくてはならない。まさに現れようとするとき、そのはじまりや先駆的な側面において、ドローイングは、デリダによれば「視界を逃れる」（ibid.: 45）。わたしたちの目が開いているように見えるのは、すでに描かれた線やそれが残したものを、振り返って後ろをみるときだけである。なぜなら、そのときはじめてそれらの線はデリダのいう「観せ物的客観性」の領域に入るからである（ibid.: 45）。

それでは、ドローイングの作品が記述の領域を出入りすることが、絵からテキストへと連続する連なりに変えられてきたのはなぜなのか。その連なりの上では、それがどの段階に属するものであれ、部分的には絵であり部分的にはテキストであるという、さまざまな割合で複合するハイブリッドとして現われ、それを理解することは、対となるふたつの根本的に相容れない作業、つまり見ることと読むこと、あるいは示すことと伝えることに左右される。思うにこの疑問に対する答えは、絵画を写真に同化し、テキストをタイプされた文字や印刷文字に同化する今日の傾向にある。キーボードやカメラが、手や目の代わりになってきたのである。ドローイングを描くとき、鉛筆は変換装置として仕え、製図家の運動感覚的な意識を線の流れや抑揚に変換することは、すでに見たとおりである。わたしがジョン・バーガーの言葉のなかで、ドローイングと写真のちがいに触れたのは、重ねてこのようにいうためである。スチルカメラは、撮影者の意識と、撮影者の注意を惹くものの瞬間をとらえ、後者は前者によって瞬時にとらえられる。また第八章でタイプライターに対してハイデガーが痛烈に否定したように、タイプライターも同じように動きを、流れるような手の動作に呼応する文字の線を、不連続的で一瞬の「キーを打つこと」に変換してしまう。詩人のビリー・コリンズは次のように説明する。「キーボードだと、それがどこか完成してしまったように見える（……）ところが、ページの上に書くことはわたしに流動的な感触をもたらしてくれる」（cited in Pallasmaa 2009: 111）。コリンズがいつもペンや鉛筆で書くのはこのためだ。わたしはというと「四つのA」の受講生に自分たちの観察記録を手で書き留めるように求め、キーボードで記録したときの経験と比べてもらった。彼らは口々に驚いたと報告した。手書きにすることで、観察したものに対して、より緊密で深い共感を覚えたというのだ。わたし自身の経験もそれとほとんど同じである（Ingold n. d.）。

要するに、記述を手の運《ドゥクタス》びから切り離し、部品を組み立ててつくった明確な表現へと組み立て直したものがあるとするならば、それはタイプライターである。また、ドローイングを手の運びから

図9-1　ナメクジが通った跡。早朝、アバディーン市内の舗道で撮影。

切り離して、投影されたイメージに再構成したのはカメラである。したがって、ドローイングへの回帰は、手で文字を書くことへの回帰でもあるのだろう。それは、投影と詳記することのあいだの自己矛盾や、イメージとテキストのあいだの自己矛盾を、しるしをつける行為の連続性や、線を引くプロセスに変える。そこには、カリグラフィーからドローイングやスケッチに至る手書きの表現が含まれるのだ。それら手書きの表現には、明快な境界線というものは存在しない〔Ingold 2011a: 225〕。さて次は、線がもっている性格とその資質に注目してみたい。

メッシュワーク

朝になると、わたしたちの家の外の敷石の上に、複雑な装飾模様の跡がたびたび現われる。特に雨の降ったあとが顕著で、誰かが細いペンであたり一面に落書きをしたように見える〔図9-1〕。ナメクジの仕業だ。ナメクジは夜に現れて、植物を襲撃し、夜明けの訪れとともに、もといた謎の奥地へと姿を消してしまう。ナメクジのぬるぬるした通り道から成る装飾は、敷石の上でメッシュワークを形成している。わたしはメッシュワークという語を、絡まり合った線という意味で使っている（Ingold 2011a: 63-65）。これらの線は輪をつくり、互いに絡まり、またはうねりくねって縫うように進む。だが重要なのは、これらの線が決してつながっていないことだ。この点において、メッシュワークとネットワークは区別される。ネットワークの線はすべてが連結物である。それぞれの線は、点と点の関係としてある。ある点から他の点への運動から独立した、それに先立つものとしてある。したがって、このような線は持続性を欠く。よってネットワークは、純粋に空間的な構造物なのだ。対照的にメッシュワークを成す線は、運動であり成長の線である。それらの線は、瞬時に「生成変化する線」だ（Deleuze and Guattari 2004: 224-225）。すべての生きものは、他の生きもののあいだを縫うように進み、否応なくそのときどきに応じて轍をつくらなければならない。そうこうするうちに、もうひとつの線が引かれる。わたしたちにも同じことが可能だ。遠くから見ると、メッシュワークの面は線が絡まり合ってできているようだ。しかし、手の指の爪の先にある目を近づけると（デリダの「盲目の」ドローイングを思い浮かべながら）、自分たちが或るシステムに絡みとられていることに気がつく。そのシステムは「共感と憧憬のシステムである。それには点などは一切なく線だけがある。線はいずれもカーブしており、結び目から出たり入ったりしている。それは、ブレード、あらゆる種類の結び目、ループ、クロス、インターレースといった、あらゆるテキスタイルアートにみられるものだ」(Spuybroek 2011: 321)。

メッシュワークにおいては、ネットワークにおいての交点《ノード》があるところに、結び目がある。ラース・スパイブルックは、ここでそのように伝えようとしている。結び目とは、生成変化の途上にある多くの線が、固くひとつに束ねられている場所だ。ところがすべての線は、線を束ねている結び目を通り越えていく。線の端はつねに自由で固定されておらず、結び目のどこか先にある。そこでは線が、線や他の結び目と絡まり合おうと手探りしている。自由な線の端が増殖したもの、これはまさに生命のことに他ならない。生命がつづいていくのは、隅々まで組み立てられていない世界、すべてが明確に表されていない世界なのだ。したがって、生命がつづいていくこと、今風にいえば持続可能性は、いまだかつて当てはまるもののない事実に依るのである。第四章で中世の大聖堂建築という具体的なケースで触れたように、世界はジグソーパズルのようにすべての「建築用ブロック／構成要素」が、すでに定められた全体のある部分にぴたりと収まるようにはできていない。なるほど昨今では、わたしたちが住む世界はブロックを組み立てたものなのだ、としばしば聞かされる。そうやって生物学者は細胞組織の構成要素を説明し、心理学者は思考の構成要素を、物理学者は天地万物の構成要素を語る。[7] だが、ぴたりとはまるブロックを組み立てた世界に生命が宿るはずがない。大聖堂の例のように、現実はもっとキルトに似ている。キルトはそれぞれがバラバラな構成要素を、不揃いな端に縫い合わせてカバーをつくる。そのカバーはつねに暫定的なものであり、いつでも構成要素をつけ足したり取り除いたりすることができるのだ。

ジル・ドゥルーズとフェリックス・ガタリは、キルティングの歴史を取りあげて、彼ら独自の空間概念を展開する（Deleuze and Guattari 2004: 526）。その空間は、線状的というより平滑的である。ドゥルーズとガタリは、初期の刺繍をほどこした織物がどのようにパッチワーク様式へと移行したかを示す。パッチワークは、あまった布の切れ端や着古した衣服を再利用した、布切れを縫い合わせたものである。横糸と縦糸が規則正しく直線に交わる織物は、ドゥルーズとガタリにとって直線状のものの典型である。ところが、パッチワークは「つぎ合わされた布切れからなる無形のコレクションで、その連結の仕方は無数にありうる」。直線状のものにおける原則は、滑らかなものの原則にしたがう。滑らかなものの原則をもっともよく例証するのがフェルトだ。もつれた紡毛の繊維を集めたフェルトは、首尾一貫した方向性がなく、果てしなくあらゆる方向に拡張し、ドゥルーズとガタリがいうには、すべからく織物とは異なる。フェルトは〈反織物〉であるのだ（ibid.: 525）。では、メッシュワークについても同じことをいえないだろうか。なめくじが夜間にそぞろ歩き、気ままに這ってできた痕跡は、フェルトの繊維と似たものではないか。それはまた、背に羊毛をはやした羊が、牧羊者と歩きまわるときに地面にできる轍を思わせないか。これこそドゥルーズとガタリがわたしたちに語ろうとしたことだろう。だが、連続する滑らかな線は、彼らによれば「抽象的」である。抽象的な線は、幾何学的な線や有機的な線と区別される。彼らが何をいわんとしているのかを理解するためには、この三つの線をより詳しく考察する必要がある。

抽象線

まずは幾何学的な線（ユークリッド的な線）から始めよう。幾何学的な線は、規則正しく交差する条理的空間にある。アルベルティの輪郭や、今日のその同類であるコンピュータから生みだされる線（Pallasmaa 2009: 100）のように、幾何学的な線はふたつの点を結ぶものだと定義される。幾何学という語から察せられるように、この線は、古代エジプトの測量技師が毎年ナイル川の氾濫のあとに土地を測量した習慣に起源をもつ。測量技師は、地面に打ちつけた杭のあいだに紐を伸ばして測量をした（Ingold 2007: 159）。そして、哲学者のミシェル・セールが思いださせてくれるように、法律の概念における契約《コントラクト》はこのことに由来し、契約とは「わたしたちを引き寄せる、あるいは引っ張る紐《コード》」のことである（Serres 1995: 59）。とはいえ、紐や糸のぴんと張られたコードには特有の感触がある。その張りは感じることができて、弾くと振動する。テキスタイル・アーティストのヴィクトリア・ミッチェルがいうように、張りつめた糸は、感情と形式、身体的運動と思索的な理性のあいだにある蝶番のようなものだ（Mitchell 2006: 345）。しかし、幾何学が光学的な科学芸術のなかに引きずりこまれ、船乗りの光学的な器機が土地測量師のつかうコードに仲間入りしたことで、かつては触れることができた張りつめた紐は、触ることのできない目に見えないスペクトル、つまり光線に変貌してしまった。長きにわたって、紐と光線の対や、物質的な線とその不可視の光線の対は、物とその影のようにそろって現れるものだった。アルベルティでさえ、視線を紐だと考えていた。その紐は、眼と見ている物のあいだに伸びたヴェールのようなもので、非常に細いので裂くことができない（Alberti 1972: 38）。そして、投影のベクトルになったとき、ついに幾何学線は残っていた感触をすべて奪われたのだった。わたしたちは今日、ゲオルグ・ジンメルの目と目を合わせる接触《コンタクト》の定義に、そうした幾何学線を認めることができる。その定義とは「目と目のあいだにある、最短で最もまっすぐな線」である（Simmel 1969: 146、第七章参照）。

連結するときや限界を定めるとき、抽象的な線は、法則、理性、分析的思考の根本に根ざしている。幾何学的な線は簡潔でつねに的確である。それとは対照的に、有機的な線は、あたかも物が外被や外形の内部にあるかのようにそれらをなぞる。つまり、有機的な線は輪郭《アウトライン》なのである。また、有機的な線は分かつものであり、線を描く表面を線の片側ともう片側に分ける。この意味で、有機的な線は遺構と相似している（Rawson 1979: 34; Maynard 2005: 63-64）。ところが、このような線はそれ自体では、ものとしての存在感をもたない。わたしは卵の輪郭を楕円形に、木の幹を二本の平行線に、空を弧形に描こうとする。しかし、その実物を卵や木の幹や空に認めた途端、自分が描いた線はむなしく見えるだろう。あるいは、わたしはリンゴの輪郭や、草原と畑の境界線を描こうとするかもしれない。だが、モーリス・メルロー＝ポンティがそのエッセイ『眼と精神』で述べたように（Merleau-Ponty 1964: 182）、わたしは惑わされてリンゴの外側の輪郭や土地の境界線を実在するものだと考え、「それはいわば点描されていて、鉛筆や筆がその上をなぞりさえすればよい」と考えるだろう。なぜならば、わたしたちがそこを注視するとき、目に見える線など存在しないからだ。「線だって？　わたしに線など見えないよ」。偉大な芸術家で名製図家でもあったフランシスコ・ゴヤは、そのように明言したといわれる（cited in Laning 1971: 32）。これと似かよった考え方によって、多くのその道の権威は次のような結論に至った（reviewed in Maynard 2005: 99）。自然界に線は存在しない。したがってドローイングの線は、その指示対象と象徴的な関連があるだけで、現象学的な経験というよりも技術や慣習に根ざしている。アーティストでありキュレーターのディアナ・ペザーブリッジは、ドローイングの歴史と理論に関する高く評価された研究において次のように述べている。「線それ自体は観察可能な世界に存在しない。線は表象上の慣習にすぎないのだ……」（Petherbridge 2010: 90）。

要するに、幾何学的な線が理性を表わすのなら、アウトラインというものはもっと文化的な構造物のように見える。つまり、使い古された人類学のパラダイムによれば、心が幾分か恣意的に自然の連続体を個々の対象に区分し、それを認識して名づけられるものだとする、そのプロセスの目に見える表現である（Leach 1964）。よくある子どもたちのための「点つなぎ」〔点と点を数字の順番につなげると絵柄がうかびあがる〕の線は、幾何学的であると同時に有機的であろうとし、点と点を結ぶと同時に対象の輪郭を描こうとする。むしろ子どもたちが点をつなぐように、土地測量師は川岸や海岸のように目立つものの輪郭をなぞりながら地図をつくる（Ingold 2007: 86）。たとえばナメクジの残したぬるぬるした跡〔図9-1〕のように、メッシュワークを形成する線は輪郭線ではないし、点と点を結んだ連結線でもない。しかし、メッシュワークの線は、わたしの目には完璧に実在していて実に自然に見える。たしかに、観察可能な世界のなかに線は存在している。それはまぎれもなくそこに在る。それでは、いったいどのような意味で、線は抽象的だといえるのか。

その答えを得るために、もう一度カンディンスキーに戻ることにしよう。彼は「芸術における精神的なもの」というエッセイで、このように強調している。抽象化することとは、作品の中身を空にして、空虚な輪郭や純粋に幾何学的な形式のみを残すということではない。それは物の外面、つまり表面上の外観だけを伝える造形的な要素をすべて取り除くことで、彼のいう「内なる必然性」（Kandinsky 1982: 160）を明らかにするためにするのだ。「内なる必然性」とは、作品に命をあたえる生命力を意味する。また、その生命力はわたしたちをも活気づけるため、わたしたちが生命力に加わり、その力や鼓動を内側から感じることができる。一九三五年に書かれた魅力的なスケッチにおいて、カンディンスキーは、魚と線の類似点と相違点を読者に考えさせようとする（ibid.: 774-775）。魚と線には共通点がある。両者はともに内側に宿る力によって生き生きとし、その力は直線運動にあらわれる。水中を全速力で泳ぐ魚は、線かもしれない。だが魚は依然として外界（有機体とその環境から成る世界）のなかにいる生き物であり、存在するためにこの世界に依存している。対照的に線はそうではない。線は命そのものであり、それ以上でも以下でもない。カンディンスキーによれば、そのことがまさに彼が絵を描くときに、魚よりも線を好んだ理由である（Ingold 2011a: 208）。そして、それはドゥルーズとガタリがカンディンスキーに倣って次のように述べた理由でもある。「何も制限しない、いかなる輪郭も定めない線、もはや点から点へと移るのではなく、点のあいだを通る線（……）外も内もなく、形も輪郭もなく、始まりも終わりもない、ひとつのたえまない変

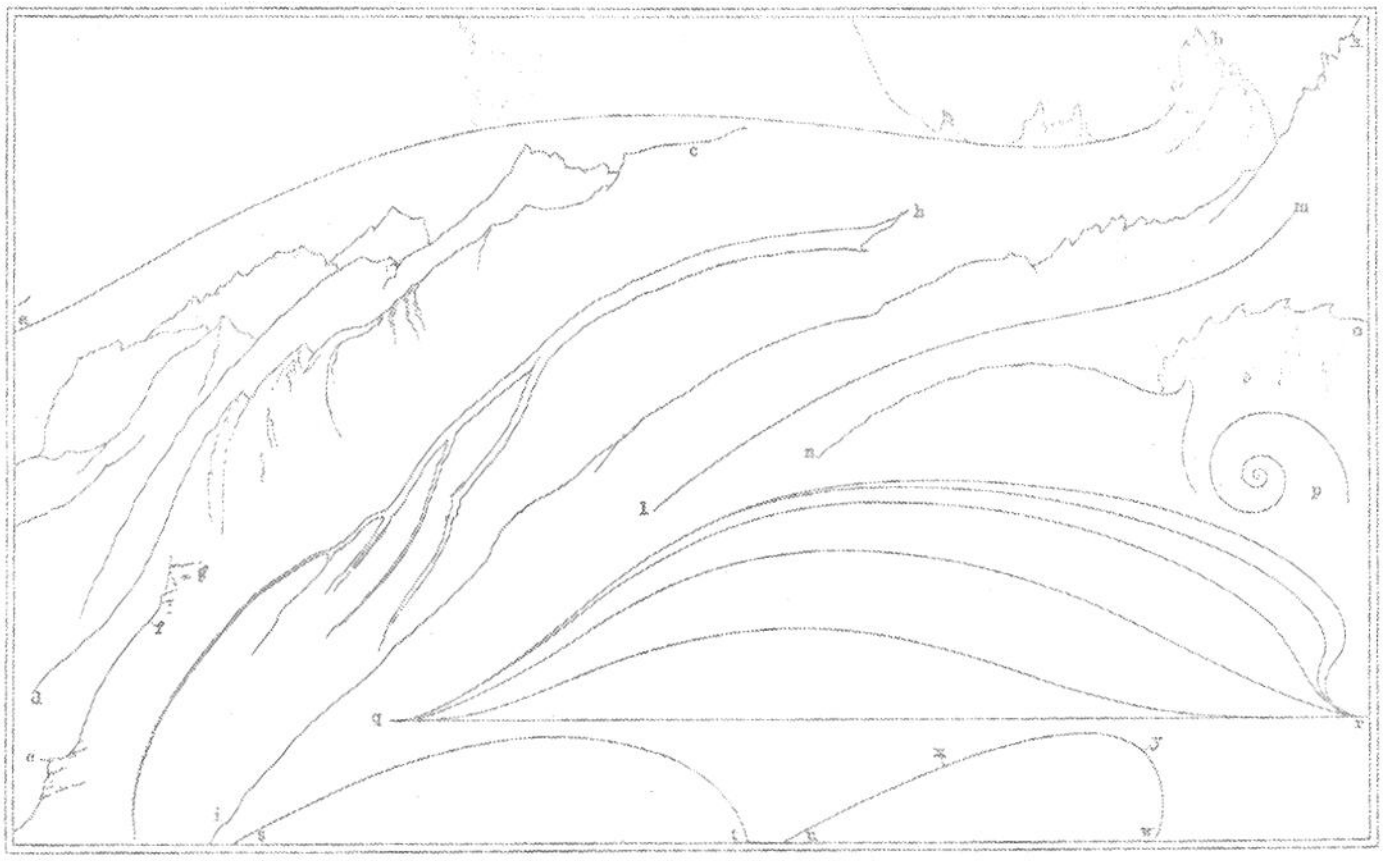

図9-2 抽象線。Ruskin (1903) より複製。Plate VII, 268ページ見開き。

化のように生き生きとした変幻自在のこんな線こそ、まさに抽象線である」(Deleuze and Guattari 2004: 549, 550-551 fn. 38)。これは川の流れる線のことであり、潮の干満の線だ。そして地図製作者が海図にしるす川岸や海岸とは、まったく異なる線である。

メルロー＝ポンティは、レオナルド・ダ・ヴィンチのものだとされる、次のような言葉を紹介する。何を描くにせよ、ドローイングの秘訣は「いわばその発生軸とも言うべき一本のうねった曲線が、対象のひろがり全体をつらぬいて伸びていく、その独特の伸び方」を見いだすことである。[8] そうした線は、ここにもそこにもない。この場所にもあの場所にもない。だがそれは「いつもわれわれが見つめるもののあいだ、またはその背後にある」(Merleau-Ponty 1964: 183)。線はほとんど動詞のように扱うことができる。そして物が成長するときや線が前進するとき、つまりは線がみずからを可視化するとき、パウル・クレーならこのようにいうだろう。それは線になるのだ、と（Klee 1961: 76）。このような見方はおそらく、十九世紀の製図家であり批評家のジョン・ラスキンの見解とも一致するはずだ。彼は三巻になる大著『ヴェネチアの石』（Ruskin 1851-1853）において、彼が「抽象的な線」と呼ぶもののコレクションをひとつの図にまとめている。それは彼が観察した非常に大きなものから小さなものから成り、氷河や山の稜線にはじまり、トウヒの大枝を通って柳葉やオウム貝の貝殻にまで至る［図9−2］。いずれの線も「行為やある種の力を表現するものである」というのが彼の主張だった（Ruskin 1903: 268）。これらの行為や力の線は、彼がつづいて一八五七年の「線描画の初歩」に関する論文で説明したように「動く動物や、成長する樹木、流れる雲、浸食される山」に認めることができる。そうやって、彼は初心者へのアドバイスをつづける。「ある形態を見たら、その過去の運命に力を及ぼした線、その未来に力を及ぼす線を観るように心がけなさい。それは畏敬すべき線である。他のどんなものを見逃そうとも、それだけは捉えるように」（Ruskin 1904: 91）。ラスキンにとって知識とは、単にその物のあり様をとらえることにとどまらず、その物が変化していく様をとらえることであり、予期することであった。また、これは形状の輪郭《アウトライン》ではなく、力の中心線に専念することを意味した。これらは畏敬すべき線なのだ。スパイブルックは次のように指摘する。それらの線が実物を抽象しているのなら、縮小することではなく、厳密にそのものの変化を表わすことによって抽象化しているのである、と（Spuybroek 2011: 115）。このような線の並外れた力とは、まさに境界を打ち砕くことだ。境界はともすれば物を囲ってしまうが、線は物が完全な存在となるように解放する。

前述のような線が形成するのがメッシュワークであり、ドゥルーズとガタリにとって、このメッシュワークが構成するのが平滑空間である。その空間は、視覚的というより触覚的な空間である。それが依拠するのは、点という幾何学的に連結されるものや、有機的に輪郭を描かれるものでもない。それは触覚であり、風や天候の世界に響きわたる性質をもつ。その世界には、大地と空を隔てる地平線はなく、中間の距離も、見通しも輪郭もない（Deleuze and Guattari 2004: 421）。わたしたちはこの世界に、すでに第六章で出会っている。それは「景色」の対義語として「大地–空」と呼んだものだ。地形においては、幾何学的な線が構成要素の位置を定め、有機的な線は表された形状の範囲を定める。ところが抽象的な線は、大地と空の世界のなかにあるものが生成していく様を予期する。このような世界において、線は表象上の慣習によって印されるものではなく、点と点を結ぶのでもない。線はむしろ成長や運動のなかで定められるのだ。ゴヤはこのようにいった。自然を見なさい、景色として。そこに線など見えないはずだ。線が存在するのは、自然を図象で表わすときだけだ。だが、自然とともに見るときには、それを大地と空の集合体としてとらえ、自然が形成する運動に加われば、線はいたるところにある。なぜなら、まさにそのような線に従って、わたしたち人間や他の生き物は生きているからだ、と。

線と獣たち

ル・コルビュジエは、モダニズム建築を方向づけた宣言のひとつである「明日の都市」と題した都市計画への声明において、次のように宣言している。「ひとがまっすぐに歩くのは、彼には目標があり、自分がどこへ向かおうとしているかを知っているからだ。ある場所に行こうと心に決めると彼はそこを目指してまっすぐに進む」(Le Corbusier 1947: 11)。それでは、目標をもたないひとの場合はどうだろうか。ル・コルビュジエにいわせれば、その人の歩みは、荷物を運搬するロバのものと変わらない。注意散漫な頭でまともに考えず、どこに行くにしても、もっとも安易な道を選ぶ。ル・コルビュジエは力説する。荷ロバの行く道はいつも曲がりくねっている。決して直線にならない。その歩みを支配するのは、理性ではなく感情だ。大陸都市の見取り図を見ると、ほとんどすべての都市に曲がりくねった道がある。その道を最初に通ったのはロバだ。どこにたどり着くかも知れない道なき道を、重い足を引きずって歩きながら轍をつくる。そうしたプロセスを経て、人びとは定住を進めてきた。ところが、自動車の時代にふさわしい近代都市には、曲がりくねったジグザグ線が登場する余地はない。こうした線は不便かつ危険であり、交通の停滞をもたらしかねない。ル・コルビュジエは、近代都市で生活できるのは直線的な人びとだけであると述べた(ibid.: 16)。

さて、ル・コルビュジエには、またすぐに戻ってくることにしよう。まずはここで、ある人物を紹介したい。そのひとはル・コルビュジエと同じ国の出身である。ル・コルビュジエの影響が建築の分野をはるかに超えているように、彼の影響もまた人類学の領域を超えて遠くに及んでいる。その人物とはもちろん、クロード・レヴィ=ストロースのことだ。フィールドの回想録である『悲しき熱帯』においてレヴィ=ストロースは、ブラジルのアマゾンの原住民である、ナンビクワラ族を訪ねた旅を仔細に語っている。「文字の教訓」と題する章には、ふたつの並列する逸話が収められており、それらはともに線をめぐる内容になっている（Lévi-Strauss 1955: 294-300）。ひとつ目は紙の上のしるしについて、ふたつ目は獣道についての話である。それぞれを簡単に要約してみよう。

第一話：レヴィ＝ストロースは、一緒にいた族長を説きふせて彼らの村に案内してくれるように頼む。村に行けば、親族関係や婚姻関係のある他のグループの人びとにも会うことができる。親族たちに配るための贈り物を積んだ四頭の牛とともに、レヴィ＝ストロースらの一行は台地を横断する旅に出た。ルートは直線で、今回のために考えられたものだった。なぜなら谷底づたいのいつもの曲がりくねったルートには植物が密生しており、動物たちが通れないかもしれないからだ。旅の途中で、ナンビクワラ族の者が道に迷うこともあったが、一行は無事に約束した待ち合わせ場所に到着する。すると族長は、人類学者にうながされるままに贈り物を配りはじめる。族長は、波形の線が一面にしるされた紙切れを籠から取りだすと、その続いてそれを「読みあげた」。あたかも、どの贈り物が誰に宛てたものであるか、また、その見返りに何を受けとることになっているかをしるしたチェックリストであるかのように。このレヴィ＝ストロースがいみじくも「喜劇」と呼んだものは、二時間にも及んだ。

第二話：往きの道で、原住民が愚かにも道に迷ったことを思い起こしていただきたい。ところが、帰りの道では、レヴィ＝ストロース自身が迷子になる。彼の騾馬《らば》が口内炎を発症して、おかしな動きをするようになる。不意に立ち止まったかと思えば、次の瞬間には猛烈な勢いで走りだす。知らないうちに、レヴィ＝ストロースはひとり薮のなかにいて、方角を見失っていることに気づいた。誰かの注意を引こうとして銃を発砲したが、騾馬が驚いて速足で駆けだすだけだった。レヴィ＝ストロースは騾馬を走って捕まえようとするが、手綱に手をかけたところで騾馬は逃げてしまう。とうとう尻尾をつかんで、再び背にまたがったが、彼も騾馬もどの方向に行けば一行と合流できるかわからなくなっていた。レヴィ＝ストロースと騾馬は、互いの相手を導き、相手に導かれることをくり返しながら、ぐるぐる回りつづけるだけだった。それがちょうど太陽が沈みかける頃までつづいた。その頃、ナンビクワラ族の仲間の二人組が、正午からレヴィ＝ストロースと騾馬の足跡をたどって、いとも簡単にレヴィ＝ストロースたちに追いつくと安全な場所に誘導してくれるのだった。

レヴィ＝ストロースは次のように回想している。その晩は気持ちがたかぶって寝つけず、前日のできごと（特に贈り物の交換に関するエピソード）が頭からずっと離れなかった。彼が思いだしたのは、そのできごとの前に、彼が鉛筆と紙切れを数枚ナンビクワラ族の者に手渡したときに、そのひとが紙切れいっぱいに波線を横書きに書きはじめたことだった。もちろん、ナンビクワラ族の人びとは、文字を書くことやその目的を理解しておらず、レヴィ＝ストロースが鉛筆で書くのを見て、自分たちの鉛筆をそのように使ってみただけだ。ところが族長は或ることに気がついた。これらの線はナンビクワラ族の人びとには意味をなさないものだが、それを書いたあとで発する言葉に、何らかの権威を与える。それゆえ族長は便箋を所望し、そこに線を数行走り書きしてから、人類学者の質問に応じて情報を提供したのだった。そうなると、族長が贈り物を交換する形式的な行為をおこなう前に、紙片を読みあげたのにも合点がいく。だが仮に、族長が文字もその意味もわからないにもかかわらず、文字を書くことの真の意味を知っていたのだとしたら、どうだろう。文字を書くことの目的は、およそ紀元前四千年から三千年に発明されている。

こう考えたくなるかもしれない。人びとは書き言葉によって記憶を蓄え、自分たちが達成したことを記録できるようになった。この限りにおいて、書き言葉のおかげで識字能力のある文明世界が可能になったのだろう、と。あたかも人間の歴史が単線的で、自分たちの課した目標に向かって加速しながら発展したものであるかのように。書き言葉がなければ、レヴィ＝ストロースがいうように、人びとは「起源と、未来を構想する持続的な意識とをつねに欠いた、波動する歴史の虜《とりこ》であることから逃れられない」（Lévi-Strauss 1955: 296）運命だったのではなかろうか。再考した結果、彼は次のように結論づけた。このような結論が正しいという根拠はどこにもない。人類史上もっとも素晴らしい偉業には、製造、芸術、工芸の分野、そして建設の分野においてさえ、文字を書くことがまだ知られていなかった時期に、成し遂げられていれたものがある。それだけではない。識字能力のある世界に生きる大多数の人びとにとっても、歴史はかつてと同じくらい混沌としたものであり続け、一貫した意味や方向性などもったことがないのだ。それでは、文字を書くことの目的とはいったい何だろう。それは、どんな偉大な革新と結びついたのか。レヴィ゠ストロースの推測では、その答えは建築にある。記述の起源と建築の誕生のつながりは、記念建造物《モニュメント》を建築するために、記述が多くの人びとを組織化し、彼らの労働力を搾取する可能性に見いだせるかもしれない。それゆえに、レヴィ゠ストロースは「書き言葉を介したコミュニケーションの初次的な機能は人間の隷従を容易にすることにあるといえる」と断定した（ibid.: 299）。それは啓蒙ではなく、搾取の手段である。仮に文字を書くことが知的な恩恵をもたらすとしても、それは単に付随的に生じた副産物だったのだ。

今日レヴィ゠ストロースを読むと、ナンビクワラ族が文字を書くことについての彼の記述は、ナンビクワラ族の人びとを見下すような視点があると同時に、自民族中心主義的な印象を与える。レヴィ゠ストロースの文章をめぐる評論で、デリダは「書き言葉をもたない人びと」という、まさにその発想が、記述とドローイングの分断に依拠している（Derrida 1974: 118-126）、と指摘する。それは前述のとおり、言葉が音声組織化され、文字化された結果、初めて生じたものだ。たしかにレヴィ゠ストロースは、ナンビクワラ族の人びとが文字を書く行為を表わすのに用いる用語があるとすれば、直訳的に「線を描く」になる、と博士論文で認めていた（cited in ibid.: 123）。書く《ライト》ことを意味する言葉の語源を西洋の伝統にたどれば、これとほとんど同じことがわかる。古期英語のウリータン writan とギリシア語のグラフェイン graphein にはともに、先端が尖ったもので表面をひっかく、彫る、切りこみを入れる、という意味が含まれていた（Howe 1992: 61; Elkins 1999: 83）。人びとが文字を書かなかったのは、彼らにとって「書くこと」をあらわす言葉が、字義通りに解釈して「ひっかくこと」や「走り書きすること」を意味する言葉だったからだ、とわたしたちは考えるべきなのか。それではまるで、デリダが手厳しく指摘するように（Derrida 1974: 123）、人びとが話すという意味で使う動詞が「歌うこと」を意味するので彼らは話すことができないのだ、と考えるようなものだ。歴史的に飛躍する発想を抱き、書き言葉をもつ人びととそうでない人びとを区別することよりも、ルロワ＝グーランの先行研究をたどって、どんな区別もすることのない図示表現の範囲内での移行を語るほうが、よっぽど有意義であるのにちがいない。というのは、前述したことだが、長いあいだ手がそうしてきたように、すべての文字を書く行為は線を描くことだからである。もしそうであるならば、同じことは建築にも当てはまるのではないか。アンウィンは「すべての建物はドローイングである」と述べている（Unwin 2007: 108）。

それでは、このあたりで、ル・コルビュジエに戻ることにしよう。偉大な建築家が未来都市に抱いた理想と、偉大な人類学者が書き言葉について考えたことを並べてみるとき、わたしたちは文字を書くことと建築の関係をめぐって何を学ぶことができるのだろうか。建築理論家のキャサリン・イングラハムは、ル・コルビュジエとレヴィ＝ストロースの話にはふたつの共通点があるという（Ingraham 1992）。それは線状的なものへの過剰なまでの執着と、使役動物がなぜか登場することである。そして両者とも、これらのロバと騾馬という動物は「線の重荷に耐えるようになる」のだ（ibid.: 143）。線は点と点をつなぐのではなく、事物のなかから生じてそこから淡々とつづいていく。ル・コルビュジエにしてみれば、そのような線は、建築や都会的なものの特徴である直交性に逆らうものだ。気まぐれなロバや、自分の流儀でものごとを行う不器用な人びとにかまっている暇など彼にはない。レヴィ＝ストロースも同じである。彼は直線の人であり、彼の騾馬やナンビクワラ族の人たちには似ていない。ナンビクワラ族は往路において、直線のルートに従おうとして道に迷う。一方、レヴィ＝ストロースは復路において、騾馬を追いかけて道に迷う。ところがナンビクワラ族は、騾馬の足跡をたどって迷子の人類学者をいとも簡単に見つけだす。レヴィ＝ストロースは直線を描くことができるが、ナンビクワラ族の人びとが描けるのは波線だけだ。だが、レヴィ＝ストロースは直線的な思考が人類にもたらした恩恵をただ享受するだけではない。彼は土着の線が失われたことを嘆いている。一方のル・コルビュジエは、そのような線など一掃されて結構だと考える。ナンビクワラ族の人びとと族長の「喜劇」めいた企みや波線、方向性をもたない混沌とした歴史を軽蔑していたにもかかわらず、レヴィ＝ストロースは、文明化という明快なミッションをかかげ、それに直結した目標や目的をもった人びとが、原住民の人びとに混乱と破壊をもたらしたことを重々承知していたのだ。というのは、直線が抱える問題は単的にいえば、次のようなことであるからだ。すなわち、直線が終点に着いてしまったら、その後はいったいどうなるのか、という問題である。

AからBへ、その向こうへ

二〇〇九年六月にアバディーン大学で開催した学会において（Ingold 2011b）、マキシン・シーツ＝

ジョンストンは或るワークショップをおこなった。数あるワークのなかで、参加者は「自分の名前を踊る」ことになった。わたしたちはフロア全体を動き回らねばならず、さまざまな方向に身体をくねらせながら、声ではなく身体全体をつかって自分の名前を伝えようとした。わたしの名前は簡単だ。ティムには勢いのある一画があるだけだ。すこしためらったあと、「イン」のためにひょいと片足跳びをした。そして「ゴルド」のために、もっと長いあいだ起立の動作を大げさに続ける。ところが、思いがけず驚いたことは、その動きが手にしたペンで自分の名前をサインするときの、リズムや身体動作の形とそっくり同じだったことだ。文字として書かれたわたしの名前は、単純に発音したときのそれを表わしたものではない。名前をいうときも書くときも、わたしは自意識（アイデンティティともいえるか）を発動させるが、第一にそれは運動感覚であるのだ。話すことと書くことの差異は、後者が永続的な痕跡を残すことである。しかし先に述べたように、わたしたちが手で文字を書くとき、あるいは描くときの運動の質はページの上に現われる線へと拡張される。その線には持続性やリズム、さまざまに変化するテンポ、間《ま》、弱音、ピッチ、振幅といったもののすべてがある。これらの線は、わたしたちの情動的な生から生じるとともに、それを前進させるものでもある。もっとも重要なことは、それらの線が描くのは、今まさに生じている運動だということだ。それは、或る点と他の点を結ぶことや、起点と終点、AとBのあいだを結ぶことではないのだ。

まさしくこの理由から、運動をめぐるわたしたちの最も根本的な見識は、言語学者のジョージ・レイコフや哲学者のマーク・ジョンソンの「起点―経路―到達点」という図式ではとらえることができないのだ（Lakoff and Johnson 1999: 33-34）。この図式では、身体は運動それ自体でも、複数の運動の集まりでもなく、ひとつの対象〔物体〕として考えられる。それは自己充足し、外部によって制限される。そして、動く。レイコフとジョンソンはそれを「トラジェクター」と呼ぶ。このトラジェクターは、いつでも特定の時刻に特定の場所にあり、或る点（起点）からもうひとつの点（到達点）へとむかう途上にある。ところが実際の生には、起点もなければ到達点もない。あるのは地平線だけだ。それは近づいていくと姿が見えなくなり、その先にはさらなる地平線がぼんやり現れる。わたしたちは幼子として躍動する世界へやってくる。歩みをつづける途上で、追いかけては後ずさりし運ばれていくこともあれば、反対に何かを運ぶこともある。近づいては離れ、あるいは周囲を巡り、目的地にむかう途中で惹きつけられた行き先に、いつでも立ち寄ろうとしている。「起点—経路—到達点」図式の問題を、シーツ＝ジョンストンは次のように説明する。その図式には、生命の線が動的に運動するための余地がない。生命の線は、事物のさなかから前進するが、それらの物を結びつけることがない、と（Sheets-Johnstone 2011: 123）。わたしたちの運動に関する知識は、身体的な美学の経験を構成する質的なダイナミクスを排除するような図式に、いったいどうして根ざすことができようか。

それとは対照的に、わたしたちが「自分の名前を踊った」経験は、デジタル化された社会の輪郭をあざやかに浮かびあがらせる。高度にデジタル化された社会では、ものよりも対象に、運動よりも可動性に、手書きの文字やドローイングよりも印字された文字に価値がおかれる。そのような社会ではネットワークが覇権を握り、すべての線は結びつける。対象を集合体に、目的地を道路地図に、文字を単語や頭字語に結びつけるのだ。ル・コルビュジエが予見したように、未来の都市に住むのは、みな直線的な人びとであろう。彼らはAを出発してBにむかう。目的に邁進し、身の回りで起きることに気がつかない。だが、もしル・コルビュジエが自説を実践していたとしたら、彼の建築は実作されたのだろうかとわたしは疑問に思う。そして、ふらふらとさまよう者たち、決まった点に向かって一直線に進まず、あてもなく曲がりくねった道を行くことを選んだ者たち、ル・コルビュジエが遠回しに表現したように、荷ロバのようにふるまう者たちはどうなるのか。そのようなひとたちは、道に固執する代わりに、野原を歩きまわる。花の色や香りに目や鼻をそわそわさせて、鳥のさえずりに耳を傾ける。彼らはときどき立ち止まっては休憩し、誰かとおしゃべりを楽しみ、あたりを見渡す。そして、手を両脇に揃えておくのではなく、両手を振って空気を抱きしめる。彼らは恋をして、子を産む。直線の人びとと荷ロバの人びと。仮にふたつに分けるとしたら、どちらが愚かでどちらが賢いのだろうか。

直線の人びとが夢中になるのは、革新や変化である。詩人のT・S・エリオットはそれを『岩の合唱』のなかで、「はてしない観念と行動のくりかえし、はてしない発明、はてしない実験」と呼んだ。目新しいものがないと直線の人びとは行き詰まる。運動する分子のように、休むことなく点から点へと疾走し、瞬時に伝達する。彼らアバターたちはみな、ネットワーク化された世界に接続している。彼らのモットーは、組み立てられた思考である。直線の人びとは情報を手に入れ、それを知識とはき違えている。もうすでに何もかも知っているというのに、この先、何を世界に問う必要があるのだろう。情報に盲目になりイメージに目がくらんだ彼らは、まさに自分の目の前で起きていることが目に入らない。「われわれが知識のうちに失ってしまった知恵はどこにあるのか」とエリオットはつづける。「われわれが情報のうちに失ってしまった知恵はどこにあるのか」[9]。まったくその通りだ。この世界の歴史において、あまりに多くの情報とあまりに少ない知恵とが結ばれたことは、いまだかつてなかったのだ。わたしにとっての知識は、直線ではなく、ロバたちの歩みにそって流れている。この慎ましい動物は、何千年ものあいだ人間に仕えてきた。動きはのろまなくせに頭の回転は速く、斜視だが大きな耳をしており、大変なでこぼこ道を難なく行くことができる。道路やレール、石油もいらない。自動車は道の行き止まりに来てしまうと、その先には進めない。だがロバは、淡々と歩きつづけることができる。人間と異なる生きものとはいえ、わたしたちはロバの伝えようとすることに注意を払うべきではないか。真の学者はみな、ロバなのである。頑固で、むら気があり、粘り強く、好奇心旺盛で、気が短い。同時に自分たちの世界に魅せられ、感嘆している。ロバはあせらない。自分のペースで進んでいく。彼らは希望を頼りに生きる。確実性などという幻を頼ったりはしない。彼らの行く道はあちらこちらへむかう。それは予測不可能である。彼らは些細な事物を心に留めて追いかける。そんなことをつづけながら、自分自身を見いだしていく。もうご承知のことだと思うが、すべての学びは己を知ることなのだ。さあ、この次はどこへ行くのか。それは、あなた自身が見いだすことだ。

［1］挿画家のジョン・ヴァーノン・ロードもこれとよく似た体験を伝えている。ロードはどのようにして線画が完成したことを判断するのだろうか。この疑問に対して彼はこう答える。線画が筆を置くべきときを彼に教えてくれるのだ。それはしばしばもっとも予期せぬときに訪れる。そうした状態にあるとき、「わたしはもうそれ以上見えないくらい線画と接近しています（……）今、線画を見てみると、線画とは、わたしの心のなかに存在していたものというより、線画そのものがその心をわたしに語りかけてくれたものなのです」（Lord 2005: 36）。

［2］さらにいうと、当然、鉛筆は蓄えられた物質を、黒鉛の中心もしくは「鉛筆の芯／リード《導く》」に内蔵している。ヘンリー・ペトロスキー（1989: 6）は、鉛筆の歴史や工学を詳細に論じるなかで、黒鉛が線画に向いている特徴を、インクと比較しながら、次のように述べている。黒鉛は液体に比して固さがあり、しるしをつけられるほどに柔らかく、消えないシミや汚れがこぼれることも残ることもない。黒鉛が制作途中の作品にちょうどよいのはそのためだ。制作途中の作品は、完成したらインクでなぞればよいのである。ペトロスキーはこう書いている。「インクは、アイデアが公に姿をあらわす際に纏う化粧品であり、黒鉛は汚れた真実である」。ウォーカーも参照されたい（Faure Walker 2008）。

［3］パルラスマに公平を期すならば、彼の不用意な発言をその文脈を無視してとりあげるべきではないと思う。なぜなら、彼の主張全体はこれと反対の方向を指向しているからである。たしかに彼は、同じパラグラフで、自分がちょうど先ほど発言したことを正当化しようと、こんなことをほのめかしている。手、鉛筆を握るその手こそが、きっとほんとうに想像しているのである。つづいてパルラスマは、線画とは心のイメージを映すものであるという考えを、若気の至りのせいにする。「若くて視野のせまい人は、自分が心にあらかじめ思い描いたものを、自分の書くものや描くものへと具象化し、自らのアイデアに手早く的確な形を与えたいと望むものである」（Pallasmaa 2009: 111）。今やパラスマーは、歳を重ねて分別がつくようになったというわけだ。

［4］この対比は、線と色彩との関係についていくらかの考えをうながす。芸術史学者のジョルジュ・ロック（Roque 1994）は、芸術に関する文章を書く西洋の書き手たちには、次のような傾向があると記している。彼らは、色彩を単なる装飾あるいは「化粧」とみなし、彼らにとって色彩は、誘惑あるいは魅惑する力をもつが、線画や書きもののように思考のプロセスを伝えるものではない。しかしながら、わたしにとって色彩は、それ

以上のもののように映る。わたしの考えでは、色彩は意識を充溢させ、線は意識を先導するものだ。線が思考のプロセスをたどるものであるならば、色彩は思考の気質をあらわす。線と色彩はどちらも感覚のありようであるが、線は触覚的である一方、色彩は雰囲気的である。この考えを発展してゆけば、別の新たな研究のテーマとなるだろう。

［5］より詳細な議論についてはIngold（2004）を参照されたい。

［6］神経心理学の研究もこの論を支持している。被験者が初めて目にする「疑似文字」で構成された架空のアルファベットをつかって実験したところ、文字を手で書くという経験は、文字の認識において著しい貢献をしていることがわかった。被験者のうち、「疑似文字」を手で書いた者は、そうした文字をキーボードでタイプしかしなかった者に比べて、認識実験でより優れた結果をみせたのである。文字の視覚的な理解と、文字の形を形成する動きに関わりがなかったのなら、手書きをした者とタイプで打った者は同等の結果を出したことだろう（Longcamp, Zerbato-Poudou and Velay 2005; James and Atwood 2009）。

［7］この喩えはあまりに浸透しているため、最近になってできたものであることを忘れがちである。建築史家のヴィトルト・リプチンスキ（Witold Rybczynski 1989: 29-36）によれば、こうした表現は十九世紀半ばまで一般的なものではなかった。当時、裕福な家庭が子ども部屋を住宅に備えるようになり、積み木が子ども向けの遊びになったのである。それ以前は、子どもの遊びの多くは屋外でおこなわれていた。また、たとえ子どもたちが屋内で遊んでいたとしても、床には凹凸がありごちゃごちゃと散らかっていたため、その上になにかを建てるのは困難であった。ところが一八五〇年代以降から今日にいたるまで、建築にたずさわる人びとは、子ども向けの積み木セットの発展と販売促進の普及につとめてきた。幼いころからそう聞かされてきたせいで、世界はブロック（積み木）を組み立ててつくられたものであるという前提は、今日の思考につねにみられるものである。

［8］実際、このくだりはM・L・アンディソンの翻訳によるアンリ・ベルクソン『思考と動き』（Bergson 1946: 229）からとられている。ところがベルクソンは、十九世紀の哲学者で考古学者でもあった、フェリックス・ラヴェッソンの作品を参照していた。この引用が、実際はダ・ヴィンチのものなのか、ラヴェッソンのものなのか、あるいはベルクソンのものなのかは、議論の余地がある。

［9］T・S・エリオット「荒地」（T.S. Eliot, *The Waste Land and Other Poems* 1940: 72）。

訳者あとがき

金子遊

本書はTim Ingold, *Making: Anthropology, archaeology, art and architecture*, Routledge, 2013の全訳である。著者のティム・インゴルドに関しては、すでに『ラインズ　線の文化史』(二〇一四年、左右社)が邦訳で出版され、その他にも数本の論考が雑誌媒体において訳出されているので、ここでは簡単に経歴を振り返るだけにとどめたい。ティム・インゴルドは一九四八年にイギリスのバークシャー州レディングに生まれ、ケンブリッジ大学で社会人類学の博士号を取得した。一九七〇年代からフィンランド北東部のラップランドに暮らすサーミ人の社会をフィールドワークし、伝統的にトナカイの狩猟や飼育を生活の糧にしてきた彼らの社会が現代において変容していった様子を研究した。その後はマンチェスター大学で教鞭をとり、一九九九年からはアバディーン大学で人類学を教えている。

『メイキング　人類学・考古学・芸術・建築』の執筆の経緯については、本書の序文と第一章に詳しい。それによると、まだティム・インゴルドがマンチェスター大学に所属していた九〇年代の半ばから、アートや建築と人類学の接点を探るべく毎月研究会を開いていた。「つくること《メイキング》」を内側から知るために、研究者や学生たちは集めてきた枝を乾かして籠を編み、自分たちでつくった窯で鉢を焼き、ポリフォニーで歌唱するための練習をし、建築のための設計図を書いてみた。そのユニークな人類学的探求の方法はこの時期にはじまったという。一九九九年以降、アバディーン大学の人類学学科の立ちあげに関わったインゴルドは、人類学《アンソロポロジー》、考古学《アルケオロジー》、芸術《アート》、建築《アーキテクチャー》という、それぞれアルファベットの「A」を頭文字とする分野を組み合わせて「四つのA」という課程《コース》を創設し、学部生や大学院生にむけて講義をおこなった。さまざまな実習やワークショップやグループワークを組み合わせたその何とも魅力的な講義の様子は、本書からも充分にうかがい知ることができる。

ティム・インゴルドは『ラインズ』において、文字の記述、音楽の記譜法、織り物や手相、地図やストーリーテリングにいたるまでを事例にして、人間の世界にあまねく存在し分断できない、運動する「線《ライン》」という着眼点から書物を著して大きな反響を得た。いうまでもなく、これはドゥルーズ＝ガタリの哲学における「逃走線」の概念から発想されている。国家という権力や家族のモデルによる抑圧からの「逃走線」の概念を、より文化的で具体的な地平に結びつけてみせ、豊かな「線」の世界を描出した。この領域横断的な書物について、インゴルド自身は「この研究を通じて自分は人類学と袂を分ってしまったのかなと自問する」と日本語版の序文に書いた。

　ところが『ラインズ』の次に発表された論集『*Being Alive*』（二〇一一年）を挟んで、六年後に刊行された本書『メイキング』（二〇一三年）では、原生人類における握斧、聖堂におけるゴチック建築、絵画とドローイングのちがいなど、人類学と個別的な他分野との接点をさぐる試みに深く潜行していき、さらに知的でスリリングな議論をくり広げている。『ラインズ』で広範囲に拡張された人類学的な知の問題を、自分たちの身体や手をつかって学び直していく実践の書だと考えることもできよう。さて、それでは本当にインゴルドは人類学と袂をわかち、これら考古学や芸術や建築との境域に自身の思想や研究テーマを見いだしたのだろうか？

　そのように考えてくると、本書の第一章などで展開される、人類学と民族誌における仕事の区別の問題が重要なものだと映ってくる。ティム・インゴルドは民族誌をおとしめるつもりはないと断った上で、民族誌の記述が、物ごとがどのようになっているのかについて学び、その記録資料《ドキュメンタリー》やデータの作成を目ざしていることを強調する。それに対して、人類学の本質は参与観察などをおこなうことで、人生の道において何かを学び、自分自身が生成変化することなのだと言い切る。それゆえに、彼にとっては民族誌ではなくて人類学こそが、無機物や有機物の生成変化の流れに沿ってコレスポンド（応答や調和）することで何かを生みだす、人間の「つくること《メイキング》」に寄与できる知恵の源泉ということになるのだ。

　無論、そこにもドゥルーズ＝ガタリの哲学への深い共感がある。彼らの著書『千のプラトー』では、一見強固で不変の物質に見える無機物の金属さえもが、鉱脈から鉱物として掘りだされ、揮発し、溶融し、鍛造され、型取られていくといった流れをもつ「非有機的な生命」だと描出される。ティム・インゴルドのいう「つくること」は、特定の建築家や芸術家のそれを意味するというよりは、金属の「物質‐流れ」に従って探鉱者や採掘者、冶金術の職人や鍛冶師たちがさまざまなアレンジメントを施すことのような、人間界に広く見られる技術的な営みのことを指し、それらを人類学的に記述する試みなのだといえる。もし人類学というものを、ある人物に職能的な専門性や研究の基盤を与えてくれる知の体系だと考えるひとがいるなら、到底『メイキング』を人類学の書だと認めることはできないだろう。だがインゴルドが主張するように、人類学が身のまわりの世界に注意をむけることで知恵を身につけ、新鮮な知的空気を吸いこんで柔軟に自分を変化させて環境に適応し、複雑な自然や宇宙や世界をそのままの形で理解するための知への道のりだと考えるなら、本書ほど人類学の冒険の書として適したものもない。

翻訳の分担に関しては、以下の通りである。第一章から第三章を筆者が、序文と第四章から第六章を小林耕二が、第七章から第九章を水野友美子が担当した。訳文全体における文体の統一は筆者がおこなった。共訳書ではあるが、訳語や用語の選択における最終判断は筆者がしており、すべての責が筆者にあることを申し添えておきたい。『メイキング』は三人で訳した書物であるが、本書を企画して生みだしたのは左右社の東辻浩太郎さんである。通常の書物の編集全般の仕事に加えて、訳文のすべてと原文を突き合わせてチェックし、レイアウトのデザインや文献一覧の作成にいたるまで担当して下さった。東辻さんの書物を創造する情熱のおかげで、三人とも何とか完走することができた。最後に東辻さんに表わしうるかぎりで最大限の謝意を表したい。

（重版にあたり、表記や表現を改めた箇所がある。また、識者からの指摘もあり、一部を改訳した）

索引

あ

アイコンタクト(eye-to-eye contact)……218-21, 256-8, 281-2
→見ること/目/視覚(looking; eyes; vision)
アシュール文化(Acheulean industry)……78-84, 93-4, 99-100, 102-3
アシュール文化の握斧(handaxe, Acheulean)78-104, 173-4, 228-9, 236-7
後を追う, たどる(following)……14, 20-1, 35-6, 226-7, 244-5, 297-8
遺構を —(the cut)…35-7, 226-7, 267-8
手書きの線の —(the letter-line)……272-3
物質の —(materials)……63, 194-5
織ること(weaving)……71-2, 232-3, 238-40
→籠づくり(basketry)
雨(rainfall)……108-11
アリストテレス(Aristotle)……86-7
歩くこと(walking)……217-21, 243-4
アルベルティ, レオン・バッティスタ(Alberti, Leon Battista)…109-14, 122, 125, 154-5, 177-8, 261-2, 281-2
アルベルティ, ベンジャミン(Alberti, Benjamin)……195-6, 214-5
アンウィン, サイモン(Unwin, Simon)……127-9, 268-9, 292-3
アンドリューズ, フランシス(Andrews, Francis)……122-4
鋳型(templates)
人工遺物の —(artefactual)……97-8
身体でつくった —(bodily)……97-8
心的な —(mental)……91-3, 97-8
石(stone)……72-5, 93-9
家を建てる素材としての —(as building material)……179-80
— の物質性(materiality of)……64-5
石器(tools of)……72-3
石工職(masonry)……111-9, 252-3
意図, 企図(intentionality)
芸術制作における —(of art-making)……197-8
熟練者の発揮する —(of skilled practice)……97-8
イメージ(images)
— とドローイング(and drawings)……264-70
— と物体(and objects)……52-3, 249-50
— を提示することと言うこと(showing and saying in)……273-5
ヴァザーリ, ジョルジョ(Vasari, Giorgio)……113-4, 154-5, 261-2
ウィン, トーマス(Wynn, Thomas)……89-95, 99-101
ウィトルウィウス(Vitruvius(Marcus Vitruvius Pollio))……112-3
ウィラースレフ, レーン(Willerslev, Rane)……158-9
ウィルソン, フランク(Wilson, Frank)‥232-3
ヴィンシ, ラウラ(Vinci, Laura)……161-4
ヴィンドリッヒ, ウィルケ(Wendrich, Willeke)……245-6
歌(song)……231-2, 272-3
— と発話(vs. speech)……270-3, 292-3
運動, 動くこと(movement)
— と形状(and form)……59-60
— としての知ること(knowing as)……14
「— のさなかの思考」(thinking in)…204-5
からだの —(bodily)……49-51, 293-4
感覚をともなう —(sentience of)…216-7
直線 —(linear quality of)…284-5, 294-5
ドローイングにおける —(in drawing)……265-7
— の軌跡(paths of)……52-3
→身振り(gesture)
運動感覚, 運動覚(kinaesthesia)……203-4, 209-13, 268-9, 275-6, 295-6

エージェンシー(agency)……196-201, 215-6
「── のダンス」(dance of)…205-7, 220-1
対象の ──(of objects)……196-7
エリオット, トマス・スターンズ(Eliot, Thomas Stearns)……297-8
エルキンズ, ジェームズ(Elkins, James)……69-70, 271-2, 273-5
鉛筆(pencil)……90-1, 267-8, 275-6
延続, 永続(perdurance)……161-2, 171-2
── することと存在すること(vs. existence)……74-5
── と変換(and transduction)……211-6
物質の ── 性(of materials)……215-6
教えること(teaching)
── と参与観察(and participant observation)……42-3
── と学ぶこと(and learning)…32-3, 42-3
オヌクール, ヴィラール・ド(Honnecourt, Villard de)……117-9
オルウィグ, ケネス(Olwig, Kenneth)……176-7
オルセン, ビョルナル(Olsen, Bjørnar)……66-8, 212-5
音楽(music)……220-1
── とドローイング(and drawing)……260-1, 265-8

か

絵画(picture)
── とテキスト(vs. text)……270-7
── と風景(and landscape)……180, 184
貝殻状断面(conchoidal fracture)……78-80
── と割って壊すこと(vs. split-breaking)……81-2
外気(air)……205-9
化学(chemistry)……69-70
書くこと(writing)
── と建築(and architecture)……291-3
── とドローイング(and drawing)……156-8, 260-1, 270-3, 292-3
── と歴史(and history)……291-4
── の発明(invention of)……290-1
手紙を ──(of letters)……216-7, 226-7
手で ──(by hand)→手書き(handwriting)
描くこと(painting)……69-70, 72-3, 156-8
── とドローイング(and drawing)……260-1, 265-7
籠づくり(basketry)……57-60, 71-2, 76, 246-7, 250-2
→編むこと(weaving)
風(wind)……57-9, 184-6, 223
── の眼(eyes of)……187-8
ガタリ, フェリックス(Guattari, Félix)
→ドゥルーズ(Deleuze, Gilles)
型枠(moulds)……60-2, 119-20
カラザース, メアリー(Carruthers, Mary)……169-70
狩り(hunting)……37-8, 159-60, 226-7
カンディンスキー, ワシリー(Kandinsky, Wassily)……267-8, 284-5
感覚(sentience)→感情(feeling)
「環境世界」(umwelt, concept of)……221-2
感情, 感覚, 感性(feeling)……216-7, 220-3, 243-4, 250-2, 263-4
── と描くこと(and drawing)……260-1
── と触覚(vs. touch)……47-51, 256-9
── と理性(vs. reason)……229-30, 287-8
「完成品という謬見」(finished artefact fallacy)……87-93
キーボード(keyboard)……216-7, 253-4, 258-9, 275-6
記憶(memory)
── とモニュメント(and monuments)……168-71
── とものを撚り合わせること(and winding things up)……250-1
── とリズム(and rhythms)……238-40, 249-50
── と歴史(and history)……168-9, 291-2
── の場所(places of)……170-1
機械(machine)……111-2, 256-8

幾何学(geometry)……93-8, 281-3
構成幾何学(constructive)……120-1
聴くこと(listening)……216-8, 226-7
— と読むこと(and reading)……271-2
技術の意味(skill, meaning of)……71-2
「起点-経路-到達点」スキーマ(source-path-goal schema)……295-6
ギブソン, ジェームズ(Gibson, James)…16-7
希望のメソッド(hope, method of)……26-7
教育(education)……41-2
「注意の —」(of attention)……14, 226-7
共感(sympathy)……229-30
キルト(quilt)……121, 227-9, 279
記録(record)
考古学的な —(archaeological)……174-5
ひもの長さに — する(in a length of string)……249-50
金(gold)……70-1, 75
空間概念(topology)
平滑空間と線的空間(smooth vs. striated)……280, 287
具体化(embodiment)…193-4, 208-9, 215-6
→身体(body)
クラーク, アンディ(Clark, Andy)……201-2
クレー, パウル(Klee, Paul)…155-6, 285-6
グンディッサリーヌス, ドミニクス(Gundissalinus, Dominicus)……116-7
経験則(rules of thumb)…116-7, 120-1, 149
芸術, アート, 技術(art)
— 作品(work of)……197-8
— と考古学(and archaeology)……35
— と人類学(and anthropology)……29, 42-3, 264-5
探究の —(of inquiry)……26-8, 35-8
→四つのA(four As)
形状, 形式(form)
— と物質(and material)……60-4, 85-7, 102-3, 236-7
— の顕れ(emergence of)……57-9, 62-3, 70-1, 97-101, 172-4, 238-40, 249-50
→形態形成(morphogenesis)
最終的な —(final)……90-1
形態形成(morphogenesis)…56-7, 62-4, 209
→フォルムの出現(form, emergence of)
契約(contract)……281-2
ケイン, パトリシア(Cain, Patricia)…262-5
ゲーテ, ヨハン・ヴォルフガング・フォン(Goethe, Johann Wolfgang von)…221-2
建築(architecture)
— という探究(of inquiry)……33-5
— と書くこと→書くことと —
— と考古学(and archaeology)……35
— と人類学(and anthropology)……35, 287-9, 293-4
— と大工職(vs. carpentry)……111-3, 178
— と建てること(and building)……106-9, 112-3, 127-30, 263-4, 267-8
— におけるデザイン(design in)……106-9, 122-4, 148-9, 152-3, 261-2
— の概念(idea of)……106-9, 112-3, 162-4, 178
→四つのA(four As)
考古学(archaeology)……226-7
— 的な発掘(excavation in)……35-7, 164-5, 170-1
— と人類学(and anthropology)……35-7
— と先史学(vs. prehistory)……35-7
— と建築→建築と —
→四つのA(four As)
声(voice)……231-2, 242-3, 270-1
コーンウォール地域のレスカーニックヒル(Leskernick Hill (Cornwall))……179-80, 187-8
ゴールズワージー, アンディ(Goldsworthy, Andy)……215-6
個性化(individuation)……62-3
固体性(solidity)
石の —(of stone)……72-3
物質の —(of matter)……64-9

ことば（language）
言語能力と道具づくり（and toolmaking）……88-9, 93-4, 236-7
― と手（and the hand）……234-6
― とドローイング（and drawing）……260-1, 271-2
手話（deaf-sign）……273-5
コヌレ, シャンタル（Conneller, Chantal）……70-3
ゴヤ, フランシスコ（Goya, Francisco）……282-3, 286-7

さ

作曲すること（composition）
つくられた楽曲（musical）……156-8
触ること, 触覚（touch）……232-3, 244-5, 263-4
― と感情→感情と ―
→触覚性（tactility）
サン・ヴィクトルのフーゴー（Hugh of St Victor）……116, 121-2
参与観察（participant observation）……21-6, 32-3, 35-7, 226-7
― と教えること→教えることと ―
死（death）
― と生（and life）……176-7
シーツ=ジョンストン, マキシン（Sheets-Johnstone, Maxine）……193-4, 204-6, 294-6
ジェル, アルフレッド（Gell, Alfred）……28, 198
シェーン・オペラトワール（動作の連鎖）（chaîne opératoire）……63-4
シェルビー, ロン（Shelby, Lon）……114-7, 119-21
視覚（vision）
占い師（clairvoyant）……244-5
― と視認性（and legibility）……273-5
― と太陽光（and sunlight）……221-2
― と聴覚および触覚（vs. hearing and touch）……158-9, 231-2
熟練した先見性（skilled）……149
触覚的な ―（haptic）……187-8
触覚的な ― と光学的な ―（vs. optical）……271-3
風景の視野（of landscape）……180
→目／アイコンタクト／見ること（eyes; eye-to-eye contact; looking）
視覚的文化（visual culture）
― の研究（study of）……27-8
時間（time）……161-2
ある時代の共同体（community of）……217-8
― と変換（and transduction）……211-2
― と歴史（and history）……168-9
タイムマシーン（machine）……165-6
つくることや成長することにおける ―（of making and growing）……151-2
ドローイングにおける ―（of drawing）……260-1, 265-7
文通と ― の経過（correspondence in）……216-7
シザ, アルヴァロ（Siza, Alvaro）……108-9, 156-8
自然（nature）
― と文化（and culture）……87-8, 100-1, 236-7
― のなかのライン（lines in）……282-7
自然淘汰（natural selection）……142-4, 146-7
→進化（evolution）
実験（experiments）……26-7, 47-8, 180-1, 203-4, 275-6
実践（practice）
― することの創造性（creativity of）……32-3, 129-30
― と知識（and knowledge）……227-9
― と理論（and theory）……44-6, 126
質料形相論（hylomorphism）……54-7, 68-9, 87-8, 95, 112-3, 172-3
― と風景（and landscape）……177-8
― への批判（critique of）……60-4, 76, 101
ものを対象に格下げする（reduces things to objects）……196-7

地面（ground）……186-7
シモンドン, ジルベール（Simondon, Gilbert）
……60-3, 71-2
シャーマ, サイモン（Schama, Simon）……178-9
写真（photography）……260-1, 265-7, 275-6
シャルトルの大聖堂（Chartres Cathedral）
……124-9, 149
シュッツ, アルフレッド（Schutz, Alfred）
……217-8
巡礼（pilgrimage）……169-71
ジョーンズ, アンドリュー（Jones, Andrew）
……64-5, 200-1
職人, 技芸, 伝承技術（craftsmanship）
……26, 150-1, 225-6, 241-2, 254-5
触覚性（tactility）
……48-9, 53-4, 243-5, 249-50, 282-3
→触ること（touch）
知ること（knowing）
— と存在すること（and being）
……13-4, 23-4, 65-6, 86-7
進化（evolution）
ヒトの —（human）……236-8, 254-6
→自然淘汰（natural selection）
人工物, 人工遺物（artefacts）……54, 65-6
— と有機体（and organisms）……56-7
— のデザイン（design of）……145-8
石造の —（of stone）……68-9, 82-4, 90-1
身体（body）
動く —（moving）……196-7
鋳型としての —……97-8
— と魂（vs. soul）……86-7, 236-7
— の曲がりくねり（winding of）……294-5
陶器としての —（as pot）……195-6
「トラジェクター」としての —（as trajectory）
……295-6
有機体-人間 そしてものとしての —（as organism-person and thing）……194-5
→具体化（embodiment）
ジンメル, ゲオルグ（Simmel, Georg）……218-21
人類学（anthropology）……14-21
— と芸術→芸術と —
— と建築→建築と —
— と考古学→考古学と —
— と民族誌（vs. ethnography）
……16-21, 25-6, 29-30, 33-5, 53-4, 269-70
— において教えることと学ぶこと
（teaching and learning in）……32-3, 40-1
図形的な —（graphic）……269-70
探究の技術としての —（as art of inquiry）
……27-8
〜の —, 〜と —（of vs. with）
……29, 33-5, 38-9
→「四つのA」（four As）
スウェデンボルグ, エマニュエル
（Swedenborg, Emanuel）……221-2
スケッチを描くこと（sketching）
……263-4, 276-7
図示表現（グラフィズム）（graphism）
……240-1, 270-1, 292-3
スターリング, サイモン（Starling, Simon）
……190-1, 193-4
ステッドマン, フィリップ（Steadman, Philip）
……148
ステレオトミー（stereotomy）……120-1
スパイブルック, ラース（Spuybroek, Lars）
……123-4, 150-3, 222-3, 279, 285-6
生（life）
— と死→死と —
精神（mind）……201-3
心と手（and hand）……232-3, 265-7
人間性の喪失（loss of）……256
生成（becoming）
— と因果関係の語法（and the language of causation）……200-1
「生成変化する線」（lines of）……277-9
物質が — すること（of materials）……68-9, 76
ものが「成る」こと（of things）……68-9
生成変化（transformation）
— と記録資料（vs. documentation）
……18-21, 42-3, 53-4, 269-70

成長, 成長すること (growing)
木々の —(of trees)……184-6
— と記録 (and the record)……173-4
— と建てること (and building)……166-7
— の時間 (time of)……151-2
生命を有すること (animacy)
……193-4, 200-1, 215-6, 284-5
生のダンス (dance of)……208-11, 243-5
石核 (cores)
— と剥片 (and flakes)……88-93, 98-9
セネット, リチャード (Sennett, Richard)
……150-1, 241-4, 249-50
線, ライン, 軌跡 (lines)……52-3
畏怖すべき —(awful)……285-6
木々の成長の —(of arboreal growth)
……184-7
幾何学的な —(geometric)……113-6, 281-4
コレスポンダンス, 文通の —(of correspondence)……216-7, 220-1
視線 (of sight)……281-2
自然における —(in nature)……282-7
「生成変化する線」(of becoming)……277-9
— と魚 (and fish)……284-5
— と身体動作 (and gesture)
……262-3, 294-5
— とドローイング (and drawing)
……113-4, 123-4, 155-6, 262-4
— と面 (and surfaces)……260-1
抽象線 (abstract)……281-2, 285-6
直線 (straight)……287-8, 291-4, 296-8
飛行の —(of flight)……211-2, 267-8
有機的な —(organic)……280, 282-3
→幾何学 (geometry)
専門領域 (disciplinarity)……38-9
占有すること (occupation)
— と住まうこと (vs. habitation)……187-8
相互作用 (interaction)
— とコレスポンダンス (vs. correspondence)
……53-4, 75, 202-3, 208-9, 216-23
互いの顔を見つめ合うこと (face-to-face)
……217-22
想像力 (imagination)……155-60, 268-9
創造性 (creativity)……27-8, 53-4, 56-7
実践することの —(of practice)
……32-3, 129-30
素材, 物質 (materials)
— と形状→形状と —
— の性質 (properties of)……59-60, 72-5
— の属性と性質 (vs. qualities)……70-2
→質料形相論 (hylomorphism)
育てること (growing)
— とつくること (and making)……52-7
即興 (improvisation)……53-4, 204-5
空 (sky)……175-6, 181-2, 186-8, 221-2, 287

た

ダーウィン, チャールズ (Darwin, Charles)
……138-9, 142-4, 147-8
ターンブル, デイヴィッド (Turnbull, David)
……124-9, 147-9, 181-2
「大地と空の世界」(earth-sky world)
……175-6, 187-8, 287
対応=合致, 呼応, 応答, 調和, コレスポンダンス (correspondence)……26-7, 151-4, 220-2, 230-1, 238-40
動きのなかの —(in animate movement)
……193-4
— と感情 (and feeling)……251-2
— と相互作用→相互作用と —
知識と実践の —(of knowledge and practice)……227-9
ドローイングにおける —(in drawing)
……268-9
発掘における —(in excavation)……35-7
文通 (exchange of letters in)
……216-7, 230-1
身振りと記述の —(of gesture and inscription)……253-4, 258-9
ものとの —(with things)……182-3
大工職 (carpentry)……109-19, 252-3

— と建築→建築と —
対称性（symmetry）……95-7
大地（earth）
……164-5, 175-7, 181-2, 186-7, 287
タイプライター（typewriter）‥253-4, 275-7
凧（kites）……203-12
建てること, 建物（building）
……106-9, 127-30, 147-9, 279
— と演じさせること（and performance）
……181-2
— と建築→建築と —
— と成長すること→成長することと —
— とドローイング（and drawing）
……123-4, 264-5, 267-8, 292-3
ブロックを組み立てること（blocks）…279
マウンドを建設すること（of mounds）
……165-6
旅すること（wayfaring）……63
タルボット, リチャード（Talbot, Richard）
……264-5
ダン, ジョン（Donne, John）……218-20
ダンス（dance）……193-4
「エージェンシーのダンス」（of agency）
……204-7, 220-1
生の —（of animacy）……208-10, 220-1
— における即興（improvisation in）
……204-5
— とドローイング（and drawing）·265-7
名前を — で表現すること（of names）‥294-5
チェロを弾くこと（cello-playing）…17-19, 42-43, 209-11, 223, 243-4, 257-8, 267-8
知覚（perception）……180-1, 184, 187-8, 231-3
視覚的 — と触覚的 —（optical vs. haptic）
……53-4, 250-2, 256-9, 262-4, 287
冶金（metallurgy）……63-4, 71-2, 76, 206-7
知識（knowledge）
暗黙知（tacit）……225-6, 230-1
発話的な — と個人的な —（articulate vs. personal）……53-4, 230-1
→発話（articulation）
知性（intelligence）
技術的な知（technical）……240-1
— と本能（vs. instinct）……84-7
彫刻（sculpture）……190-3
— とドローイング（vs. drawing）…260-1
調理法（cookery）……43-44, 153-4
直感（intuition）……15-6, 63
つかむこと（grips）……233-6, 241-2
つくること（making）
組み立てることと前進すること（as assembly vs. procession）……103-4, 227-9
コレスポンダンスとしての —（as correspondence）……75, 151-2, 238-40
— と考えること（and thinking）……26
— と育てること→育てることと —
— と使うこと（vs. using）……90-1, 106-8
— とデザイン（vs. design）… 129-30, 139-40, 144-5, 150-1, 154-5, 159-60
— の意味（meaning of）……52-7, 59-60
— の始点と終点（starting and end points in）……94
手で —（by hand）……253-4
投影としての —（as projection）
……54, 101, 165-6
ツムトーア, ペーター（Zumthor, Peter）……73-4
手（hands）……97-9, 232-3
— で識別する・語ること（telling by）
……244-5, 258-9, 270-1
— と心→心と —
— とことば→ことばと —
— と道具（and tools）……240-1
— の退化（regression of）……256
— の人間性（humanity of）
……233-6, 240-1, 254-5
ひもをつくる際の — の動き（movements of, in making string）……246-7
ディブル, ハロルド（Dibble, Harold）…91-2
デイヴィッドソン, イアン（Davidson, Iain）
……88-91, 98-9
ティリー, クリストファー（Tilley, Christopher）

……64-5, 179-80
手書き（handwriting）
……216-7, 234-6, 242-3, 258-9, 272-3
— とタイプ（vs. typing）……253-4, 275-6
→書くこと（writing）
テキスト（text）
— と絵画→絵画と —
デザイン（design）……56-7, 132-6
生きている有機体の —（of living organisms）……136-44
建築における —（architectural）
……106-9, 124-6, 147-9, 152-3, 261-2
知的 —（intelligent）……136-8, 146-7
— と建設（and construction）
……111-3, 124-6
— とつくること→つくることと —
— とドローイング（and drawing）
……113-4, 123-4, 150-1, 154-6, 260-2
— の意味（meaning of）……134-6, 154-5
— 論（argument from）……125-6, 145-9
握斧の —（of handaxe）……81-5
日常生活の —（of everyday things）
……132-6, 153-4
ユーザー中心の —（user-centred）……153-4
手の器用さ（dexterity, manual）……149
手で導くこと（manuduction）……256-8
デリダ, ジャック（Derrida, Jacques）
……150-1, 231-2, 273-5, 277-9, 292-3
ドゥルーズ, ジル（Deleuze, Gilles）
形相と物質（on form and matter）……63-4
触覚的認識と視覚的認識（on haptic and optical perception）……250-2, 287
抽象線（on the abstract line）……281-7
物質-流れ（on matter- flow）……75-6, 202-3
物質に随うこと（on following the material）
……63, 102-3, 194-5
平滑空間と条理空間（on smooth and striated topologies）……280, 286-7
冶金学（on metallurgy）……63-4, 71-2
投影すること（projection）
……250-2, 258-9, 272-3, 276-7, 281-2
— としてのつくること（making as）
……54, 99-101, 165-6
— としてのドローイング（drawing as）
……264-8
陶器（pottery）……66-9, 195-6, 206-7, 209-10, 212-5, 223, 238-40
道具（tools）
石器（of stone）……72-3
— と手→手と —
→アシュール文化の握斧
道具をつくること（toolmaking）
— と言語能力→言語能力と —
ドーキンス, リチャード（Dawkins, Richard）
……143-9
土中に葬ること（burial）……164-6, 175-6
トメイ, クレア（Twomey, Clare）……212-4
ドローイング（drawing）
語りの手段としての —（as telling）
……260-4, 268-73
技術的な —（technical）……261-4
投影としての —（as projection）……264-5
— の意味（meaning of）……260-1
— とイメージ→イメージと —
— と音楽→音楽と —
— と絵画→絵画と —
— と書くこと→書くことと —
— と感情→感情と —
— とことば→ことばと —
— と思考（and thinking）……268-9
— と線→線と —
— と建てること→建てることと —
— とダンス→ダンスと —
— と彫刻→彫刻と —
— とデザイン→デザインと —
— の定義（defined）……260-1

な

流れ（flow）
意識の —（of consciousness）……52-3, 202-3

物質の ―(of materials)…49-53, 63-4, 70-1, 75-6, 102-4, 196-203, 209
謎(riddles)……72-6
人間(persons)
― と有機体(and organisms)……194-5, 208-9
― のエージェンシー(agency of)……199-201
ものとしての ―(as things)……194-5
人間性(humanity)
手の ―(of the hand)……231-6, 240-1, 254-5
― という概念(notion of)……23-4, 65-6, 86-7, 100-1, 236-7, 256-9
― と動物性(vs. animality)……234-8
認識(cognition)
― が作用すること(enacted)……202-3
ネットワーク(network)
― とメッシュワーク(vs. meshwork)……277-9, 297-8
粘土(clay)……60-2, 71-2, 206-7, 209-14, 223
年月を重ねること(ageing)
― と古くなること(and growing older)……174-5, 217-8
脳(brains)……202-3, 233-4, 240-1
ノブル, ウィリアム(Noble, William)……88-91, 98-9

は

ハーヴェイ, ジョン(Harvey, John)……120-1, 123-5
バーガー, ジョン(Berger, John)……265-9, 275-6
ハイデガー, マルティン(Heidegger, Martin)
対象ともの(on objects and things)……182-3
手について(on the hand)……234-6, 253-8, 275-6
運び(ductus)
身体の ―(gestural)……211-2, 267-8
手の ―(of the hand)……253-4, 267-8, 276-7
発掘(excavation)
考古学の ― 調査(archaeological)……35-7, 164-5, 170-1
パッチワーク(patchwork)……121, 127, 227-9, 280
発話(speech)……216-7, 230-1, 270-1
― と歌→歌と ―
鼻(noses)……231-2
話すこと, 識別すること, 分けること(telling)……225-34, 242-5, 253-4, 258-9
― としてのドローイング(drawing as)……260-1, 268-73
― と明確に表わすこと(vs. articulation)……225-31, 262-3
触覚で ―(haptic)……250-2, 262-3
手で ―(by hand)……244-5, 258-61, 270-1
バラッド, カレン(Barad, Karen)……22-3, 74-5, 200-1
パルラスマ, ユハニ(Pallasmaa, Juhani)……155-6, 181-2, 187-8, 262-3, 268-9
パリンプセスト, 羊皮紙(palimpsest)……68-9
ハロウェイ, ラルフ(Holloway, Ralph)……87-8, 93-5, 103-4
ピカリング, アンドリュー(Pickering, Andrew)……204-5, 208-9
紐(string)……245-53, 281-2
ファーネル, ブレンダ(Farnell, Brenda)……193-4
フィールドワーク(fieldwork)……13-4, 16-7
風景, 景色(landscape)……176-7, 180, 287
― と絵画→絵画と ―
― と視覚(and vision)……180
― ともの(and things)……176-7
― とモニュメント(and monuments)……177
フェルト(felt)……280
物質, 素材(materials)
― から思考すること(thinking from)……194-5, 202-3

— と物体 (vs. objects) ………… 47-51, 75
— の意味 (meaning of) ……………… 69-70
— の永続性 (perdurance of) ……… 215-6
— の活力 (vitality of) ………………… 200-1
— の流れ (flow of) … 49-53, 63-4, 70-1, 75-6, 102-4, 196-203, 209
— の謎 (riddle of) ……………………… 72-6
物質性 (materiality of) …………………… 64-9
石の — (of stone) ………………………… 64-9
— の意味 (meaning of) …… 64-9, 215-6
物質文化 (material culture) ……………………………………………… 54, 201-2
— の研究 (study of) ……………………… 27-8, 49-51, 64-6, 201-2
物体, 客体, オブジェクト, 対象 (objects)
アートの — (of art) …………………… 197-8
記録された — (in the record) ……… 174-5
— と主体 (and subjects) ……………… 194-5
— のエージェンシー (agency of) … 196-7
— とイメージ→イメージと —
— と素材→素材と —
— ともの (vs. things) …… 153-4, 166-7, 182-3, 187-8, 196-7, 296-7
船を漕ぐこと (rowing) …………………… 243-4
ブランド, スチュアート (Brand, Stewart) ……………………………………………… 107-9
ブライソン, ノーマン (Bryson, Norman) ……………………………………………… 265-9
ブラジル, アマゾン流域のナンビクワラ族 (Nambikwara, of the Brazilian Amazon) ……………………………………………… 288-94
フルッサー, ヴィレム (Flusser, Vilém) … 135-6
プレグラン, ジャック (Pelegrin, Jacques) ……………………………………………… 82-4, 90
文化 (culture)
— と自然→自然と —
ベイリー, ジェフ (Bailey, Geoff) ………… 68-9
ベイトソン, グレゴリー (Bateson, Gregory) ……………………………………………… 14-5, 201-2
ペイリー, ウィリアム (Paley, William) ……………………………………………… 136-48, 152-3
パイ, デヴィッド (Pye, David) … 70-1, 133-4
ヘーゲルストランド, トルステン (Hägerstrand, Torsten) ……………… 173-4
ベナキーの丘 (Bennachie (hill in north-east Scotland)) …………………… 180-1, 187-8
ベネット, ジェーン (Bennett, Jane) ……………………………… 76, 194-5, 199-201
ベル, チャールズ (Bell, Charles) ……… 233-4
変換 (transduction) …………………… 211-2, 223, 267-8, 275-6
— と永続→永続と —
ボアズ, フランツ (Boas, Franz) ……………………………………… 238-40, 249-50
ボードレール, シャルル (Baudelaire, Charles) ………………………… 156-8, 221-2
ボワザン, ニコル (Boivin, Nicole) ……………………………………… 64-5, 200-1
ホモ・エレクトス (Homo erectus) ……………………… 81-2, 84-5, 87-90, 97-8
ポランニー, マイケル (Polanyi, Michael) ……………………………… 120-1, 225, 227-31
ポラード, ジョシュア (Pollard, Joshua) ……………………………………… 64-5, 215-6
ホルトーフ, コーネリアス (Holtorf, Cornelius) ……………………………………… 66-9, 173-4

ま

マウンド (mounds) ………………………… 161-7
— とモニュメント (vs. monuments) ………………………… 168-71, 177-8, 191-3
— と山 (vs. mountains) ……………… 171-3
— の宇宙論的, 政治的重要性 (cosmological and political significance of) …… 176-7
— の古さ (antiquity of) ……………… 172-3
摩擦, 抵抗 (friction) ………… 156-8, 249-50
学ぶこと (learning)
することで — (by doing) …… 42-3, 116-7
「二次学習」(deutero-) ………… 14-5, 37-8
— と教えること→教えることと —

— と自己発見（and self-discovery）……13-4, 297-8
マメ（皮膚にできた）（calluses）……243-4
マラフォーリス，ランブロス（Malafouris, Lambros）……201-3, 206-7
水（water）……69-70
身振り，身体動作（gesture）
— と記述（and inscription）…252-3, 258-9
— と線→線と —
— と知性（and intelligence）……236-41
— と運び（and ductus）……211-2, 267-8
→運動（movement）
耳（ears）……136-8, 231-3
ミュージアム（museums）……174-5
見ること（looking）
ともに — と見守ること（with vs. at）……272-3, 287
→目／アイコンタクト／視覚（eyes; eye-to-eye contact; vision）
ミルズ，チャールズ・ライト（Mills, Charles Wright）……20-1
民族誌（ethnography）
— と人類学→人類学と —
民族誌的な記述（description, ethnographic）……19-20, 269-70
ムーア，ヘンリー（Moore, Henry）……190-3
ムスティエ文化（Mousterian industry）…91-3
結び目（knots）……279
目（eyes）……136-7, 146-9, 231-2
風の眼（of the wind）……184-8
「肌の眼」（of the skin）……187-8
→アイコンタクト／見ること／視覚（eye-to-eye contact; looking; vision）
明確に表わすこと，分画化すること（articulation）……225-6, 229-31, 272-3, 276-7
メッシュワーク（meshwork）……277-80, 287
— とネットワーク→ネットワークと —
メルロー=ポンティ，モーリス（Merleau-Ponty, Maurice）……156-9, 282-3, 285-6
モニュメント，記念碑（monuments）
— が石製であること（use of stone in）……72-3, 172-3
彫刻的な —（sculptural）……190-1
— と書くこと（and writing）……291-2
— と記憶→記憶と —
— と風景→風景と —
— とマウンド→マウンドと —
— と山（vs. mountains）……171-3
もの（things）……39-40, 47-8
集まりとしての —（as gathering）……182-3, 215-6
— が「成る」こと（becoming of）……62-3
— としての有機体（organisms as）…193-4
— としての人間（persons as）……194-5
— と風景→風景と —
— と物体，対象（vs. objects）…153-4, 166-7, 182-3, 187-8, 196-7, 296-7
— の持続（persistence of）……212-4
物語（stories）……227-9
分類の企てに抵抗する来歴の —（resist classification）……74-5
物語を語ること（storytelling）……226-9
森（woods）
— と木々（and trees）……184-8

や・ら・わ

ユークリッド（Euclid）……114-5, 281-2
ユークリッド幾何学（Euclidean）……114-5, 281-2
実用的な幾何学（practical）……113-9
有機体（organisms）
寄生先としての —（as sites of infestation）……193-4
滲み出させる存在としての —（leaky）……195-6
ものとしての —（as things）……193-4
— と人工物→人工物と —
— と人間→人間と —
ユクスキュル，ヤーコプ・フォン（Uexküll, Jakob von）……221-2

指（fingers）…… 243-4, 256-8
夢をみること（dreaming）…… 37-8, 159-60
容器（containers）……47-8, 193-4
予期（anticipation）…… 14-5, 150-8, 285-6
→予見（foresight）
予見, 先見, 洞察力（foresight）
……144, 150-8, 227-9
「四つのA」（four As）…… 33-42, 47-8, 57-9, 179, 203-4, 230-1, 246-7, 275-6
→人類学／考古学／建築／芸術（anthropology; archaeology; architecture; art）
読むこと（reading）……216-7, 226-7, 231-2
— と聞くこと→聞くことと —
— と見ること（and seeing）……271-5
ライト, フランク・ロイド（Wright, Frank Lloyd）……108-9
ライフ・ヒストリー（life history）
鍋の —（of pots）……66-8
ラスキン, ジョン（Ruskin, John）……285-6
ラッソ（lasso）……209-11
ラブ, ジーン（Lave, Jean）……40-2
リズム（rhythm）
…… 103-4, 238-41, 249-50, 294-5
両面石器（biface）→握斧（handaxe）
理論（theory）…… 20-2, 24
— と実践→実践と —
ル・コルビュジエ（Le Corbusier）
……287-9, 293-4, 296-7
ルフェーヴル, アンリ（Lefebvre, Henri）
……187-8
ルロワ=グーラン, アンドレ（Leroi-Gourhan, André）
図示表現, グラフィズム（on graphism）
……240-1, 269-70, 292-3
手の退化（on the regression of the hand）
…… 256
握斧をつくること（on handaxe-making）
……85-7, 98-9
身ぶりの知性（on the intelligence of gestures）……236-41
リズムと形式（on rhythm and form）
……103-4, 238-40, 249-50
レヴィ=ストロース, クロード（Lévi-Strauss, Claude）……288-94
歴史（history）
— と書くこと→書くことと —
— と記憶→記憶と —
— と時間→時間と —
— と物質（and materials）……74-5
レンガ職人（bricklaying）……71-2
レンガづくり（bricks, making of）
……60-4, 71-2, 76, 197-8, 209
錬金術（alchemy）……69-73
ローソン, フィリップ（Rawson, Philip）
…… 264-7, 271-2
ロバ（donkey）……287-8, 293-4, 296-8

文献一覧

Adamson, G. 2007. *Thinking Through Craft*. Oxford: Berg.

Aggeler, W. 1954. *The Flowers of Evil*. Freno, CA: Academy Library Guild.

Alberti, B. 2007. Destabilising meaning in anthropomorphic forms from northwest Argentina. In *Overcoming the Modern Invention of Material Culture*, eds. V. O. Jorge and J. Thomas (special issue of *Journal of Iberian Archaeology* 9/10). Porto: ADECAP, pp. 209-223.

Alberti, B. and Y. Marshall 2009. Animating archaeology: local theories and conceptually open-ended methodologies. *Cambridge Archaeological Journal* 19(3): 345-357.

Alberti, L. B. 1972. *On Painting*, trans. C. Grayson, ed. M. Kemp. Harmondsworth: Penguin.

Alberti, L. B. 1988. *On the Art of Building in Ten Books*, trans. J. Rykwert, N. Leach and R. Tavernor. Cambridge, MA: MIT Press.（アルベルティ『絵画論』三輪福松訳, 中央公論美術出版, 改訂新版2011年）

Anderson, B. and J. Wylie 2009. On geography and materiality. *Environment and Planning* A 41: 318-335.

Andrews, F. B. 1974. *The Mediaeval Builder and his Methods*. Totowa, NJ: Rowman and Littlefield.

Badmington, N. 2007. Declaration of ink dependence. *Writing Technologies* 1(1), http://www.ntu.ac.uk/writing_technologies/back_issues/Vol.%201.1/Badmington/51321p.html

Bailey, G. 2007. Time perspectives, palimpsests and the archaeology of time. *Journal of Anthropological Archaeology* 26: 198-223.

Baker, T. 2006. The Acheulean handaxe. http://www.ele.net/acheulean/handaxe.htm

Barad, K. 2003. Posthumanist performativity: toward an understanding of how matter comes to matter. *Signs: Journal of Women in Culture and Society* 28: 801-831.

Barad, K. 2007. *Meeting the Universe Halfway*. Durham, NC: Duke University Press.

Barnes, C. F. Jr. 2009. *The Portfolio of Villard de Honnecourt: A New Critical Edition and Color Facsimile*. Farnham: Ashgate.

Bateson, G. 1973. *Steps to an Ecology of Mind*. London: Fontana.（ベイトソン『精神の生態学』佐藤良明訳, 新思索社, 2000年）

Baudelaire, C. 1986. *The Painter of Modern Life and Other Essays*, trans. and ed. J. Mayne. New York: Da Capo.（『ボードレール批評2　美術批評II・音楽批評』阿部良雄訳, 筑摩書房, 1999年）

Bell, C. 1833. *The Hand: Its Mechanism and Vital Endowments as Evincing Design* (2nd edition). London: William Pickering.（ベル『手』岡本保訳, 医学書院, 2005年）

Bennett, J. 2010. *Vibrant Matter: A Political Ecology of Things*. Durham, NC: Duke University Press.

Berger, J. 2005. *Berger on Drawing*, ed. J. Savage. Cork: Occasional Press.

Bergson, H. 1946. *The Creative Mind*, trans. M. L. Andison. New York: Philosophical Library.（『思考と動くもの　新訳ベルクソン全集7』竹内信夫訳, 白水社, 2017年）

Billeter, J. F. 1990. *The Chinese Art of Writing*, trans. J.-M. Clarke and M. Taylor. New York: Rizzoli International.

Blier, S. P. 1987. *The Anatomy of Architecture*. Cambridge, UK: Cambridge University Press.

Boas, F. 1955. *Primitive Art*. New York: Dover Publications (original 1927).（ボアズ『プリミティヴアート』大村敬一訳, 言叢社, 2011年）

Boesch, C. and H. Boesch 1990. Tool use and tool-making in wild chimpanzees. *Folia Primatologica* 54: 86-99.

Boivin, N. 2008. *Material Cultures, Material Minds: The Impact of Things on Human Thought,*

Society and Evolution. Cambridge, UK: Cambridge University Press.
Bourdieu, P. 1977. *Outline of a Theory of Practice*, trans. R. Nice. Cambridge, UK: Cambridge University Press.
Brand, S. 1994. *How Buildings Learn: What Happens to Them after They're Built*. New York: Penguin.
Brinkmann, S. and L. Tanggaard 2010. Toward an epistemology of the hand. *Studies in the Philosophy of Education* 29: 243-257.
Bruner, J. 1986. *Actual Minds, Possible Worlds*. Cambridge, MA: Harvard University Press.（ブルーナー『可能世界の心理』田中一彦訳, みすず書房, 1998年）
Bryson, N. 2003. A walk for walk's sake. In *The Stage of Drawing: Gesture and Act*, ed. C. de Zegher. London: Tate Publishing; New York: The Drawing Center, pp.149-158.
Bucher, F. 1979. *Architector: The Lodge Books and Sketchbooks of Medieval Architects*, Volume 1. New York: Abaris Books.
Bunn, S. 2010. From enskillment to houses of learning. *Anthropology in Action* 17(2/3): 44-59.
Cain, P. 2010. *Drawing: The Enactive Evolution of the Practitioner*. Bristol: Intellect.
Calvin, W. 1993. The unitary hypothesis: a common neural circuitry for novel manipulation, language, plan-ahead and throwing. In *Tools, Language and Cognition in Human Evolution*, eds. K. R. Gibson and T. Ingold. Cambridge, UK: Cambridge University Press, pp. 230-250.
Candler, P. M. Jr. 2006. *Theology, Rhetoric, Manuduction, or Reading Scripture Together on the Path to God*. Grand Rapids, MI: William B. Eerdmans.
Carruthers, M. 1990. *The Book of Memory: A Study of Memory in Medieval Culture*. Cambridge, UK: Cambridge University Press.（カラザース『記憶術と書物』別宮貞徳監訳, 工作舎, 1997年）
Carruthers, M. 1998. *The Craft of Thought: Meditation, Rhetoric and the Making of Images, 400-1200*. Cambridge, UK: Cambridge University Press.
Carsten, J. and S. Hugh-Jones eds. 1995. *About the House: Lévi-Strauss and Beyond*. Cambridge, UK: Cambridge University Press.
Clark, A. 1997. *Being There: Putting Brain, Body and World Together Again*. Cambridge, MA: MIT Press.（クラーク『現れる存在』池上高志・森本元太郎監訳, NTT出版, 2012年）
Clark, A. 1998. Where brain, body and world collide. *Daedalus: Journal of the American Academy of Arts and Sciences* 127: 257-280.
Clark, A. 2001. *Mindware: An Introduction to the Philosophy of Cognitive Science*. Oxford: Oxford University Press.
Clark, A. and D. Chalmers 1998. The extended mind. *Analysis* 58: 7-19.
Conneller, C. 2011. *An Archaeology of Materials: Substantial Transformations in Early Prehistoric Europe*. London: Routledge.
Connerton, P. 1989. *How Societies Remember*. Cambridge, UK: Cambridge University Press.（コナトン『社会はいかに記憶するか』芦刈美紀子訳, 新曜社, 2011年）
Coote, J. and A. Sheldon eds. 1992. *Anthropology, Art and Aesthetics*. Oxford: Clarendon.
Crapanzano, V. 2004. *Imaginative Horizons: An Essay in Literary-Philosophical Anthropology*. Chicago, IL: University of Chicago Press.
Darwin, C. 2008. *The Autobiography of Charles Darwin: From the Life and Letters of Charles Darwin*. Teddington, Middlesex: The Echo Library.（『ダーウィン自伝』八杉龍一・江上生子訳, 筑摩書房, 2000年）
Davidson, I. and W. Noble 1993. Tools and language in human evolution. In *Tools, Language and Cognition in Human Evolution*, eds. K. R. Gibson and T. Ingold. Cambridge, UK: Cambridge University Press, pp. 363-388.

Dawkins, R. 1986. *The Blind Watchmaker*. Harlow, Essex: Longman Scientific & Technical.（ドーキンス『盲目の時計職人』日高敏隆監修, 早川書房, 2004年）

Deleuze, G. and F. Guattari 2004. *A Thousand Plateaus: Capitalism and Schizophrenia*, trans. B. Massumi. London: Continuum.（ドゥルーズ&ガタリ『千のプラトー　資本主義と分裂病』宇野邦一他訳, 河出文庫, 2010年）

Derrida, J. 1974. *Of Grammatology*, trans. G. C. Spivak. Baltimore, MD: Johns Hopkins University Press.（デリダ『グラマトロジーについて』上下, 足立和浩訳, 現代思潮新社, 2012年）

Derrida, J. 1993. *Memoirs of the Blind: The Self-Portrait and Other Ruins*, trans. P.-A. Brault and M. Nass. Chicago, IL: University of Chicago Press.（デリダ『盲者の記憶』鵜飼哲訳, みすず書房, 1998年）

Dibble, H. 1987a. Reduction sequences in the manufacture of Mousterian implements of France. In *The Pleistocene Old World: Regional Perspectives*, ed. O. Soffer. New York: Plenum Press, pp. 33-44.

Dibble, H. 1987b. The interpretation of Middle Palaeolithic scraper morphology. *American Antiquity* 52(1): 109-117.

Dormer, P. 1994. *The Art of the Maker: Skill and its Meaning in Art, Craft and Design*. London: Thames & Hudson.

Douglas, M. 1966. *Purity and Danger: An Analysis of Concepts of Pollution and Taboo*. London: Routledge & Kegan Paul.（ダグラス『汚穢と禁忌』塚本利明訳, 筑摩書房, 2009年）

Edgeworth, M. 2012. Follow the cut, follow the rhythm, follow the material. *Norwegian Archaeological Review* 45(1): 76-92.

Eisenberg, L. 1972. The human nature of human nature. *Science* 176: 123-128.

Eliot, T. S. 1940. *The Waste Land and Other Poems*. London: Faber & Faber.（エリオット『荒地』岩崎宗治訳, 岩波書店, 2010年）

Elkins, J. 1996. *The Object Stares Back: On the Nature of Seeing*. New York: Simon & Schuster.

Elkins, J. 1999. *The Domain of Images*. Ithaca, NY: Cornell University Press.

Elkins, J. 2000. *What Painting Is: How to Think About Painting, Using the Language of Alchemy*. London: Routledge.

Erlande-Brandenburg, A. 1995. *The Cathedral Builders of the Middle Ages*, trans. R. Stonehewer. London: Thames & Hudson.（エルランド=ブランダンブルグ『大聖堂ものがたり』池上俊一監修, 創元社, 2008年）

Fagan, B. 1989. *People of the Earth: An Introduction to World Prehistory* (6th edition). Glenview, IL: Scott, Foresman.

Farnell, B. 2000. Getting out of the habitus: an alternative model of dynamically embodied social action. *Journal of the Royal Anthropological Institute* (N.S.) 6: 397-418.

Faure Walker, J. 2008. Pride, prejudice and the pencil. In *Writing on Drawing: Essays on Drawing Practice and Research*, ed. S. Garner. Bristol: Intellect, pp. 71-92.

Flusser, V. 1995. On the word design: an etymological essay (trans. J. Cullars). *Design Issues* 11(3): 50-53.

Flusser, V. 1999. *The Shape of Things: A Philosophy of Design*. London: Reaktion.（フルッサー『デザインの小さな哲学』瀧本雅志訳, 鹿島出版会, 2009年）

Frampton, K. 1995. Studies in Tectonic Culture: The Poetics of Construction in *Nineteenth and Twentieth Century Architecture*. Cambridge, MA: MIT Press.（フランプトン『テクトニック・カルチャー』松畑強・山本想太郎訳, TOTO出版, 2002年）

Frascari, M. 1991. *Monsters of Architecture: Anthropomorphism in Architectural Theory*. Savage, MD: Rowman and Littlefield.

Friedman, T. 1996. Stonewood. In *Wood*, by A. Goldsworthy. London: Viking, pp. 6-12.

Gatewood, J. 1985. Actions speak louder than words. In *Directions in Cognitive Anthropology*, ed. J. Dougherty. Urbana, IL: University of Illinois Press, pp. 199-220.

Gell, A. 1998. *Art and Agency: An Anthropological Theory*. Oxford: Clarendon.（ジェル『アートとエージェンシー』内山田康他訳, 水声社, 刊行予定）

Gibson, J. J. 1979. *The Ecological Approach to Visual Perception*. Boston, MA: Houghton Mifflin.（ギブソン『生態学的視覚論』古崎敬他訳, サイエンス社, 1985年）

Gosden, C. 2010. The death of the mind. In *The Cognitive Life of Things: Recasting the Boundaries of the Mind*, eds. L. Malafouris and C. Renfrew. Cambridge: McDonald Institute for Archaeological Research, pp. 39-46.

Gowlett, J. 1984. Mental abilities of early man: a look at some hard evidence. In *Hominid Evolution and Community Ecology*, ed. R. Foley. London: Academic Press, pp. 167-192.

Graves-Brown, P. 2000. Introduction. In *Matter, Materiality and Modern Culture*, ed. P. M. Graves-Brown. London: Routledge, pp. 1-9.

Grierson, H. J. C. 1947. *Metaphysical Lyrics and Poems of the Seventeenth Century: Donne to Butler*. Oxford: Clarendon Press.

Gunn, W. 2007. Learning within the workplaces of artists, anthropologists and architects: making stories for drawings and writings. In *Skilled Visions: Between Apprenticeship and Standards*, ed. C. Grasseni. Oxford: Berghahn, pp. 106-124.

Hägerstrand, T. 1976. *Geography and the study of the interaction between nature and society*. Geoforum 7: 329-334.

Hallam, E. 2002. The eye and the hand: memory, identity and clairvoyants' narratives in England. In *Temporalities, Autobiography and Everyday Life*, eds J. Campbell and J. Harbord. Manchester: Manchester University Press, pp. 169-192.

Hallowell, A. I. 1955. *Culture and Experience*. Philadelphia, PA: University of Pennsylvania Press.

Harman, G. 2005. Heidegger on objects and things. In *Making Things Public: Atmospheres of Democracy*, eds. B. Latour and P. Weibel. Cambridge, MA: MIT Press, pp. 268-271.

Harvey, J. 1972. *The Mediaeval Architect*. London: Wayland.

Harvey, J. 1974. *Cathedrals of England and Wales*. London: B. T. Batsford.

Heidegger, M. 1971. *Poetry, Language, Thought*, trans. A. Hofstadter. New York: Harper and Row.

Heidegger, M. 1992. *Parmenides*, trans. A. Schuwer and R. Rojcewicz. Bloomington, IN: Indiana University Press.（『ハイデッガー全集　第54巻（第2部門講義1919-44）』辻村公一他編, 創文社, 1999年）

Heidegger, M. 1993. *Basic Writings*, ed. D. F. Krell. London: Routledge.

Heidegger, M. 1995. *The Fundamental Concepts of Metaphysics: World, Finitude, Solitude*, trans. W. McNeil and N. Walker. Bloomington, IN: Indiana University Press.

Helmreich, S. 2009. *Alien Ocean: Anthropological Voyages in Microbial Seas. Berkeley*, CA: University of California Press.

Henderson, K. 1999. *On Line and on Paper: Visual Representations, Visual Culture, and Computer Graphics in Design Engineering*. Cambridge, UK: Cambridge University Press.

Henderson, K. 2007. Achieving legitimacy: visual discourses in engineering design and green building code development. *Building Research and Information* 35(1): 6-17.

Herzfeld, C. and D. Lestel 2005. Knot tying in great apes: etho-ethnology of an unusual tool behaviour. *Social Science Information* 44(4): 621-653.

Hicks, R. D. 1907. *Aristotle, De Anima*, trans. R. D. Hicks. Cambridge, UK: Cambridge University Press.

Hiscock, N. 2000. *The Wise Master Builder: Platonic Geometry in Plans of Medieval Abbeys and Cathedrals*. Aldershot: Ashgate.

Hockey, J. and M. Forsey 2012. Ethnography is not participant observation: reflections on the interview as participatory qualitative research. In *The Interview: An Ethnographic Approach*, ed. J. Skinner. New York: Berg, pp. 69-87.

Holloway, R. 1969. Culture, a human domain. *Current Anthropology* 10(4): 395-412.

Holtorf, C. 2002. Notes on the life history of a pot sherd. *Journal of Material Culture* 7: 49-71.

Holtorf, C. 2009. On the possibility of time travel. *Lund Archaeological Review* 15: 31-41.

Howe, N. 1992. The cultural construction of reading in Anglo-Saxon England. In *The Ethngraphy of Reading*, ed. J. Boyarin. Berkeley, CA: University of California Press, pp. 58-79.

Hugh of St Victor 1961. *The Didascalicon of Hugh of St. Victor: A Medieval Guide to the Arts*, trans. J. Taylor. New York: Columbia University Press.（上智大学中世思想研究所『中世思想原典集成』第9巻「サン＝ヴィクトル学派」, 平凡社, 1996年）

Ingold, T. 1990. Editorial. *Man* (N.S.) 26: 1-2.

Ingold, T. 1993. The reindeerman's lasso. In *Technological Choices: Transformation in Material Cultures Since the Neolithic*, ed. P. Lemmonier. London: Routledge, pp. 108-125.

Ingold, T. 1999. 'Tools for the hand, language for the face': an appreciation of Leroi-Gourhan's Gesture and Speech. *Studies in the History and Philosophy of Biological and Biomedical Science* 30(4): 411-453.

Ingold, T. 2000. *The Perception of the Environment: Essays on Livelihood, Dwelling and Skill*. London: Routledge.

Ingold, T. 2001. From the transmission of representations to the education of attention. In *The Debated Mind: Evolutionary Psychology Versus Ethnography*, ed. H. Whitehouse. Oxford: Berg, pp. 113-153.

Ingold, T. 2004. André Leroi-Gourhan and the evolution of writing. In *Autour de l'homme: contexte et actualité d'André Leroi-Gourhan*, eds. F. Audouze and N. Schlanger. Antibes: APDCA, pp. 109-123.

Ingold, T. 2007. *Lines: A Brief History*. London: Routledge.（インゴルド『ラインズ　線の文化史』工藤晋訳, 左右社, 2014年）

Ingold, T. 2008a. Earth, sky, wind and weather. In *Wind, Life and Health: Anthropological and Historical Perspectives*, eds. E. Hsu and C. Low. Oxford: Blackwell, pp. 17-35.

Ingold, T. 2008b. The social child. In *Human Development in the Twenty-First Century: Visionary Ideas from Systems Scientists*, eds. A. Fogel, B. J. King and S. G. Shanker. Cambridge, UK: Cambridge University Press, pp. 112-118.

Ingold, T. 2010. The man in the machine and the self-builder. *Interdisciplinary Science Reviews* 35(3/4): 353-364.

Ingold, T. 2011a. *Being Alive: Essays on Movement, Knowledge and Description*. London: Routledge.

Ingold, T. ed. 2011b. *Redrawing Anthropology: Materials, Movements, Lines*. Farnham: Ashgate.

Ingold, T. n.d. In defence of handwriting. In *Writing Across Boundaries*, eds. R. Simpson and R. Humphrey, Department of Anthropology, University of Durham, http://www.dur.ac.uk/writingacrossboundaries/writingonwriting/timingold/

Ingraham, C. 1992. The burdens of linearity. In *Strategies of Architectural Thinking*, eds. J. Whiteman, J. Kipnis and R. Burdett. Cambridge, MA: MIT Press, pp. 130-147.

Irigaray, L. 1999. *The Forgetting of Air in Martin Heidegger*, trans. M. B. Mader. London: Athlone.

James, J. 1985. *Chartres: The Masons Who Built a Legend*. London: Routledge & Kegan Paul.

James, K. H. and T. P. Atwood 2009. The role of sensorimotor learning in the perception of letter-like forms: tracking the causes of neural specialization for letters. *Cognitive Neuropsychology* 26(1): 91-110.

James, P. ed. 1966. *Henry Moore on Sculpture: A Collection of the Sculptor's Writings and Spoken Words*. London: Macdonald.

Johannsen, N. 2012. Archaeology and the inanimate agency proposition: a critique and a suggestion. In *Excavating the Mind: Cross-sections Through Culture, Cognition and Materiality*, eds. N. Johannssen, M. D. Jessen and H. J. Jensen. Aarhus: Aarhus University Press, pp. 305-347.

Johnson, M. 2007. *The Meaning of the Body: Aesthetics of Human Understanding*. Chicago, IL: University of Chicago Press.

Jones, A. M. 2004. Archaeometry and materiality: materials-based analysis in theory and practice. *Archaeometry* 46: 327-338.

Jones, A. M. 2007. *Memory and Material Culture*. Cambridge, UK: Cambridge University Press.

Jones, A. M. and N. Boivin 2010. The malice of inanimate objects: material agency. In *The Oxford Handbook of Material Culture Studies*, eds. D. Hicks and M. C. Beaudry. Oxford: Oxford University Press, pp. 333-351.

Joulian, F. 1996. Comparing chimpanzee and early hominid techniques: some contributions to cultural and cognitive questions. In *Modelling the Early Human Mind*, eds. P. A. Mellars and K. R. Gibson. Cambridge: McDonald Institute for Archaeological Research, pp. 173-189.

Kandinsky, W. 1982. *Kandinsky: Complete Writings on Art*, Vols. 1 (1901-1921) and 2 (1922-1943), eds. K. C. Lindsay and P. Vergo. London: Faber & Faber.

Klee, P. 1961. *Notebooks, Volume 1: The Thinking Eye*, ed. J. Spiller, trans. R. Manheim. London: Lund Humphries.（『新版クレーの日記』高橋文子訳, みすず書房, 2009年）

Knappett, C. 2005. *Thinking Through Material Culture: An Interdisciplinary Perspective*. Philadelphia, PA: University of Pennsylvania Press.

Knappett, C. and L. Malafouris eds. 2008. *Material Agency: Towards a Non-Anthropocentric Approach*. New York: Springer.

Lakoff, G. and M. Johnson 1999. *Philosophy in the Flesh: The Embodied Mind and its Challenge to Western Thought*. New York: Basic Books.（レイコフ『肉中の哲学』計見一雄訳, 哲学書房, 2004年）

Laning, E. 1971. *The Act of Drawing*. New York: McGraw Hill.

Lapacherie, J.-G. 1994. *Typographic characters: tension between text and drawing*, trans. A. Lehmann. Yale French Studies 84: 63-77.

Latour, B. 1999. *Pandora's Hope: Essays on the Reality of Science Studies*. Cambridge, MA: Harvard University Press.（ラトゥール『科学論の実在』川崎勝・平川秀幸訳, 産業図書, 2007年）

Latour, B. and A. Yaneva 2008. 'Give me a gun and I will make buildings move': an ANT's view of architecture. In *Explorations in Architecture: Teaching, Design, Research*, ed. R. Geiser. Basel: Birkhäuser, pp. 80-89.（ラトゥール&ヤネヴァ「銃を与えたまえ、すべての建物を動かしてみせよう　アクターネットワーク論から眺める建築」吉田真理子訳, http://10plus1.jp/monthly/2016/12/issue-04.php, 2017年8月確認）

Lave, J. 1990. The culture of acquisition and the practice of understanding. In *Cultural*

Psychology: Essays on Comparative Human Development, eds. J. W. Stigler, R. A. Shweder and G. Herdt. Cambridge, UK: Cambridge University Press, pp. 309-327.

Lave, J. and E. Wenger 1991. *Situated Learning: Legitimate Peripheral Participation*. Cambridge, UK: Cambridge University Press.（レイヴ&ウェンガー『状況に埋め込まれた学習』佐伯胖訳, 産業図書, 1993年）

Le Corbusier 1947. *The City of Tomorrow and its Planning*, trans. F. Etchells. London: Architectural Press.

Leach, E. R. 1964. Anthropological aspects of language: animal categories and verbal abuse. In *New Directions in the Study of Language*, ed. E. H. Lennenberg. Cambridge, MA: MIT Press, pp. 23-63.

Leary, J., T. Darvill and D. Field eds. 2010. *Round Mounds and Monumentality in the British Neolithic and Beyond*. Oxford: Oxbow Books.

Lee, J. and T. Ingold 2006. Fieldwork on foot: perceiving, routing, socialising. In *Locating the Field: Space, Place and Context in Anthropology*, eds. S. Coleman and P. Collins. Oxford: Berg, pp. 67-85.

Lefebvre, H. 2004. *Rhythmanalysis: Space, Time and Everyday Life*. London: Continuum.

Leroi-Gourhan, A. 1993. *Gesture and Speech*, trans. A. Bostock Berger, ed. R. White. Cambridge, MA: MIT Press.

Lévi-Strauss, C. 1955. *Tristes Tropiques*, trans J. and D. Weightman. London: Jonathan Cape.（レヴィ=ストロース『悲しき熱帯』川田順造訳, 中央公論新社, 2001年）

Longcamp, M., M. Zerbato-Poudou and J. L. Velay 2005. The influence of writing practice on letter recognition in preschool children: a comparison between handwriting and typing. *Acta Psychologica* 119: 67-79.

Loos, A. 1985. *The Architecture of Adolf Loos*. London: Precision Press.

Lord, J. V. 2005. A journey of drawing: an illustration of a fable. In *Drawing: The Process*, eds. J. Davies and L. Duff. Bristol: Intellect, pp. 29-37.

Lucas, G. 2005. *The Archaeology of Time*. London: Routledge.

Luke, D. 1964. *Goethe*, ed., trans. and intr. D. Luke. London: Penguin.

Malafouris, L. 2004. The cognitive basis of material engagement: where brain, body and culture conflate. In *Rethinking Materiality: The Engagement of Mind with the Material World*, eds. E. DeMarrais, C. Gosden and C. Renfrew. Cambridge: McDonald Institute for Archaeological Research, pp. 53-62.

Malafouris, L. 2008. At the potter's wheel: an argument for material agency. In *Material Agency: Towards a Non-Anthropocentric Approach*, eds. C. Knappett and L. Malafouris. New York: Springer, pp. 19-36.

Malafouris, L. and C. Renfrew eds. 2010. *The Cognitive Life of Things: Recasting the Boundaries of the Mind*. Cambridge: McDonald Institute for Archaeological Research.

Marchand, T. H. J. 2001. *Minaret Building and Apprenticeship in Yemen*. London: Curzon.

Marchand, T. H. J. 2009. *The Masons of Djenné*. Bloomington, IN: Indiana University Press.

Marzke, M. W. 1997. Precision grips, hand morphology and tools. *American Journal of Physical Anthropology* 102(1): 91-110.

Massumi, B. 2009. 'Technical mentality' revisited. Brian Massumi on Gilbert Simondon (with A. de Boever, A. Murray, J. Roffe). *Parrhesia* 7: 36-45.

Maynard, P. 2005. *Drawing Distinctions: The Varieties of Graphic Expression*. Ithaca, NY: Cornell University Press.

McGrew, W. C. 1992. *Chimpanzee Material Culture: Implications for Human Evolution*.

Cambridge, UK: Cambridge University Press.
Merleau-Ponty, M. 1964. Eye and mind, trans. C. Dallery. In *The Primacy of Perception, and Other Essays on Phenomenological Psychology, the Philosophy of Art, History and Politics*, ed. J. M. Edie. Evanston, IL: Northwestern University Press, pp.159-190.（メルロ=ポンティ『眼と精神』滝浦静雄・木田元訳, みすず書房, 1982年）
Merleau-Ponty, M. 1968. *The Visible and the Invisible*, ed. C. Lefort, trans. A. Lingis. Evanston, IL: Northwestern University Press.（メルロ=ポンティ『見えるものと見えないもの』滝浦静雄・木田元訳, みすず書房, 2017年）
Mills, C. W. 1959. *The Sociological Imagination*. New York: Oxford University Press.（ミルズ『社会学的想像力』伊奈正人・中村好孝訳, 筑摩書房, 2017年）
Mitchell, V. 2006. Drawing threads from sight to site. *Textile* 4(3): 340-361.
Miyazaki, H. 2004. *The Method of Hope: Anthropology, Philosophy and Fijian Knowledge*. Stanford, CA: Stanford University Press.
Naji, M. and L. Douny 2009. Editorial. *Journal of Material Culture* 14: 411-432.
Napier, J. 1993. *Hands, revised edition*, ed. R. H. Tuttle. Princeton, NJ: Princeton University Press.
Nonaka, T., B. Bril and R. Rein 2010. How do stone knappers predict and control the outcome of flaking? Implications for understanding early stone tool technology. *Journal of Human Evolution* 59: 155-167.
Norman, D. A. 1988. *The Design of Everyday Things*. New York: Basic Books.（ノーマン『誰のためのデザイン?』岡本明・安村通晃・伊賀聡一郎・野島久雄訳, 新曜社, 2015年）
Oliver, P. 1990. *Dwellings: The House Across the World*. Austin, TX: University of Texas Press.（オリバー『世界の住文化図鑑』藤井明監訳, 東洋書林, 2004年）
Olsen, B. 2003. Material culture after text: re-membering things. *Norwegian Archaeological Review* 36: 87-104.
Olsen, B. 2010. *In Defense of Things*. Plymouth, UK: Altamira Press.
Olwig, K. 2008. The Jutland cipher: unlocking the meaning and power of a contested landscape. In *Nordic Landscapes: Region and Belonging on the Northern Edge of Europe*, eds. M. Jones and K. R. Olwig. Minneapolis, MN: University of Minnesota Press, pp. 12-49.
Pacey, A. 2007. *Medieval Architectural Drawing: English Craftsmen's Methods and their Later Persistence (c.1200-1700)*. Stroud: Tempus.
Paley, W. 2006. *Natural Theology; or, Evidences of the Existence and Attributes of the Deity, Collected from the Appearances of Nature*. Oxford: Oxford University Press.
Pallasmaa, J. 1996. *The Eyes of the Skin: Architecture and the Senses*. London: Academy Editions.
Pallasmaa, J. 2009. *The Thinking Hand: Existential and Embodied Wisdom in Architecture*. Chichester: Wiley.
Palsson, G. 1994. Enskilment at sea. *Man* (N.S.) 29: 901-927.
Panofsky, E. 1968. *Idea: A Concept in Art Theory*, trans. J. J. S. Peake. Columbia, SC: University of South Carolina Press.（パノフスキー『イデア』伊藤博明・富松保文訳, 平凡社, 2004年）
Parrish, C. 1957. *The Notation of Medieval Music*. New York: W. W. Norton.
Pelegrin, J. 1993. A framework for analysing prehistoric stone tool manufacture and a tentative application to some early stone industries. In *The Use of Tools by Human and Non-Human Primates*, eds. A. Berthelet and J. Chavaillon. Oxford: Clarendon Press, pp. 302-314.
Pelegrin, J. 2005. Remarks about archaeological techniques and methods of knapping: elements of a cognitive approach to stone knapping. In *Stone Knapping: The Necessary Conditions for a*

Uniquely Hominin Behaviour, eds. V. Roux and B. Bril. Cambridge: McDonald Institute for Archaeological Research, pp. 23-33.

Petherbridge, D. 2010. *The Primacy of Drawing: Histories and Theories of Practice*. New Haven, CT: Yale University Press.

Petroski, H. 1989. *The Pencil: A History of Design and Circumstance*. London: Faber & Faber.（ペトロスキー『鉛筆と人間』渡辺潤・岡田朋之訳, 晶文社, 1993年）

Pevsner, N. 1942. The term 'architect' in the Middle Ages. *Speculum* 17(4): 549-562.

Phipps, B. 2006. *Lines of Enquiry: Thinking Through Drawing*. Cambridge: Kettle's Yard.

Pickering, A. 1995. *The Mangle of Practice: Time, Agency and Science*. Chicago. IL: University of Chicago Press.

Pickering, A. 2010. Material culture and the dance of agency. In *The Oxford Handbook of Material Culture Studies*, eds. D. Hicks and M. C. Beaudry. Oxford: Oxford University Press, pp. 191-208.

Polanyi, M. 1958. *Personal Knowledge: Towards a Post-critical Philosophy*. London: Routledge & Kegan Paul.（ポラニー『個人的知識』長尾史郎訳, ハーベスト社, 1986年）

Polanyi, M. 1966. *The Tacit Dimension*. London: Routledge & Kegan Paul.（ポランニー『暗黙知の次元』高橋勇夫訳, 筑摩書房, 2003年）

Pollard, J. 2004. The art of decay and the transformation of substance. In *Substance, Memory, Display*, eds. C. Renfrew, C. Gosden and E. DeMarrais. Cambridge: McDonald Institute for Archaeological Research, pp. 47-62.

Pye, D. 1968. *The Nature and Art of Workmanship*. Cambridge, UK: Cambridge University Press.

Pye, D. 1978. *The Nature and Aesthetics of Design*. London: Herbert Press.（パイ『デザインとはどういうものか』中村敏男訳, 美術出版社, 1967年）

Rawson, P. 1979. *Seeing Through Drawing*. London: British Broadcasting Corporation.

Reid, M. 1994. Legible/visible (trans. N. P. Turner). *Yale French Studies* 84: 1-12.

Roche, H. 2005. From simple flaking to shaping: stone-knapping evolution among early hominins. In *Stone Knapping: The Necessary Conditions for a Uniquely Hominin Behaviour*, eds. V. Roux and B. Bril. Cambridge: McDonald Institute for Archaeological Research, pp. 35-48.

Rogoff, B. 1990. *Apprenticeship in Thinking: Cognitive Development in Social Context*. New York: Oxford University Press.

Rogoff, B. 2003. *The Cultural Nature of Human Development*. Oxford: Oxford University Press.（ロゴフ『文化的営みとしての発達』當眞千賀子訳, 新曜社, 2006年）

Roque, G. 1994. Writing/drawing/color (trans. C. Weber). *Yale French Studies* 84: 43-62.

Rosenberg, T. 2008. New beginnings and monstrous births: notes towards an appreciation of ideational drawing. In *Writing on Drawing: Essays on Drawing Practice and Research*, ed. S. Garner. Bristol: Intellect, pp. 109-124.

Ruskin, J. 1903. *The Stones of Venice, Volume 1, The Foundations* (Volume 9 of The Works of John Ruskin, eds. E. T. Cook and A. Wedderburn). London: George Allen.（ラスキン『ヴェネツィアの石』福田晴虔訳, 中央公論美術出版, 1994年）

Ruskin, J. 1904. *The Elements of Drawing* (Volume 15 of The Works of John Ruskin, eds. E. T. Cook and A. Wedderburn). London: George Allen.

Rybczynski, W. 1989. *The Most Beautiful House in the World*. New York: Penguin.

Saenger, P. 1982. Silent reading: its impact on late medieval script and society. *Viator* 13: 367-414.

Sanabria, S. L. 1989. From Gothic to Renaissance stereotomy: the design methods of Philibert de l'Orme and Alonso de Vandelvira. *Technology and Culture* 30(2): 266-299.

Schama, S. 1995. *Landscape and Memory*. London: HarperCollins.（シャーマ『風景と記憶』高山宏・栂正行訳, 河出書房新社, 2005年）
Schick, K. and N. Toth 1993. *Making Silent Stones Speak: Human Evolution and the Dawn of Technology*. New York: Simon & Schuster.
Schneider, A. and C. Wright eds. 2006. *Contemporary Art and Anthropology*. Oxford: Berg.
Schneider, A. and C. Wright eds. 2010. *Between Art and Anthropology: Contemporary Ethnographic Practice*. Oxford: Berg.
Schutz, A. 1951. Making music together: a study in social relationship. *Social Research* 18: 76-97.
Schutz, A. 1962. *The Problem of Social Reality*, collected papers volume I, ed. M. Nathanson. The Hague: Nijhoff.
Sennett, R. 2008. *The Craftsman*. London: Penguin (Allen Lane).（セネット『クラフツマン』高橋勇夫訳, 筑摩書房, 2016年）
Serres, M. 1995. *The Natural Contract*, trans. E. MacArthur and W. Paulson. Ann Arbor, MI: University of Michigan Press.（セール『自然契約』及川馥・米山親能訳, 法政大学出版局, 1994年）
Sheets-Johnstone, M. 1998. *The Primacy of Movement*. Amsterdam: John Benjamins.
Sheets-Johnstone, M. 2011. The imaginative consciousness of movement: linear quality, kinaesthesia, language and life. In *Redrawing Anthropology: Materials, Movements, Lines*, ed. T. Ingold. Farnham: Ashgate, pp. 115-128.
Shelby, L. R. 1970. The education of medieval English master masons. *Mediaeval Studies* 32: 1-26.
Shelby, L. R. 1971. Mediaeval masons' templates. *Journal of the Society of Architectural Historians* 30(2): 140-154.
Shelby, L. R. 1972. The geometrical knowledge of mediaeval master masons. *Speculum* 47(3): 395-421.
Simmel, G. 1969. Sociology of the senses: visual interaction. In *Introduction to the Science of Sociology* (3rd edition), eds. E. W. Burgess and R. E. Park. Chicago, IL: University of Chicago Press, pp. 146-150.
Simondon, G. 1964. *L'individu et sa génèse physico-biologique*. Paris : Presses Universitaires de France.
Simondon, G. 1989. *L'individuation psychique et collective*. Paris: Aubier.
Simondon, G. 1992. The genesis of the individual (trans. M. Cohen and S. Kwinter). In *Incorporations*, eds. J. Crary and S. Kwinter. New York: Zone, pp. 297-319.
Simondon, G. 2005. *L'individuation à la lumière des notions de Forme et d'Information*. Grenoble: Editions Jérôme Millon.
Siza, A. 1997. *Alvaro Siza: Writings on Architecture*. Milan: Skira Editore.
Sperber, D. 1985. *On Anthropological Knowledge: Three Essays*. Cambridge, UK: Cambridge University Press; Paris: Maison des Sciences de l'Homme.（スペルベル『人類学とはなにか』菅野盾樹訳, 紀伊國屋書店, 1984年）
Spuybroek, L. 2011. *The Sympathy of Things: Ruskin and the Ecology of Design*. Rotterdam: V2_ Publishing.
Steadman, P. 1979. *The Evolution of Designs: Biological Analogy in Architecture and the Applied Arts*. Cambridge, UK: Cambridge University Press.
Stewart, K. 1983. *Katie Stewart's Cookbook*. London: Victor Gollancz.
Stout, D. 2002. Skill and cognition in stone tool production. *Current Anthropology* 43: 693-722.
Stout, D., N. Toth, K. Schick and T. Chaminade 2008. Neural correlates of early Stone Age toolmaking: technology, language and cognition in human evolution. *Philosophical Transactions of the Royal Society B* 363: 1939-1949.

Suchman, L. 1987. *Plans and Situated Actions*. Cambridge, UK: Cambridge University Press. (サッチマン『プランと状況的行為』佐伯胖監訳, 産業図書, 1999年)

Sugiyama, Y. and J. Koman 1979. Tool-using and -making behaviour in wild chimpanzees at Boussou, Guinea. *Primates* 20: 513-524.

Summers, D. 2003. *Real Spaces: World Art History and the Rise of Western Modernism*. London: Phaidon.

Talbot, R. 2008. Drawing connections. In *Writing on Drawing: Essays on Drawing Practice and Research*, ed. S. Garner. Bristol: Intellect, pp. 43-57.

Tallis, R. 2003. *The Hand: A Philosophical Inquiry into Human Being*. Edinburgh: Edinburgh University Press.

Thomas, J. 2007. The trouble with material culture. In *Overcoming the Modern Invention of Material Culture*, eds. V. O. Jorge and J. Thomas (special issue of *Journal of Iberian Archaeology* 9/10). Porto: ADECAP, pp. 11-23.

Tiffany, D. 2001. Lyric substance: on riddles, materialism, and poetic obscurity. *Critical Inquiry* 28(1): 72-98.

Tilley, C. 2004. *The Materiality of Stone: Explorations in Landscape Archaeology*. Oxford: Berg.

Tilley, C. 2007. Materiality in materials. *Archaeological Dialogues* 14: 16-20.

Tilley, C., S. Hamilton and B. Bender 2000. Art and the re-presentation of the past. *Journal of the Royal Anthropological Institute* (N.S.) 6: 35-62.

Tisseron, S. 1994. All writing is drawing: the spatial development of the manuscript. *Yale French Studies* 84: 29-42.

Turnbull, D. 1993.The ad hoc collective work of building Gothic cathedrals with templates, string, and geometry. *Science, Technology and Human Values* 18(3): 315-340.

Turnbull, D. 2000. *Masons, Tricksters and Cartographers*. Amsterdam: Harwood Academic.

Turnbull, D. 2002. Performance and narrative, bodies and movement in the construction of places and objects, spaces and knowledges: the case of Maltese megaliths. *Theory, Culture and Society* 19(5/6): 125-143.

Uexküll, J. von 2010. *A Foray into the Worlds of Animals and Humans (with 'A Theory of Meaning')*, trans. J. D. O'Neil. Minneapolis, MN: University of Minnesota Press. (ユクスキュル『生物からみた世界』日高敏隆・羽田節子訳, 岩波書店, 2005年)

Unwin, S. 2007. Analysing architecture through drawing. *Building Research and Information* 35(1): 101-110.

Vergunst, J. 2012. Seeing ruins: imagined and visible landscapes in north-east Scotland. In *Imagining Landscapes: Past, Present and Future*, eds. M. Janowski and T. Ingold. Farnham: Ashgate, pp. 19-37.

Vitruvius 1914. *The Ten Books on Architecture*, trans. M. H. Morgan. Cambridge, MA: Harvard University Press. (『ウィトルーウィウス建築書』森田慶一訳, 東海大学出版会, 1979年)

Waterson, R.1997. *The Living House: An Anthropology of Architecture in South-East Asia*. New York: Watson-Guptill. (ウォータソン『生きている住まい』布野修司監訳, 学芸出版社, 1997年)

Webmoor, T. and C. L. Witmore 2008. Things are us! A commentary on human/things relations under the banner of a 'social' archaeology. *Norwegian Archaeological Review* 41(1): 53-70.

Wendrich, W. 1999. *The World According to Basketry. An Ethno Archaeological Interpretation of Basketry Production in Egypt*. University of Leiden: CNWS.

West, D. A. 2002. *Horace Odes III. Dulce Periculum*. Oxford: Oxford University Press.

Whitehead, A. N. 1938. *Science and the Modern World*. Harmondsworth: Penguin. (ホワイトヘッド『科学と近代世界』上田泰治・村上至孝訳, 創元社, 1954年)

Willerslev, R. 2006. 'To have the world at a distance': reconsidering the significance of vision for social anthropology. In *Skilled Visions: Between Apprenticeship and Standards*, ed. C. Grassemi. Oxford: Berghahn, pp. 23-46.

Wilson, F. R. 1998. *The Hand: How Its Use Shapes the Brain, Language and Human Culture*. New York: Pantheon.（ウィルソン『手の五〇〇万年史』藤野邦夫・古賀祥子訳, 新評論, 2005年）

Wilson, P. J. 1988. *The Domestication of the Human Species*. New Haven, CT: Yale University Press.

Wynn, T. 1993. Layers of thinking in tool behavior. In *Tools, Language and Cognition in Human Evolution*, eds. K. R. Gibson and T. Ingold. Cambridge, UK: Cambridge University Press, pp. 389-406.

Wynn, T. 1995. Handaxe enigmas. *World Archaeology* 27(1): 10-24.

Zumthor, P. 2006. *Atmospheres: Architectural Environments: Surrounding Objects*. Basel, Boston, Berlin: Birkhäuser.（ツムトア『空気感』鈴木仁子訳, みすず書房, 2015年）

図版提供一覧

図2-4, 5　レイモンド・ルーカス提供

図2-6　マリー・エヴァンス画像アーカイブ所蔵

図3-1, 2, 4, 5, 6-2, 7-4, 5, 6, 7, 9, 8-2　スザンナ・インゴルド提供

図3-3　アメリカ考古学協会提供

図4-1　フランス国立図書館所蔵

図4-2　アリソン・ストーン提供、ピッツバーグ大学デジタルライブラリ所蔵

図5-1　図版を提供してくれたイリノイ州エルギンのゲイル・ボーデン公立図書館の主任ウィリアム・ブローム氏ならびに司書ベッツィ・ヴェラ女史に感謝申し上げる

図6-1　ラウラ・ヴィンシ提供、デニス・アダムス撮影

図6-3　スコットランド王立古代・歴史的記念物委員会提供(J.M.コールおよびD.D.A.シンプソン)。使用許諾www.rcahms.gov.uk. ©Courtesy of Royal Commission on the Ancient and Historical Monuments of Scotland (J. M. Coles and D. D. A. Simpson)

図6-5　アバディーンシャー州の農村でクリスティアン・サエズ撮影、本人による複製

図7-1　ヘンリー・ムーア財団提供、許諾を得て掲載。©The Henry Moore Foundation. All Rights Reserved, DACS 2012/ www.henry-moore.org. Reproduced by permission

図7-2　2008年トロント、パワープラントギャラリーでの展示。スティーブ・ペイネ撮影

図7-3　トゥクマン国立大学博物館所蔵。ベンジャミン・アルベルティ撮影、許諾を得て掲載

図7-8　アーティスト、クレア・トメイ提供により掲載

図8-1　ウィルケ・ウェンドリッヒ提供

図9-2　ラスキン『ヴェネツィアの石』より、原著図版7、268頁見開き

ティム・インゴルド　**Tim Ingold**

一九四八年英国バークシャー州レディング生まれ。社会人類学者、アバディーン大学名誉教授。トナカイの狩猟や飼育をめぐるフィンランド北東部サーミ人の社会と経済のフィールドワークを行う。『ラインズ　線の文化史』(原著二〇〇七)、『生きていること』(原著二〇一一)、『人類学とは何か』(原著二〇一八)のほか、人間と動物の関係を論じた *The appropriation of nature* (1986)、アカデミズムにおける進化概念を俯瞰する *Evolution and social life* (1986)、*The perception of the environment* (2000) などの著書がある。

金子遊　**かねこ・ゆう**

一九七四年生まれ。映像作家、批評家。多摩美術大学准教授。著書に『混血列島論』『光学のエスノグラフィ』『辺境のフォークロア』『異境の文学』『映像の境域』など、共訳書にM・タウシグ著『ヴァルター・ベンヤミンの墓標』などがある。

水野友美子　**みずの・ゆみこ**

一九八三年生まれ。関心領域は社会的過程としてのアート。共訳書にM・タウシグ著『ヴァルター・ベンヤミンの墓標』、A・リンギス著『わたしの声』『暴力と輝き』、J・ビール著『ヴィータ』がある。

小林耕二　**こばやし・こうじ**

一九六九年生まれ。東欧文化研究(美学)。総社土曜大学主宰。共訳書にA・リンギス著『わたしの声』『暴力と輝き』がある。

メイキング

人類学・考古学・芸術・建築

二〇一七年十月二十日　第一刷発行

二〇二四年十二月三十日　第五刷発行

著者　ティム・インゴルド

訳者　金子遊・水野友美子・小林耕二

発行者　小柳学

発行所　左右社

一五一-〇〇五一

東京都渋谷区千駄ヶ谷三-五五-一二ヴィラパルテノン

TEL〇三-五七八六-六〇三〇　FAX〇三-五七八六-六〇三二

https://www.sayusha.com

装幀　松田行正十杉本聖士

印刷　中央精版印刷株式会社

Printed in Japan. ISBN978-4-86528-179-8

ティム・インゴルドの本

ラインズ　線の文化史　本体二七五〇円＋税

「面白いことはすべて、道の途中で起こる。」――ティム・インゴルド
文字の記述、音楽の記譜、道路の往来、織物、樹形図、人生……。どこにでも遍在する〈線〉という意外な着想から、まったく新鮮な世界がひらける。書評多数掲載、知的興奮に満ちた驚きの人類学！　管啓次郎解説、工藤晋訳

生きていること　動く、知る、記述する　本体四五〇〇円＋税

地面とはいかなる場か、線を引くとはどういうことか、板を挽くとき職人たちは何をしているのか、大地・天空と応答すること、散歩することと物語ること、観察するとはどういうことか。さまざまな問いから、人類学や哲学が取り逃してきた〈生きること〉の姿をみつけ、〈生を肯定する人類学〉の可能性と価値を擁護する豊穣なるアイデアのすべてを込めた主著、待望の邦訳。　柴田崇・野中哲士・佐古仁志・原島大輔・青山慶・柳澤田実訳、野中哲士解題

レベッカ・ソルニットの本

ウォークス　歩くことの精神史　本体四五〇〇円＋税

歩くことは思考と文化に深く結びついた創造力の源泉だ。現代アメリカ随一の書き手が、人類史を自在に横断し、壮大なテーマを描き切る歴史的傑作。　東辻賢治郎訳